北京大学首都高端智库系列报告

Report on Coordinated Development of
Beijing Tianjin and Hebei 2019

2019
京津冀
协同发展报告

主　编　李国平

副主编　孙铁山　席强敏　袁薇薇
　　　　吴爱芝　闫　梅　孙瑜康

科学出版社

北　京

图书在版编目（CIP）数据

2019 京津冀协同发展报告 / 李国平主编. —北京：科学出版社，2019.1
ISBN 978-7-03-060191-9

Ⅰ．①2… Ⅱ．①李… Ⅲ．①区域经济发展–研究报告–华北地区–2019 Ⅳ．①F127.2

中国版本图书馆 CIP 数据核字（2018）第 292787 号

责任编辑：石　卉　吴春花 / 责任校对：王晓茜
责任印制：张欣秀 / 封面设计：有道文化

科 学 出 版 社 出版
北京东黄城根北街 16 号
邮政编码：100717
http://www.sciencep.com
北京虎彩文化传播有限公司 印刷
科学出版社发行　各地新华书店经销
*
2019 年 1 月第 一 版　开本：720×1000　B5
2020 年 3 月第二次印刷　印张：18 1/4
字数：289 000
定价：**108.00 元**
（如有印装质量问题，我社负责调换）

学术指导委员会

总　序

今年适逢我国改革开放四十年，也是首都建设和京津冀协同发展迎来新时代的开局之年。站在"两个一百年"的历史交汇点上，回顾往昔，展望未来，"建设一个什么样的首都，怎样建设首都"及如何促进京津冀协同发展这一被习近平总书记提出的重大时代课题摆在了我们各级决策者、众多研究者的面前。研究新时代的首都发展规律，探索建设以首都为核心的京津冀世界级城市群的发展道路，是区域与城市研究者，特别是首都与京津冀研究者的历史担当和使命。

成立于 1999 年 3 月的北京大学首都发展研究院（简称首发院）是北京大学与北京市委、市政府共建的服务于首都发展的重要平台。首发院汇聚了众多主要来自北京大学的城市与区域研究者，是首都及京津冀研究的一支重要力量，也是北京市第一批 14 家高端智库建设试点单位之一。成立近二十年来，首发院在城市与区域科学研究、首都发展战略研究、京津冀协同发展研究、空间大数据与政策模拟研究四大方向持续开展了卓有成效的研究咨询工作，已经成长为享有盛名的政策研究咨询机构。

首发院致力于归纳、把握与传播以首都和京津冀为研究对象的最新研究成果，持续地跟踪和分析城市与区域的发展动态，已经先后出版多部"首都发展报告"和"京津冀区域发展报告"。作为新时代首都新型高端智库的成果集中发布与展示载体，首发院整合原有发展报告产品，将其统一改版，以"北京大学首都高端智库系列报告"的形式编辑出版。

作为北京大学的毕业生和长期从事城市与区域研究的学者，我希望"北京大学首都高端智库系列报告"应该在以下三个方面成为典范：

一是应吸取北京大学及社会各界关于城市与区域发展理论和实践的经验，集中展现首都与京津冀发展研究的高质量成果和最新动态；

二是应以服务首都与京津冀协同发展为己任，以迅捷有效的方式为国家与北京市的科学决策提供智力支持；

三是应努力以翔实的数据、科学的方法、扎实的研究、凝练的语言，提供高质量的学术精品。

陆大道

2018 年 12 月

前　言

　　以 2014 年 2 月 26 日习近平总书记视察北京市工作时的讲话为标志，京津冀协同发展上升为国家重大战略。之后中共中央政治局于 2015 年 4 月 30 日审议通过了《京津冀协同发展规划纲要》，党的十九大报告进一步提出，要"以疏解北京非首都功能为'牛鼻子'推动京津冀协同发展，高起点规划、高标准建设雄安新区。"党中央、国务院做出推动京津冀协同发展的重大战略部署之后，京津冀步入了快速发展阶段，京津冀三省市和有关部门单位围绕非首都功能疏解和建设以首都为核心的京津冀世界级城市群等任务，出台了一系列重大政策和行动计划，建立了多层次、宽领域的协作关系，在北京非首都功能疏解、京津冀交通一体化、生态环境保护、产业升级转移等重点领域取得新的进展。及时跟踪京津冀协同发展的进程和政策实施效果，总结发展过程中存在的突出问题，科学谋划协同发展的路径和方向，是探索人口经济密集地区优化开发模式和推动京津冀建设世界级城市群的战略需要。

　　本书是系统研究京津冀区域发展战略的综合性系列报告的第四部，也是首批纳入"北京大学首都高端智库系列报告"的报告之一，包括总论篇、分论篇和专题篇三个部分。其中，第一部分总论篇分析了《京津冀协同发展规划纲要》实施以来，主要目标的实施情况及在重点领域存在的突出问题，进而提出了优化区域产业分工体系、打造"一核两翼"空间新格局、构建"三城两翼一区"协同创新模式、系统推进首都减量发展、完善生态协同治理机制、深化协同发展体制机制改革等战略对策。第二部分分论篇分别总结分析了北京非首都功能疏解、交通一体化、生态环境保护、产业协同发展、创新共同体建设、体制机制创新六大重点领域取得的工作进展、现状特征和主要问题。第三部分专题篇针对京津冀协同创新水平分析与评价和"一体两翼"协同创新模式展开了深入研究，并有针对性地提出未来发展的对策建议。两个专题研究分别是北京市科技计划课题"京津冀协同创新发展指数研究"（Z181100007518003）和"打造京津冀'一体两翼'协同创新发展模式研究"

（Z181100007418003）的部分研究成果。

　　本书是在"北京大学首都高端智库系列报告"学术指导委员会的指导下完成的。编写组成员为来自北京大学、南开大学、北京林业大学、首都经济贸易大学等机构的专家团队。本书由主编、副主编共同讨论确定结构框架、各章节的主要内容及基本观点，然后由各位执笔者承担相应章节的写作。第一章由李国平、孙铁山、席强敏、袁薇薇执笔；第二章由袁薇薇、何邦振、徐祯执笔；第三章由闫梅、李沅曦执笔；第四章由徐祯、罗心然执笔；第五章由闫梅、杨艺执笔；第六章由朱婷、宋昌耀执笔；第七章由杨艺、朱昱玮执笔；第八章由孙瑀、吴爱芝执笔；第九章由吴爱芝、孙瑀、朱婷执笔；第十章由孙瑜康、杨艺、罗心然执笔；第十一章由席强敏、孙瑜康、杨艺执笔；大事记由吕卓远执笔。本书由李国平、孙铁山、席强敏、袁薇薇统稿。

　　北京大学首都高端智库（北京大学首都发展研究院）专门立项支持本书的编写和出版。本书也是教育部哲学社会科学系列发展报告资助项目（项目批准号：11JBGP001）的重要成果。北京大学首都发展研究院的工作人员为本书的编写和出版付出了诸多努力。本书在编写过程中得到了北京市社会科学界联合会、北京市科学技术委员会、北京市发展和改革委员会、天津市发展和改革委员会、河北省发展和改革委员会等单位或机构的大力支持。本书的出版得到了科学出版社首席策划石卉女士的帮助。在此，对给予本书编写和出版的相关机构、企业、个人表示衷心的感谢。特别感谢中国科学院院士、北京大学首都高端智库理事会首席顾问陆大道先生欣然为"北京大学首都高端智库系列报告"作序，并对本系列报告提出了新要求，这将成为我们今后不断努力的方向。

　　本书力图反映《京津冀协同发展规划纲要》实施以来，京津冀协同发展的最新状况和总体趋势，但限于理论水平与实践经验，书中难免存在不足之处，望广大读者批评指正。

李国平

2018 年 12 月

目　　录

第三部分　专　题　篇

第一部分　总　论　篇

1 第一章
京津冀协同发展：成效、问题与对策

作为与长三角、珠三角相并列的三大城市群之一，京津冀始终是我国重要的区域经济增长极，2017年全区域实现国内生产总值（GDP）8.26万亿元，占全国经济活动总量的9.98%[①]。在以北京市、天津市为代表的核心城市迅速发展的同时，京津冀内部发展不平衡问题逐渐凸显，成为制约城市群经济社会可持续发展的重要瓶颈。2014年2月26日，习近平在北京市主持召开座谈会，专题听取京津冀协同发展工作汇报并做重要讲话。习近平指出："京津冀协同发展意义重大，对这个问题的认识要上升到国家战略层面。"[②]以此为标志，京津冀协同发展正式上升为重大国家战略，随后中共中央政治局会议于2015年4月30日正式审议通过了《京津冀协同发展规划纲要》。

《京津冀协同发展规划纲要》实施以来，京津冀三地各级政府围绕北京非

---

① 《中国统计年鉴2018》。
② 习近平指导京津冀协同发展这几年[OL]. http://www.xinhuanet.com/politics/2017-09/25/c_1121717220. htm[2018-08-05].

首都功能疏解、交通一体化、生态环境保护、产业协同发展等关键问题和重点领域开展了一系列工作并取得了很大进展。本章将对京津冀协同发展的主要成效进行总结,进一步揭示协同发展过程中所面临的突出问题,并提出针对性的对策建议。

第一节　京津冀协同发展取得的主要成效

2014 年以来,京津冀三地各级政府出台了一系列政策,全面推动京津冀协同发展战略的落实,京津冀协同发展水平有了较为明显的提升,区域空间格局显著优化,以试点示范平台建设为代表的体制机制改革不断深化,区域协同发展成效初显。

一、北京市人口调控卓有成效

北京市人口规模的有效控制和空间合理布局对于推进京津冀人口均衡发展,缓解北京市面临的人口过度集聚和资源环境承载力之间存在的矛盾起着重要的支撑与保障作用。2014 年以来,北京市常住人口增长量逐年大幅下降,2016 年常住人口仅增长了 2.4 万人[①];2017 年末,北京市常住人口比上年末减少 2.2 万人,同比下降 0.1%,这是 2000 年以来首次出现负增长[②]。如果继续保持 2016 年以来的常住人口变化趋势,则可按期实现 2020 年将北京市常住人口控制在 2300 万人以内的人口疏解目标。在全市常住人口增量放缓的同时,2016 年北京市城六区常住人口较 2015 年减少 35.3 万人[③],人口呈现逐渐向城市发展新区聚集的趋势,人口空间布局不平衡的问题得到一定程度的缓解。

二、北京非首都功能有序疏解

北京非首都功能疏解的对象主要包括一般性产业特别是高消耗产业,区域性物流基地、区域性专业市场等部分第三产业,部分教育、医疗、培训机

---

① 《北京统计年鉴 2017》。
② 常住人口去年末达 2170.7 万人　自 2000 年以来首现负增长[OL]. http://www.bj.chinanews.com/news/2018/0120/62867.html[2018-08-05].
③ 《北京区域统计年鉴 2017》。

构等社会公共服务功能，部分行政性、事业性服务机构和企业总部。2014 年以来，北京市依据政府引导与市场机制相结合、集中疏解与分散疏解相结合、严控增量与疏解存量相结合、统筹谋划与分类施策相结合的原则，结合经济手段、行政手段等各种途径和方式对以上四类疏解对象进行疏解，取得了显著进展。

北京市通过制定和实施《北京市新增产业的禁止和限制目录》，近四年关停退出一般制造业企业 1992 家，调整疏解各类区域型专业市场 594 家[①]；通过与河北省、天津市不断加强区域对接合作，转移疏解产业项目；动物园地区批发市场、大红门地区批发市场等疏解工作进展顺利。以北京城市学院为代表，中心城区高等学校以新建校区的形式稳步向郊区疏解；优质教育、医疗资源持续向北京城市副中心输出、拓展，成为副中心建设的有力支撑。随着城市副中心的定位得到进一步明确，副中心基础设施建设持续加强，行政事业性服务机构疏解工作有序推进。雄安新区建设启动以来，包括中央企业、国有企业、高新科技企业、金融机构、高等学校和科研机构在内的大量企事业单位迅速入驻，雄安新区已成为北京非首都功能疏解的集中承载地，未来将与北京城市副中心共同形成北京新"两翼"。

三、交通基础设施建设成效显著

区域一体化的交通基础设施包括高效密集的轨道交通网、便捷通畅的公路交通网、现代化的港口群和国际一流的航空枢纽，随着 2014 年以来京津冀交通基础设施建设的快速推进，交通一体化程度显著提高。在轨道交通方面，京津冀三地政府和中国铁路总公司加强合作，打造"轨道上的京津冀"，京唐、京滨城际铁路等重点线路建设快速推进。在公路交通方面，首都地区环线廊坊段建设继续推进，京秦、京台、京新等高速公路开工建设；京津冀共支持 28 个重点公路项目，2018 年 8 月京津冀国家高速公路的所有"断头路"均已打通，首都地区环线高速公路全面通车。在航空运输方面，2014 年 12 月北京新机场项目获国家发展和改革委员会（简称国家发改委）批复以来，北京新机场建设步入正轨，并持续带动北京市和河北省在民航领域及临空经济区方面的深度合作和融合发展。

---

① 京津冀协同发展战略实施四年进展综述 [OL]. http://zhengwu.beijing.gov.cn/zwzt/jjjyth/bjdt/t1525503.html[2018-08-05].

四、生态环境保护工作稳步推进

京津冀三地加大环境监测和执法力度、加强环境信息公开，并共同建立了定期会商、联动执法、联合检查、重点案件联合督察、信息共享等环境执法联动工作机制。推动北京市密云区、延庆区和河北省张家口市、承德市共建生态文明先行示范区，开展环首都国家公园试点、跨区域排污权交易、环境污染第三方治理、碳排放权交易试点等工作，深层次地推进协同防治污染，改善区域生态环境质量，打造京津冀生态修复环境改善示范区，生态环境保护工作稳步深入推进。

五、产业升级转移工作进展顺利

京津冀三地政府积极推进区域内部的产业升级转移工作。北京市有序疏解非首都功能，产业发展服务化、高端化、生态化态势显著，2017 年服务业增加值占 GDP 比重达 80.6%[①]。与此同时，河北省和天津市积极承接北京市部分产业转移，三地间的产业定位与产业分工日益明晰。产业协作发展的各项重点项目稳步推进，北京新机场临空经济区改革试点、北京市与河北省共建曹妃甸协同发展示范区、北京市与天津市共建滨海-中关村科技园和京津合作示范区等工作进展顺利，有效推动了区域内产业转移升级。

六、创新驱动三地互利共赢

创新驱动京津冀协同发展互利共赢局面初步形成。北京、天津、河北三地通过共建高科技园区等形式，大力推动三地在创新链、产业链、资金链、政策链等方面的深度融合。区域科技研发及其成果转化平台建设加快，河北·京南科技成果转移转化试验区、京津冀技术交易河北中心等平台初具雏形，京津科技成果加速在河北省落地转化。区域创新投融资体系不断完善，京津冀产权市场发展联盟、京津冀协同票据交易中心等机构相继成立，为三地资本要素市场的合作打开了局面。区域科技人才培养与交流日益紧密，京津冀国家级开发区产业人才联盟成立，促进了人才之间的交流合作。

[①] 2017 年北京实际利用外资跃居全国首位 首都外向型经济迈上新台阶[OL]. http://www.beijing.gov.cn/lqfw/gggs/t1556277.htm[2018-08-07].

七、体制机制改革稳步实施

京津冀三地积极响应党中央和国家的号召，推动区域内一体化体制机制创新，在行政管理协同机制、基础设施互联互通机制、生态环境保护联动机制等方面都取得了突出的工作进展，有效破除了制约协同发展和要素流动的体制机制障碍，初步建立起优势互补、互利共赢的区域一体化发展制度体系，成为助力三地协同发展深入推进的制度保障和基础。

八、试点示范平台建设有效推进

推动北京新机场临空经济区，北京市与河北省共建曹妃甸协同发展示范区，北京市密云区、延庆区和河北省张家口市、承德市共建生态文明先行示范区，北京市与天津市共建滨海-中关村科技园和京津合作示范区四大先行先试平台建设，在产业落地政策优惠、管理体制机制改革、基础设施建设、社会公共服务配套等方面均取得较大进展。其中，以曹妃甸协同发展示范区建设成效尤为显著，不断拓展与京津在优质教育、医疗卫生、体育健身等方面的合作，引进一批央地协同、整体转移的疏解项目。

九、区域空间格局不断优化

《京津冀协同发展规划纲要》要求，按照"功能互补、区域联动、轴向集聚、节点支撑"的思路，以"一核、双城、三轴、四区、多节点"为骨架，推动有序疏解非首都功能，构建以重要城市为支点，以战略性功能区平台为载体，以交通干线、生态廊道为纽带的网络型空间格局。2014 年以来，京津冀区域空间格局不断优化，"一核"首都核心功能优化提升，"双城"联动引擎作用不断凸显，"三轴"人口产业集聚作用显著，"四区"差异化发展格局初步形成，"多节点"城市综合承载力增强。

1. "一核"首都核心功能优化提升

北京市作为京津冀协同发展的核心，其辐射带动能力进一步增强。协同发展战略实施以来，北京市 GDP 占京津冀 GDP 比重不断提高，从 2013 年的 31.35%上升到 2017 年的 33.92%[①]。与此同时，通过有序疏解非首都功能，北

---

① 《中国统计年鉴 2014》、《北京市 2017 年国民经济和社会发展统计公报》、《天津市 2017 年国民经济和社会发展统计公报》和《河北省 2017 年国民经济和社会发展统计公报》。

京市"四个中心"职能不断强化，产业服务化、高端化态势显著，人口调控成效显著，"大城市病"问题初步得到缓解。

2. "双城"联动引擎作用不断凸显

北京市、天津市作为京津冀协同发展中的"双城"，带动区域经济社会发展引擎作用不断凸显。北京、天津两市 GDP 占区域 GDP 比重从 2013 年的54.45%上升到 2017 年的 56.44%[①]。京津双城联动进一步强化，合作广度和深度全方位拓展，特别是在轨道交通建设、产业园区协作、协同创新发展等方面取得重大进展，"双城"共同发挥高端引领和辐射带动作用。

3. "三轴"人口产业集聚作用显著

京津、京保石、京唐秦作为京津冀区域的主要通道，是京津冀主要的产业发展带和城镇集聚轴，产业要素的轴向集聚作用明显。京津发展轴沿线主要城市北京市、廊坊市、天津市经济快速发展，"京津冀大数据走廊"建设步伐加快，科技研发转化优势突出。京保石发展轴沿线主要城市（保定市、石家庄市、邢台市、邯郸市等）制造业转型升级不断深入，以河北·京南科技成果转移转化试验区中的固安高新区、霸州经济开发区、涿州国家农业科技园等为代表的产业园区建设成效显著。京唐秦发展轴沿线的天津市宝坻区、唐山市、秦皇岛市等地的产业对接协作工作不断深入，曹妃甸区作为承接京津产业转移和城市功能疏解的战略功能区，园区建设已初步完成，并为企业顺利入驻消除了行政审批障碍。宝坻区作为京津唐发展轴沿线的重要节点，重点打造京唐秦发展轴活力新城、非首都功能疏解重要承接地、科技绿色产业重镇和国家级生态保护与建设示范区。

4. "四区"差异化发展格局初步形成

中部核心功能区包括北京市平原地区、天津市平原地区、河北省廊坊市及保定市平原地区，是引领京津冀协同发展的核心区域，具有要素资源集聚、产业层次高、创新能力强的特有优势。随着非首都功能疏解工作的不断推进，京津保地区率先展开联动发展，廊坊、保定两市合理承接不符合首都功能定位的产业迁移疏解，经济总量不断扩大，发展前景良好。特别是雄安新区启

---

① 《中国统计年鉴 2014》、《北京市 2017 年国民经济和社会发展统计公报》、《天津市 2017 年国民经济和社会发展统计公报》和《河北省 2017 年国民经济和社会发展统计公报》。

动建设以来,积极承接北京非首都功能疏解的优质资源,为中部核心功能区的高质量发展注入了新动力。

东部滨海发展区包括天津市、河北省沿海地区,拥有广阔的发展空间和显著的对外开放优势,发展势头强劲。在强化港口群建设、加强港城联动的基础上,以天津市为代表重点发展战略性新兴产业、先进制造业和生产性服务业。

南部功能拓展区包括河北省石家庄市、邯郸市、邢台市平原地区及衡水市,拥有丰富的自然资源基础,增长潜力较大。作为推动京津冀协同发展的战略腹地,重点承担农副产品供给、科技成果产业化和高新技术产业发展功能。随着产业结构优化调整和农副产品生产供应功能的完善,经济实力不断增强。

西北部生态涵养发展区包括北京市山区、天津市山区,河北省张家口市、承德市及其他山区,拥有相对完整的生态系统和良好的环境质量,水资源相对丰富,是支撑京津冀区域协同发展的生态保障区域。生态涵养发展区以发挥生态保障、水源涵养、旅游休闲、绿色产品供给功能为主,经济发展相对滞后。

5. "多节点"城市综合承载力增强

石家庄市、唐山市、保定市、邯郸市等区域性中心城市的产业和人口集聚功能不断强化,持续拉动河北省经济增长。张家口市、承德市、廊坊市、秦皇岛市、邢台市、衡水市等节点城市的支撑作用有所增强,城市综合承载力和服务能力逐步提高。多个节点城市的功能定位进一步明确,成为区域人口、产业和城镇体系空间格局的有力支撑,有序推动区域产业和人口的合理布局。

第二节 京津冀协同发展存在的突出问题

京津冀协同发展战略的深入推进已取得一系列的显著成效,但仍存在一些突出问题有待解决。对京津冀协同发展突出问题的科学诊断,可以为下一阶段京津冀协同发展行动计划的制定指明方向。

一、区域发展差距依然显著

长期以来,京津冀三地资源禀赋的巨大差异,产业基础的不同特点,以及发展方式的显著区别,造成了京津冀区域内部经济发展差距显著。虽然京津冀协同发展战略实施以来,区域内部经济发展差距有所缩小,但三地间无论是经济总量还是产业结构的差距仍然显著,不断缩小区域内部各省市间的发展差距仍然是未来一段时间内的重要主题。

从经济总量来看,2017 年京津冀三地 GDP 占区域比重分别为 33.92%、22.52% 和 43.56%,2010～2017 年北京和天津两市的 GDP 占比略有上升,河北省占比则略有下降。三省市间人均 GDP 差距十分显著,2017 年北京市和天津市的人均 GDP 分别达到 128 992 元、119 441 元,分别相当于河北省的 2.7 倍和 2.5 倍(表 1-1)。

表 1-1 京津冀三地 GDP 总量、比重与人均 GDP

年份	GDP 总量/亿元			GDP 占区域比重/%			人均 GDP/元		
	北京市	天津市	河北省	北京市	天津市	河北省	北京市	天津市	河北省
2010	14 114	9 224	20 394	32.27	21.09	46.63	73 856	72 994	28 668
2011	16 252	11 307	24 516	31.21	21.71	47.08	81 658	85 213	33 969
2012	17 879	12 894	26 575	31.18	22.48	46.34	87 475	93 173	36 584
2013	19 801	14 442	28 443	31.59	23.04	45.37	94 648	100 105	38 909
2014	21 331	15 727	29 421	32.09	23.66	44.26	99 995	105 231	39 984
2015	23 015	16 538	29 806	33.18	23.84	42.97	106 497	107 960	40 255
2016	24 899	17 885	31 828	33.37	23.97	42.66	114 560	114 494	42 607
2017	28 000	18 595	35 964	33.92	22.52	43.56	128 992	119 441	47 985

数据来源:《北京统计年鉴 2017》、《天津统计年鉴 2017》、《河北经济年鉴 2017》、《北京市 2017 年国民经济和社会发展统计公报》、《天津市 2017 年国民经济和社会发展统计公报》和《河北省 2017 年国民经济和社会发展统计公报》

注:受四舍五入的影响,表中数据稍有偏差,全书余同

京津冀三地产业结构也存在显著差异,三次产业发展的贡献度差别较大,发展侧重点各不相同。从 2017 年三省市各产业增加值在京津冀区域所占比重来看(表 1-2),河北省是第一产业发展的主要力量,第一产业增加值占京津冀区域的 91.19%,第二产业增加值主要来自河北省与天津市,而第三产业则以北京市的贡献最为显著。从 2017 年三省市产业结构来看(表 1-3),河北省第一产业占比较大,第三产业发展相对滞后,天津市表现出第二产业和第三产业双轮驱动发展的趋势,而北京市的服务化趋势最为显著。产业结构的较大梯度差异,导致区域产业一体化难度增大,也造成了区域产业结构升级的障碍,制约了京津冀协同发展的深入推进。

表 1-2 2017 年京津冀三地各产业增加值占区域比重 （单位：%）

地区	第一产业	第二产业	第三产业
北京市	3.13	17.52	46.63
天津市	5.67	25.04	22.29
河北省	91.19	57.45	31.08

数据来源：《北京市 2017 年国民经济和社会发展统计公报》、《天津市 2017 年国民经济和社会发展统计公报》和《河北省 2017 年国民经济和社会发展统计公报》

表 1-3 2017 年京津冀三地产业结构 （单位：%）

地区	第一产业	第二产业	第三产业
北京市	0.43	18.97	80.60
天津市	1.17	40.82	58.01
河北省	9.75	48.43	41.82

数据来源：《北京市 2017 年国民经济和社会发展统计公报》、《天津市 2017 年国民经济和社会发展统计公报》和《河北省 2017 年国民经济和社会发展统计公报》

与我国其他重点经济发展地区相比，2016 年京津冀 GDP 为 756.24×10^{10} 元，仍然略低于广东省和江苏省，经济总量增长仍有较大发展空间。从人均 GDP 来看，2016 年京津冀人均 GDP 低于苏浙沪和广东省，尤其是河北省人均 GDP 远远落后。从三次产业结构来看，与苏浙沪和广东省两个经济发达地区相比，京津冀产业结构中第二产业占比偏低，服务化特征凸显；2016 年北京市第三产业占比达到 80.2%，是所有地区中最高的，而河北省第三产业占比低于其他发达地区（表 1-4）。

表 1-4 2016 年京津冀和其他重点经济发展地区 GDP 及三次产业构成

地区	北京市	天津市	河北省	上海市	江苏省	浙江省	广东省	苏浙沪	京津冀
GDP /10^{10} 元	256.69	178.85	320.70	281.79	773.88	472.51	808.55	1 528.18	756.24
人均 GDP /元	118 128	114 503	42 932	116 441	96 747	84 528	73 511	95 458	67 492
第一产业占比/%	0.5	1.2	10.9	0.4	5.3	4.2	4.6	4.0	5.1
第二产业占比/%	19.3	42.3	47.6	29.8	44.7	44.9	43.4	42.0	36.7
第三产业占比/%	80.2	56.4	41.5	69.8	50.0	51.0	52.0	54.0	58.2

数据来源：《中国统计年鉴 2017》

二、人口调控缺乏长效机制

京津冀协同发展战略实施以来，在非首都功能疏解和产业转移等工作不断深入的作用下，北京市、天津市两个核心城市的常住人口和外来常住人口数量均得到了有效控制，首都人口调控目标有望按期实现。2017 年北京市常住人口 2170.7 万人，比 2016 年末减少 2.2 万人；常住外来人口 794.3 万人，比 2016 年减少 13.2 万人①。2017 年天津市常住人口 1556.9 万人，比 2016 年末减少 5.3 万人；常住外来人口 498.2 万人，比 2016 年减少 9.3 万人②。京津两地的常住人口与外来人口减少，与部分产业向京津以外地区的疏解和转移有关，"人随业走"使核心城市的人口规模得到了有效和合理控制，人口高度密集所导致的"大城市病"问题也有望随之得到缓解。然而依靠行政力量推动的人口空间结构变动有其局限性，京津冀人口规模调控与人口空间布局引导的长效机制尚未建立，河北省合理承接人口疏解、主动吸纳人口转移仍然存在种种障碍，制约了区域城镇体系的健康发展。

河北省吸纳人口转移的障碍主要是由三省市间社会公共服务资源悬殊造成的。相较于北京市和天津市，河北省的社会保障水平偏低，社会公共服务资源配置薄弱，尤其是优质公共服务资源相对稀少。以医疗资源为例，2016 年河北省常住人口达到北京市的 3.4 倍、天津市的 4.8 倍，同期北京市拥有三级医院 93 家，天津市拥有三级医院 31 家，河北省仅有三级医院 44 家③。教育资源的不平衡也加剧了人口转移和流动的障碍，优质教育资源在北京市、天津市的集聚，对人口和人才的吸引力远大于河北省。区域产业空间布局的差异同样制约了河北省吸纳人口转移，目前京津两地向周边地区的产业疏解与转移以低端低效产业和低附加值环节产业为主，总部、研发、金融等高端环节的区域性布局尚未完善，导致河北省对就业的吸引力不足，不利于京津冀人口的均衡布局。

除了人口数量的不均衡状态长期难以突破之外，京津冀三地人才质量与数量也呈现极度不均衡状态。由于长期以来三地行政资源配置能力差异显著，产业链、价值链、创新链环节区别同样突出，加之高等学校和科研机构在核心城市的集中分布，大量高端创新人才集聚于京津两地，难以向河北省自由

---

① 《北京市 2017 年国民经济和社会发展统计公报》和《北京统计年鉴 2017》。
② 《天津市 2017 年国民经济和社会发展统计公报》和《天津统计年鉴 2017》。
③ 《中国统计年鉴 2017》和《中国卫生和计划生育统计年鉴 2017》。

流动，导致京津冀三地高层次人才质量和数量呈现断崖式落差，并进一步制约了河北省社会经济的良性发展。

三、创新驱动辐射带动不足

创新驱动是京津冀协同发展的根本动力。从京津冀三地的科技创新驱动能力来看，北京市具有科技创新资源富集的良好基础，创新驱动特征明显，为北京市构建"高精尖"经济体系、打造科技创新中心，以及引领区域经济转型发展提供了新动力。然而北京市对周边地区的虹吸作用长期存在，对区域创新发展的带动和扩散作用仍有待提高。天津市具有研发转化能力强的突出优势，但目前经济社会发展的驱动力仍以投资为主，尚有待推动产业转型升级，打造先进制造研发基地，进一步加快向创新驱动转型，增强对区域经济社会发展的辐射和影响。河北省近年来创新能力提升较快且发展潜力较大，但目前仍然以投资驱动为主，创新能力相对较弱，有必要把握产业转型升级的良好机遇，加快向创新驱动转型，不断提高科技创新能力和成果转化能力，培育新的增长点。

整体来看，北京市创新驱动能力较为突出，天津市、河北省仍以资本和要素驱动为主，创新驱动发展的局面正在形成，但三省市之间尚未形成创新驱动产业转型升级的合力，大力实施创新驱动发展战略、培育区域经济增长新引擎的任务仍然艰巨。

四、区域空间结构有待优化

区域功能布局不合理。北京市"大城市病"仍然突出，随着非首都功能疏解工作的推进，部分低端低效产业的升级改造和搬迁疏解取得一定成效，特别是城市副中心的集中疏解承接作用也逐步凸显。然而以高等学校为代表的优质教育资源、以三级甲等医院为代表的优质医疗资源，以及企业总部和各级各类行政性、事业性服务机构仍然在北京市呈现高度集聚态势。不符合首都功能定位的城市功能仍然过多，不仅导致北京市"大城市病"没有得到根本改善，对区域整体的功能布局也造成了影响，不利于三地产业创新联动发展和中小城市空间集聚功能提升，也不利于北京市建设国际一流的和谐宜居之都。

区域城镇体系不合理。从京津冀三地的城市人口规模来看，北京市和天津市属于超大城市；以石家庄市、保定市为代表的大城市和以沧州市、廊坊市为代表的中等城市数量过少，发展相对不足；而小城市数量多达 130 余个，其人口总规模占比将近 1/2。中间层次大中城市的缺乏，构成了"哑铃"状的城市规模等级体系，导致京津两市难以通过城市规模等级体系辐射带动中小城市的社会与经济发展，地区之间的发展差距无法得到消除，区域协同发展受到严重制约。进一步地，区域空间结构呈现不均衡态势，核心城市北京市、天津市均集中于区域北部，而冀中南地区虽然地域广阔，却难以直接与核心城市建立密集的经济联系，缺乏大城市的辐射带动。

区域空间结构的不合理，限制了核心城市辐射带动作用的发挥，除不断提高现有节点城市综合承载力、有序推动区域产业和人口合理分布外，依靠市场手段、行政手段和规划手段从根本上调整及优化区域空间结构是非常必要的。

五、生态协同治理机制有待完善

生态修复和环境改善任务依然艰巨。京津冀地区历来是我国资源最为匮乏、人口资源环境矛盾最为突出的地区之一。在人口密度不断增大的同时，土地资源超载、水资源供需紧张、大气污染形势严峻等问题长期制约着区域社会经济的良性可持续发展。区域大气污染防治、水生态系统修复、土壤环境净化等重点任务是京津冀三地必须长期面对的问题，在保持区域社会经济持续稳定增长的同时，生态环境保护机制的建立、绿色低碳发展方式的构建和生态文明制度体系的完善仍亟待进一步强化。

区域性自然资源资产管理格局有待完善。京津冀缺乏统一的自然资源资产管理机制，导致无法从区域层面协调和管理自然资源资产，造成发展过程中自然资源利用效率不高，城乡发展对生态空间的挤占严重，生态环境问题进一步恶化。

区域生态协同治理机制有待完善。京津冀地区作为一个相对完整的生态系统，其治理和管理必须从区域层面进行筹划。目前，京津冀三地在部分领域建立了协同治理和管控的工作机制，然而区域性生态治理尚呈现各自为政的态势，导致跨行政区的生态治理政策无法得到落实和保障。地方生态治理积极性不高，由于各地区之间经济发展阶段不同，而生态治理的成本主要发生在河北省各市，其投入和收益差距显著。生态治理与经济发展的矛盾长期存在，生态涵养发展区各地长期以来社会经济发展相对滞后，追求经济利益与推动生态治理的冲突难以避免。由于生态治理的外部性，在北京市、天津市与河北省之间合理有效的生态补偿机制建立之前，各地生态治理的积极性受到限制。

六、体制机制改革仍有待深入

京津冀三地之间初步建立了聚焦非首都功能疏解、产业升级转移、交通一体化和生态环境保护等重点领域的合作框架及对话机制，然而现有体制机制改革仍不够深入，在要素市场一体化、行政管理协同机制、行政管理信息交流共享等突破行政壁垒的关键领域改革仍需进一步突破。

在区域协调机制方面，虽然区域统一性的规划业已出台，但京津冀三地政府间尚缺乏平等协商的协调机制，也缺乏区域层面的纵向协调机制。在区域协同发展的考核机制方面，尚未出台围绕区域协同发展的质量和效益的区域统一性考核评价体系，各地各级政府的考核评价方法仍围绕本地的利益展开，区域协同发展的整体利益尚未成为京津冀不同地区社会经济发展的共同目标。在落实京津冀协同发展规划的进程中，以政府为主体的行政手段仍然是主导力量，包括企业（市场）、社会组织、社会公众在内的多元主体参与度不足。

第三节　京津冀协同发展的战略对策

为落实党的十九大"以疏解北京非首都功能为'牛鼻子'推动京津冀协同发展"的要求[①]，解决京津冀协同发展所面临的突出问题，未来应该从优化区域产业分工体系、打造"一核两翼"空间新格局、构建"三城两翼一区"协同创新模式、系统推进首都减量发展、完善生态协同治理机制、深化协同发展体制机制改革六大方面全面推进京津冀协同发展进程。

一、优化区域产业分工体系

京津冀三地在历史发展过程中，已经形成了相当明显的各自特点和优势，

[①] 习近平：决胜全面建成小康社会 夺取新时代中国特色社会主义伟大胜利——在中国共产党第十九次全国代表大会上的报告[OL]. http://www.gov.cn/zhuanti/2017-10/27/content_5234876.htm[2018-08-07].

三省市的功能定位,需要根据其各自的特点、优势和最符合国家利益等重要原则来确定(陆大道,2015),形成优势互补、特色鲜明的产业分工体系。从京津冀三地发展现状来看,依据钱纳里的工业化阶段理论,目前北京市处于后工业化社会阶段、天津市处于工业化后期阶段,而河北省处于工业化中期阶段。从产业发展特征来看,北京市属于服务型区域、天津市属于加工型区域、河北省属于资源型区域。

围绕三地的比较优势与发展基础,为优化区域产业分工合作,推动产业升级转移,北京市、天津市和河北省应分别按照"知识型+服务型"、"加工型+服务型"和"资源型+加工型+服务型"的发展定位来构筑各自的现代产业体系。北京市应强调"去功能化",大力发展知识经济和服务经济,加快构建"高精尖"经济结构;天津市应强调"服务化",以商贸物流业、战略性新兴产业、先进制造业为主导,大力推进服务型经济发展;河北省应加快"去资源化"进程,积极承接京津产业功能转移和科技成果转化,大力发展加工制造和服务经济,构建以现代制造业、战略性新兴产业、原材料工业、现代农业、旅游休闲业为主导的现代产业体系。

京津冀地区应建立起基于产业价值链的空间分工:北京市集中发展管理、研发和销售功能,腾退一般生产制造功能;天津市聚焦生产研发和高端加工制造,并发展一定的总部经济;河北省主要从事生产制造,也需要创造条件在部分优势行业(如原材料、战略性新兴产业)进行生产研发。

二、打造"一核两翼"空间新格局

"一核两翼"协同发展既是京津冀协同发展战略的要求,也是促进多中心网络化空间结构形成的重要抓手。《北京城市总体规划(2016年-2035年)》明确了"一核一主一副、两轴多点一区"的空间格局,这将有利于改变北京市的单中心集聚发展模式,构建多中心、网络化发展格局。"一核"指首都功能核心区(北京市东城区和西城区,面积约92.5平方公里),"一主"指中心城区(即北京市城六区,面积约1378平方公里),"一副"指北京城市副中心(规划面积155平方公里,控制面积906平方公里)。《北京城市总体规划(2016年-2035年)》首次提出"北京城市副中心与河北雄安新区共同构成北京新的两翼",中共中央、国务院关于对《河北雄安新区规划纲要》的批复中进一步明确了"雄安新区作为北京非首都功能疏解集中承载地,与北京城市副中心形成北京新的两翼"。"两翼"的发展及和"一核"的协同将有利于有效缓解北京市的"大城市病"，支撑和服务"一核"建设成为政务环境优良、文化魅力彰显和人居环境一流的首都功能核心区，推进建设以首都为核心的京津冀世界级城市群。

"一核两翼"协同重在明确各自的定位和分工。核心区是全国政治中心、文化中心和国际交往中心的核心承载区，是北京市建设国际一流和谐宜居之都的首善之区。北京城市副中心定位于国际一流和谐宜居之都示范区、京津冀区域协同发展示范区、新型城镇化示范区，是服务首都和承接首都城市功能的重要空间载体，并将着力发展公共行政、商务服务、文化旅游和科技创新四大功能。雄安新区是北京非首都功能疏解集中承载地，是推动高质量发展的全国样板和建设现代化经济体系的新引擎，更是贯彻落实新发展理念的创新发展示范区。

"一核两翼"协同的核心是处理好"都"和"城"的关系。"一核"是"都"，是核心，"两翼"是"城"，是支撑，"城"的发展是为了更好地支撑"都"这一核心。"两翼"都是北京城市功能的重要承载区，因此服务和支撑核心区"都"的发展，分担"都"的压力，是"两翼"的基本内涵，也是"两翼"高质量发展的重要使命。一方面，在定位上一定要明确"首都功能"高于"城市功能"；另一方面，在空间安排上优先保障"首都功能"，加大力气疏解"一核"的非首都功能。"都"和"城"是一个整体，因此应加强协同互动，共同作用以提升优化首都功能，并以此为基础，加速将北京市建设成为国际一流和谐宜居之都和建设以首都为核心的京津冀世界级城市群。

"两翼"也应形成差异发展、特色突出、两翼齐飞的新格局，成为现代化新型首都圈的重要支撑。"两翼"需要共同牵起疏解北京非首都功能的"牛鼻子"，共担解决北京市"大城市病"的历史重任。北京城市副中心是北京市域内疏解承载与首都功能拓展地，雄安新区是域外疏解承载地。就北京城市副中心和雄安新区"两翼"的功能分工而言，北京城市副中心主要是服务翼，应大力发展和提升服务业品质，利用区位优势培育和引进高层次人才，打造成为提供高质量服务的"一翼"；雄安新区主要是科技创新翼，以科技创新为主导是雄安新区实现高质量发展的内在要求。促进"两翼"的差异化特色发展，将有利于优化首都功能布局，有利于促进京津冀地区实现多中心、网络化发展，有利于奠定新型首都圈"一核两翼"空间发展新格局，进而起到加速建设以首都为核心的京津冀世界级城市群的作用。

三、构建"三城两翼一区"协同创新模式

优化京津冀区域科技创新格局。塑造协同创新的空间格局成为京津冀进行空间组织的主体内容(樊杰等,2016),应努力打造形成以北京国家科技创新中心为引领,中关村和滨海新区两大国家自主创新示范区两核驱动,京津高新技术产业创新带、沿海现代工业技术创新示范带和环京津绿色发展创新创业带三带辐射,中关村国家自主创新示范区跨省市共建一批科技园区的多园区协同创新发展格局。

构建"三城两翼一区"协同创新模式。"三城"包括中关村科学城、怀柔科学城和未来科学城,"一区"则为创新型产业集群和"中国制造 2025"创新引领示范区。"三城"和"一区"科技创新资源丰富,创新条件优厚,应充分发挥创新策源地的溢出和带动作用,成为京津冀协同创新共同体的核心和引领者。"两翼"即北京城市副中心和雄安新区,其功能为首都科技创新功能的拓展地,京津冀协同创新共同体的重要节点。其中,北京城市副中心重点拓展首都科技创新核心功能,通过"同城化"的模式,在北京市域内优化科技创新资源布局,成为北京市建设全国科技创新中心的有效支撑。雄安新区则面向整个京津冀区域,以"一体化"模式,建设独立的科技创新城市,从而辐射带动整个京津冀地区的创新发展。"三城两翼一区"之间实现错位发展、分工协作,共同打造京津冀协同创新共同体。

四、系统推进首都减量发展

首都减量发展是系统性、全局性、前瞻性的战略工程,是对北京市"四个中心"建设核心战略的主动响应,也是未雨绸缪应对北京市"过度集聚"等"大城市病"的关键举措,更是以"减"求"进"、谋定后动的智慧方略。减量发展涉及北京市城市发展的方方面面,从业态疏解到功能转型、从空间重构到产业匹配,减量不仅涉及"腾笼换鸟"工作,而且还需"留白增绿"、"减量提质"和"兼修内外"。既要关注低水平、低层次相关领域的疏解,也要关注新形势下高端、高水平相关领域的合理疏解。做到疏解"低端"做框架,疏解"高端"求精进。

在疏解北京市产业功能方面,京津冀三地应围绕各自产业功能定位形成合力。北京市应加快淘汰带来人口资源双重压力的化学纤维业、饮料制造业、

非金属矿物制品业，加快转移带来资源环境压力的有色金属冶炼及压延加工业，石油加工、炼焦和核燃料加工业，以及黑色金属冶炼及压延加工业等传统产业，并对就业规模大的纺织服装业、鞋帽制品业、食品制造业、农副产品加工业等进行渐次转移。天津市和河北省作为主要疏解承载地，应创造条件以重大产业化基地和特色园区为平台承接符合本地产业功能定位并具有比较优势和竞争优势的产业。雄安新区的设立，为集中承接北京市科技创新产业的转移提供了新的空间。

北京市在疏解非首都功能的同时，也应注重高端产业的减量提质发展。以金融业为例，该产业是北京市的首位产业，金融集聚区是北京市发展金融产业和创新金融业态的核心地域，是北京市要着力打造的重点区域。但是，从首都减量发展的大局出发，对金融集聚区的发展建设，也要主动出击，以"减"求"进"。即在减量发展过程中，要推动北京市金融业不断抢位发展，全方位提高金融控制能力，促进北京市尽快、全方位地打造"具有广泛和重要国际影响力的全球中心城市"。积极进行业态减量，驱离"鸠占雀巢"机构；积极进行功能减量，"零增量"优化服务能力；积极实施错位发展，金融集聚区协同一体；积极引导金融溢出，全方位推进"四个中心"建设。

五、完善生态协同治理机制

发挥市场作用，合理配置生态资源。建立区域层面统一的自然资源资产台账，对生态资源进行产权界定，继续推动碳排放权、水权和排污权交易市场试点改革工作，推动自然资源合理和高效配置。建立健全区域性生态补偿长效机制，坚持"谁受益、谁补偿；谁污染、谁付费"原则，通过设立区域生态补偿专项资金、政策补偿与资金补偿相结合等方式，完善区域生态补偿制度，确保资源输出和生态治理地区的利益能够得到合理补偿，从而实现区域生态治理的可持续性。

推动环境治理与生态建设协同立法。以解决京津冀区域生态环境主要问题为目标，制定污染治理相关法规条例，从区域层面逐步形成统一的环境监管和评价标准。推动区域性生态环境保护规划和相关专项规划的编制工作，推进生态资源的合理调配和高效利用。探索区域多元主体协同治理模式。通过政府行政手段引导和市场手段合理配置资源，企业、公民、非政府组织等社会组织积极参与，构建区域性生态协同治理的多层次网络体系。

六、深化协同发展体制机制改革

建立地区间政府协商对话机制。将省级政府、市级政府间横向协商的地方政府联席会议制度常态化，通过平等谈判协商来协调各地利益和重大利益冲突，从区域层面维护整体利益，取得长远发展。

建立区域协同发展绩效考核评价机制。创新和完善各级政府的考核和评价体系，围绕区域协同发展的共同利益与根本需要，以区域协同发展质量与效益为评价标准，制定与协同发展目标相一致的考核指标，定期进行考核评价。

推动要素市场改革。通过推动金融市场、技术市场、土地要素市场、人才市场等一体化改革，突破制约生产要素自由流动的行政壁垒与制度障碍，率先构建区域一体化要素市场，促进生产要素自由流动，推动资源高效配置。

充分发挥体制机制改革先行先试的引领作用。围绕区域协同发展重点领域和关键环节，继续深入开展先行先试，形成可复制和可推广的改革成果，不断深入推进制度和政策创新，并向京津冀区域进行逐步延伸和复制。

第二部分 分 论 篇

2 | 第二章
北京非首都功能疏解进展

　　有序疏解北京非首都功能，是京津冀协同发展的关键环节和重中之重。解决北京市"大城市病"、优化提升首都核心功能，必须以疏解非首都功能为先导和突破口，通过形成以北京市为核心的首都功能承载区来解决北京市的人口、资源、环境和发展之间的矛盾（杨开忠，2015）。疏解北京非首都功能、推进京津冀协同发展，是一个巨大的系统工程，目标是要调整经济结构和空间结构，走出一条内涵集约发展的新路子，探索出一种人口经济密集地区优化开发的模式，促进区域协调发展，形成新增长极。随着北京非首都功能疏解工作的有序开展，北京城市面貌更新明显，产业结构日趋合理，人口增长得到有效控制，公共服务水平也迈上新台阶。

第一节　分散疏解工作进展①

　　一般性产业疏解力度持续加大，停产不符合首都城市战略定位的制造业

---

　　① 本节数据如无特殊说明均来自首都之窗网站"疏解非首都功能，推进京津冀协同发展"专题，http://zhengwu.beijing.gov.cn/zwzt/sjfsdgn/[2018-07-12]。

企业，调整疏解商品交易市场，疏解商户。部分学校、医院疏解有序推进，市属高等学校招生计划压缩，学校与医院的迁建、扩建工作积极推进。中心城区疏解步伐不断加快，推进以点带面联动疏解，"腾笼换鸟"、转型升级取得积极进展。政策措施有序制定出台，为有序疏解北京非首都功能提供了有力的支撑。

一、一般性制造业疏解进展

明确产业禁限措施，严控增量力度持续加大。2014 年 7 月，北京市首次制定并实施《北京市新增产业的禁止和限制目录（2014 年版）》，在全市层面提出新增产业管理措施，并针对四类功能区分别提出差异化管理，明确列出计划实施调整退出的 105 个污染行业工艺、50 项落后生产设备，同时出台了《工业污染企业调整退出奖励资金管理办法》，鼓励工业污染企业调整退出。2015 年 8 月，北京市在《北京市新增产业的禁止和限制目录（2014 年版）》的基础上，针对首都城市战略定位，面向有序疏解非首都功能的要求，修订发布《北京市新增产业的禁止和限制目录（2015 年版）》，实施更加严格的禁限措施，禁限范围进一步扩大，全市禁限比例由 32%提高至 55%，其中城六区禁限比例统一提高至 79%。2017 年 7 月 4 日，在对《北京工业污染行业、生产工艺调整退出及设备淘汰目录（2014 年版）》进行修订的基础上形成了《北京市工业污染行业生产工艺调整退出及设备淘汰目录（2017 年版）》。

禁限措施和标准的出台与实施，在严控首都功能增量、优化提升产业结构方面发挥了积极作用，有效推动了"高精尖"经济结构的构建。高污染、高能耗、占地效率低下的产业受到发展规模、产业环节等诸多限制，尤其是通用设备、专用设备、电气等比较优势不突出的行业。《北京市新增产业的禁止和限制目录（2015 年版）》实施至 2017 年 11 月，北京市不予办理新设立或变更登记业务累计达 1.85 万件，累计关停退出一般制造业企业 1992 家。2017 年 1～11 月北京市新设市场主体 19.5 万户，同比下降 13.9%；其中从严调控的批发和零售业、农林牧渔业、制造业分别同比下降 32.5%、26.2%、25.8%；科技、信息、金融三大高端服务业新增市场主体 6.9 万户，占全市新增市场主体的比重为 35.6%，较去年同期提高 3.3 个百分点；"高精尖"产业新设市场主体占比由 2014 年的不到 40% 增长至近 50%[①]。

一般性制造业特别是污染企业有序疏解退出。2014 年退出污染企业 392 家，2015 年退出污染企业 326 家，2016 年退出一般制造业和污染企业 335 家。2017 年退出一般制造业和污染企业 651 家，完成全年任务的 130%；全年规模以上工业从业人员减少 4.5 万人，降至 96.4 万人，首次回落到百万人以内。自一般性制造业疏解工作开展五年以来，北京市已累计关停退出一般制造业和污染企业 1992 家，腾退土地约 11 平方公里，减少大气污染物年排放量约 1.5 万吨。

北京市与河北省不断加强区域对接合作，转移疏解产业项目。2015 年 7 月 24 日，河北省张家口市宣化区与北汽福田汽车集团签署合作协议，承接其北京市厂区总投资 50 亿元的部分产业转移，一期工程投资 15 亿元建设泵车生产线，二期工程投资 35 亿元建设起重机、渣土车、环卫车、消防车、动力和储能电池等生产线[②]，并于 2016 年 1 月搬迁到位进行试生产。2016 年，大兴区整体外迁、生产环节外迁或到外埠建厂扩大产能的企业约 130 家，其中规模以上企业 29 家，产业类型以纺织服装、服饰业和装备制造业为主。转移产业方式包括全部外迁、总部经济和产能扩张三种类型，主要转移地区包括河北省廊坊市、永清县、衡水市、天津市宝坻区及山东省等地区，其中涉及机电设备、印刷、电缆、建材、化工等行业的 13 家企业已在河北省固安县、霸州市、永清县、文安县落地并投产[③]。

不符合首都功能的一般性制造业疏解腾退后的空间多用于生态绿化。通州区清退低端企业而腾出的 5 万亩[④]土地将全部用于绿化。朝阳区孙河乡腾退低级次产业后规划将 70% 的土地用于绿化，建设万亩湿地公园，成为北京市第二道绿化隔离带的一部分。朝阳区十八里店乡在疏解出租大院、一般制造业、物流基地、批发市场、废品回收站等低端产业的同时，将腾退空间用于公园绿化建设，实现"留白增绿"。

---

① 北京市新增产业的禁限目录实施三年成效 [OL]. http://zfxxgk.beijing.gov.cn/110002/gzdt53/2018-01/08/content_807f77f2c5244052b551b92e9c31407f.shtml[2018-07-12].

② 北汽福田宣化泵车项目搬迁到位 [OL]. http://zhengwu.beijing.gov.cn/zwzt/sjfsdgn/zxjz/ybxzzy/t1430838.htm[2018-07-12].

③ 大兴 41 家企业落户河北廊坊 [OL]. http://zhengwu.beijing.gov.cn/zwzt/sjfsdgn/zxjz/ybxzzy/t1442233.htm[2018-07-12].

④ 1 亩 ≈ 666.7 平方米。

二、区域性物流基地、区域性专业市场疏解进展

区域性物流基地、区域性专业市场的疏解也是非首都功能疏解的重要任务。自 2014 年起围绕动物园、大红门等大型批发市场开展疏解工作，2015 年北京市通过整体搬迁、企业升级等方式，共撤并升级清退低端市场 150 家，动物园地区批发市场、大红门地区批发市场、天意小商品批发市场、新发地批发市场、雅宝路地区市场、百荣世贸市场、西直河石材市场疏解工作进展顺利。2016 年上半年，北京市共关停并转商品交易市场 68 家，涉及商户 9394 户，面积 70 万平方米[①]。调整疏解区域性商品交易市场 25 家，其中拆除区域性市场 9 家，拆除建筑面积 52 万平方米，疏解商户 9318 户，涉及从业人员 19 196 人；清退转型升级商品交易市场 16 家，清退建筑面积 5.26 万平方米，疏解商户 2946 户，涉及从业人员 10 384 人[②]。截至 2017 年底，全市累计调整疏解区域性专业市场 594 家[③]。

动物园地区批发市场原有业态以小商品批发市场为主，共聚集了 12 家大型批发市场，摊位数约 1.3 万个，直接从业人员 4 万人，是疏解的重点内容之一。2015 年，西城区专门成立了北展地区非首都功能疏解工作指挥部，先后与天津卓尔电商城、白沟和道国际、石家庄乐城·国际贸易城等签署合作协议，集中推动动物园地区批发市场、天意市场、万通市场有序疏解。2015 年初，天皓成市场率先开展整体撤市工作，并由中关村西城园接管，升级转型成为宝蓝金融创新中心；时尚天丽批发城和长征物流中心先后完成疏解，腾退面积 2000 平方米，腾退摊位 150 余个；信德时代商城完成疏解后腾退经营面积近 6000 平方米，疏解商户 300 余户；天和白马商城二期与北京科技大厦两家楼宇主动适应市场需求，不再从事服装业态，分别转型为北矿金融大厦和首建金融中心，实现新建楼宇的成功转型。截至 2017 年底，动物园地区 12 家大型批发市场全部闭市，累计疏解面积约 35 万平方米，疏解完成后地区日均客流量从高峰期的 10 万人锐减至 1 万人以下（表 2-1）。

---

① 市工商局对上半年工作进行总结部署下半年工作 [OL]. http://gsj.beijing.gov.cn/zwxx/gsdt/sjdt/201607/t20160729_1447468.html[2018-07-12].

② 北京上半年疏解商品交易市场 25 家[OL]. http://finance.china.com.cn/roll/20160724/3825944.shtml [2018-07-12].

③ 京津冀协同发展战略实施四年进展综述[OL]. http://zhengwu.beijing.gov.cn/zwzt/jjjyth/bjdt/t1525503.html [2018-07-12].

表 2-1　动物园地区批发市场疏解情况①

市场名称	闭市时间
天皓成市场	2015 年 1 月 11 日
时尚天丽批发城	2015 年 5 月 31 日
特别特鞋城	2015 年 10 月 9 日
信德时代商城	2015 年 10 月 30 日
惠通永源市场	2015 年 12 月 30 日
聚龙外贸商城	2015 年 12 月 31 日
金开利德市场	2016 年 2 月 4 日
万容天地市场	2017 年 6 月 27 日
众合市场	2017 年 7 月 30 日
世纪天乐市场	2017 年 10 月 6 日
天和白马商城	2017 年 11 月 15 日
东鼎市场	2017 年 11 月 30 日

大红门地区聚集了包括丹陛华北区批发市场、正天兴裘皮辅料批发市场、环球众人众轻纺市场等在内的 45 家各类批发市场，共有 2.8 万个商铺，直接从业人员约 8 万人，是北京非首都功能疏解的重点地区。2015 年以来，大红门地区升级改造、调整外迁、撤并拆除的步伐明显加快。2015 年，关停方仕国际鞋城等 7 家市场，腾退建筑面积 15.5 万平方米，疏解商户 4081 户；改造升级天雅女装大厦等 8 家市场，减少摊位 841 个。截至 2016 年 8 月，累计完成市场疏解 20 家，涉及商户 8620 户，面积约 64.8 万平方米，从业人员约 2.68 万人；疏解仓储大院 76 处，涉及面积约 46.06 万平方米，疏解人口 12 870 人。2018 年 3 月，大红门地区区域性批发业态的疏解任务全部完成，原有 45 家市场中，拆除 13 家，关停（现状空置）20 家，转型升级 12 家。

除动物园和大红门两个大型区域性批发市场集聚地外，其他区域性物流基地和区域性专业市场也积极进行疏解清退。2015 年，西城区属企业北京天恒置业集团有限公司从天意小商品批发市场收回天恒大厦 3800 平方米使用权，完成东天意市场清理腾退，疏解摊位 350 个，疏解从业人员 1050 人。2016

---

① 本市 2015 年至 2017 年动批疏解回眸[OL]. http://zhengwu.beijing.gov.cn/zwzt/sjfsdgn/zxjz/qyxwljd/t1509457.htm[2018-07-12].

年上半年，天意小商品批发市场完成 5000 平方米的库房腾退。2015 年 11 月，朝阳区西直河石材市场疏解完毕，总计拆除 180 万平方米，复垦土地和绿化建设 2045 亩，减少商户和流动人口 3 万人。新发地批发市场仓储物流功能加快外迁，首批 300 余家商户签约落户河北省高碑店市。雅宝路地区市场启动转型升级，1400 余个摊位、4.4 万平方米经营面积将疏解，其中，朝外 MEN 雅宝商城已清退 1.1 万平方米，引入生活服务型企业。百荣世贸商城拆除违章建筑，外迁商户 730 个，疏解外来人口 3150 人。2016 年 4 月，海淀区盛宏达小商品城启动整体搬迁腾退，涉及商户 600 多户 4000 余人，整体搬迁至河北省燕郊镇后于 7 月 17 日正式开业。2016 年 5 月，海淀区万家灯火家居装饰城正式关停，疏解外来人口 1 万人。2017 年 3 月和 11 月，文玩花鸟鱼虫市场十里河天娇文化城和西三旗通厦花卉综合市场先后关停。2018 年，东城区万朋文具批发市场启动疏解，位于前门商圈的世纪天鼎批发市场也于 9 月 17 日闭市。

三、部分教育、医疗机构疏解进展

2016 年 9 月 27 日发布的《北京市"十三五"时期教育改革和发展规划（2016—2020 年）》中提出，"十三五"期间本市不再扩大高等教育办学规模，不再新设立或新升格普通高等学校，高等教育学校不再新增占地面积。城六区高等教育不再校内扩建。不再扩大普通高等学校成人教育、网络教育、自考助学的面授教育规模。支持在京中央高校和市属高校通过整体搬迁、办分校、联合办学等多种方式向郊区或河北、天津转移疏解；推进良乡、沙河高教园区建设，支持入驻高校本科生基本教学功能和部分实验室迁入；老校区向研究生培养基地、研发创新基地和重要智库转型。本市还将压缩市属高校京外招生人数，普通高校不再新增招收京外生源的成人教育机构和办学功能[1]。

以北京城市学院为代表，中心城区高等教育以新建校区形式稳步向郊区疏解。2014 年 6 月 12 日，北京化工大学昌平新校区在昌平区南口镇奠基[2]，并于 2017 年 9 月正式投入使用[3]。2015 年，北京建筑大学大兴校区二期项目

---

[1] 压缩招生规模　支持高校疏解 [OL]. http://zhengce.beijing.gov.cn/guihua/2841/6510/1700230/1546863/index.html[2018-07-12].

[2] 北京化工大学昌平新校区奠基[OL]. http://xxq.buct.edu.cn/jsyw/44900.htm[2018-07-12].

[3] 北京化工大学新校区正式启用[OL]. http://xxq.buct.edu.cn/jsyw/86902.htm[2018-07-12].

1.4 万平方米学生宿舍竣工，并实现 1100 余名学生疏解至大兴校区；北京城市学院 5000 名学生和 1000 名教职工迁入顺义区杨镇新校区；北京工商大学良乡校区新迁入 500 余名学生；北京市外事学校等 4 所职业高中整合为一所职教学校，拟整体外迁，腾退 5 处校址 4.3 万平方米[①]。

京冀两地教育协同发展迈向深度合作。河北省唐山市与北京翔宇航天学校、北京市景山学校（曹妃甸）合办分校项目签约；与北京师范大学正式签署占地 260 亩基础教育实验学校项目，办学范围包括小学、初中、高中和国际部，招生规模可达 4800 人；与北京市教育委员会签署《北京—唐山优质教育资源合作框架协议》，北京数字学校平台系统正式启动，全市 1470 所中小学近 80 万名中小学生受益[②]。2018 年 3 月 1 日，北京市援助雄安新区办学项目启动仪式在雄安新区容城小学举行，北京市朝阳区实验小学雄安校区、北京市第八十中学雄安校区、北京市六一幼儿院雄安院区、北京市海淀区中关村第三小学雄安校区正式挂牌成立，北京市教育援助雄安首批项目启动实施[③]。

优质教育、医疗资源持续向北京城市副中心输出，成为通州城市副中心建设的有力支撑。2016 年 4 月 27 日，北京市第二中学、首都师范大学附属中学、中国人民大学附属中学、北京理工大学附属中学四所学校通州校区正式揭牌[④]。位于通州区永顺镇的北京市第五中学通州校区建筑面积约 6.9 万平方米，并于 2018 年秋季开始招生，开设 14 个初中班和两个高中班。北京景山学校教育集团选址台湖镇建设景山学校通州校区，校区占地 150 亩；史家小学教育集团在广渠路沿线建设史家小学通州校区，占地 60 亩[⑤]。2016 年，西城区与通州区教育开展全方位合作，分别由北京市北海幼儿园、北京市西城区黄城根小学和北京市第四中学三所中小学、幼儿园在北京市行政副中心办公区承办一所幼儿园、一所小学和一所中学[⑥]。北京中医药大学东直门医院已与北京市通州区中医医院合作新建床位 800 张，并且已签订新的合作协

---

① 北京市 1200 家污染企业退出 2016 年提前完成[OL]. http://beijing.qianlong.com/2016/0122/298354. shtml[2018-07-12].

② 唐山两年引进 52 个京津教育项目 北京数字学校平台系统启动[OL]. http://bj.people.com.cn/n2/2016/0310/c82840-27901799.html[2018-07-12].

③ 北京援助雄安新区办学项目正式启动 四所学校挂牌成立[OL]. http://hebei.ifeng.com/a/20180302/6404481_0.shtml[2018-07-12].

④ 四所中学名校通州校区揭牌[OL]. http://www.beijing.gov.cn/bmfw/zxts/t1433932.htm[2018-07-12].

⑤ 东城区 4 所名校通州建校区[OL]. http://www.beijing.gov.cn/bmfw/zxts/t1437182.htm[2018-07-12].

⑥ 北海幼儿园北京四中通州办校[OL].http://www.beijing.gov.cn/bmfw/zxts/t1419967.htm[2018-07-12].

议计划扩建，将床位增至 1200 个[①]。

中心城区优质医疗资源向外疏解加快推进。首都医科大学附属北京天坛医院整体迁建至丰台区花乡项目于 2013 年底开工，2015 年 5 月实现结构封顶，2017 年底新院区完成竣工并启动试运行；首都医科大学附属北京同仁医院亦庄院区二期工程已完成初步设计概算批复。2016 年底，首都医科大学附属北京友谊医院顺义院区项目正式奠基开工，预计 2019 年底竣工投入使用[②]。北京大学第三医院顺义院区启动建设，规划用地面积约 181 亩，建筑规模约 15 万平方米，围绕北京大学第三医院的特色专科，拟设置病房床位 1000 张[③]。

四、部分行政性、事业性服务机构疏解进展

行政事业性服务机构疏解工作有序推进。截至 2015 年底，北京市行政副中心行政核心区的土地拆迁腾退工作已经完成，规划设计方案制定完成，位于通州区潞城镇郝家府村的行政办公区起步区开工建设。2017 年通州区加快城市副中心规划落实，行政办公区一期主要路网基本建成，市政管网完成接入，周边区域大力推进交通治理、绿化美化[④]。2017 年底，北京市四大市级机关和相关市属行政部门率先启动搬迁。为了推动建立符合行政办公区管理需要的属地管理体制，2018 年通州区编制完成《通州区行政区划调整总体规划》和《通州区推进街道、社区管理体制改革实施方案》。

为配合行政事业性服务机构的疏解工作，北京城市副中心基础设施建设持续加强，副中心对外交通联系系统与内部路网系统不断完善。截至 2015 年底，北关大道、南环环隧等 36 个项目已经开工，张采路、朝阳北路东延等 11 个项目已完成立项，外环路西段、张家湾再生水厂配套管网等 39 个项目开始办理前期手续；通州新城核心区两大地下交通工程北环环隧和东关大道先后竣工，新华北路、徐尹路二期等 13 条道路通车，北关大道跨通惠河桥全面完工，跨北运河桥完成主体结构施工。2016 年 9 月 30 日，连接通州区与

① 东城区 4 所名校通州建校区[OL]. http://www.beijing.gov.cn/bmfw/zxts/t1437182.htm[2018-07-12].
② 本市多家大医院计划五环外布局[OL]. http://www.beijing.gov.cn/bmfw/wsfw/ggts/t1506686.htm [2018-07-12].
③ 北医三院顺义院区启动建设 [OL]. http://www.beijing.gov.cn/bmfw/wsfw/ggts/t1506416.htm [2018-07-12].
④ 通州加快城市副中心规划落实[OL]. http://www.beijing.gov.cn/bmfw/jmsh/jmshggts/t1499822.htm [2018-07-12].

北京城区的广渠路二期正式通车，成为连接市中心和城市副中心的一条主干路。2016 年 7 月 29 日，北京城市副中心首座配套变电站——220 千伏运河变电站在通州区温榆河畔开工建设，北京城市副中心配套电网建设全面提速。2016 年 7 月 18 日，新建北京市至唐山市城际铁路北京段发布环评补充信息公告，确定将在通州区北运河及东六环之间杨坨地区、京哈铁路南侧新建北京城市副中心站作为京唐城际铁路的建设起点。2017 年，通州区土桥路、京榆旧线、胡郎路等 9 条道路大修养护工程完工通车，潮马路等 10 条道路工程综合整治、新建改建工程持续推进，充分改善路网结构，提高通州城区内部路网通行效率[①]。

第二节　集中疏解工作进展

雄安新区和北京城市副中心是北京非首都功能疏解的集中承载地，集中疏解有利于提高北京非首都功能疏解的效率，同时培育反磁力中心与新的经济增长极，补齐河北省发展短板，从而推进世界级城市群的建设（武义青和柳天恩，2017）。

一、雄安新区的设立与建设进展

雄安新区的设立，对于集中疏解北京非首都功能，探索人口经济密集地区优化开发新模式，调整优化京津冀城市布局和空间结构，培育区域创新驱动发展新引擎，具有重大现实意义和深远历史意义。2015 年 4 月 2 日和 4 月 30 日，习近平总书记先后主持召开中共中央政治局常委会会议和中央政治局会议研究《京津冀协同发展规划纲要》。他再次强调，要深入研究论证新城问题，可考虑在河北合适的地方进行规划，建设一座以新发展理念引领的现代新城[②]。2016 年 3 月 24 日，习近平主持召开中共中央政治局常委会会议，审议并原则同意《关于北京市行政副中心和疏解北京非首都功能集中承载地有关情况的汇报》，确定了新区规划选址，同意定名为"雄安新区"。2016

---

① 参见首都之窗网站"聚焦城市副中心建设"专题，http://zhengwu.beijing.gov.cn/zwzt/jjtz/[2018-07-15]。

② 这篇纪实，饱含着习近平总书记的"雄安情怀"[OL]. http://politics.people.com.cn/n1/2018/0427/c1001-29955446.html[2018-07-15].

年 5 月 27 日，习近平主持召开中共中央政治局会议，听取了关于规划建设北京城市副中心和研究设立河北雄安新区有关情况的汇报。习近平在讲话中指出："建设北京城市副中心和雄安新区两个新城，形成北京新的'两翼'。这是我们城市发展的一种新选择""在新的历史阶段，集中建设这两个新城，形成北京发展新的骨架，是千年大计、国家大事"①。

雄安新区发展建设的顶层设计不断完善，功能定位业已明确。2017 年 4 月 1 日，新华社发稿《中共中央、国务院决定设立河北雄安新区》，雄安新区被定位为"继深圳特区和浦东新区之后又一具有全国意义的新区"，并明确了"千年大计、国家大事"的战略定位。作为重点打造的北京非首都功能疏解集中承载地和以新发展理念引领的现代新型城区，设立雄安新区是以习近平同志为核心的党中央深入推进京津冀协同发展做出的一项重大选择。雄安新区规划范围涉及河北省雄县、容城、安新三县及周边部分区域，地处北京市、天津市、保定市腹地，区位优势明显、交通便捷通畅、生态环境优良、资源环境承载力较强，现有开发程度较低，发展空间充裕，具备高起点高标准开发建设的基本条件。雄安新区规划建设以特定区域为起步区先行开发，起步区面积约 100 平方公里，中期发展区面积约 200 平方公里，远期控制区面积约 2000 平方公里。2018 年 4 月，《河北雄安新区规划纲要》出台，提出雄安新区发展定位为："雄安新区作为北京非首都功能疏解集中承载地，要建设成为高水平社会主义现代化城市、京津冀世界级城市群的重要一极、现代化经济体系的新引擎、推动高质量发展的全国样板。"其发展目标为"绿色生态宜居新城区、创新驱动发展引领区、协调发展示范区和开放发展先行区"。

在"千年大计、国家大事"的定位指引下，雄安新区在规划管理、产业发展、生态治理等方面率先取得突破，集中承载北京非首都功能疏解，推动京津冀区域协同发展。在规划管理方面，2017 年 6 月，河北省组建中共河北雄安新区工作委员会、河北雄安新区管理委员会，为省委、省政府派出机构；河北雄安新区管理委员会同时接受京津冀协同发展领导小组办公室指导。2017 年 7 月 18 日，中国雄安建设投资集团有限公司正式成立，其主要职能是创新投融资模式，多渠道引入社会资本，开展政府和社会资本合作

---

① 千年大计、国家大事——以习近平同志为核心的党中央决策河北雄安新区规划建设纪实[OL]. http://www.xinhuanet.com//politics/2017-04/13/c_1120806042.htm[2018-07-15].

（public-private partnership，PPP）项目合作，筹措新区建设资金，构建新区投融资体系；开展土地一级开发、保障性住房及商业地产开发建设和经营等。2017 年 6 月 26 日，雄安新区发布"新区启动区城市设计国际咨询建议书征询"公告，针对 30 平方公里启动区控制性详规和城市设计向全球招标征集方案。由新区总体规划、起步区控制性规划、启动区控制性详细规划、白洋淀生态环境治理和保护规划四大规划及若干专项规划、专题研究组成的"1+N"规划体系已取得阶段性进展。

在对接合作方面，雄安新区重点承接总部企业和高等学校、科研机构的转移。截至 2017 年 4 月 9 日，已经有至少 31 家中央企业做出表态，以实际行动支持雄安新区建设。多家中央企业表示，将围绕新区建设重点任务，结合自身业务特征参与建设[①]。教育部将统筹整合教育资源，加大高等学校的疏解力度，近百所在京高等学校中目前已有清华大学、北京大学、北京师范大学、北京理工大学、北京邮电大学、中国人民大学、中国传媒大学、北京体育大学、中国医学科学院、北京林业大学等十余所学校对接雄安新区建设。2017 年 4 月 27 日，国家开发银行与河北省人民政府签署《建设河北雄安新区开发性金融合作备忘录》，将提供 1300 亿元资金支持新区起步区相关工作。2017 年 8 月，北京市与河北省签订《关于共同推进河北雄安新区规划建设战略合作协议》，北京市将支持中关村发展集团等市属国有企业与雄安新区在科技创新领域开展合作，鼓励有意愿的在京企业有序向雄安新区转移发展，支持北京市属国有企业为雄安新区在市政基础设施、城市运行保障等领域提供服务。

在产业引进方面，雄安新区围绕绿色、智能、创新的产业定位，积极布局高端高新产业，紧跟世界发展潮流，围绕建设数字城市，重点发展下一代通信网络、物联网、大数据、云计算、人工智能、工业互联网、网络安全等信息技术产业。2017 年 9 月 28 日，首批获批的阿里巴巴、腾讯、百度、京东金融、奇虎 360、深圳光启高等理工研究院、国家开发投资集团有限公司、中国电信集团有限公司、中国人民保险集团股份有限公司等 48 家企业入驻雄安新区。获批落户的 48 家企业全部为高端高新企业，其中前沿信息技术类企业 14 家，现代金融服务业企业 15 家，高端技术研究院 7 家，绿色生态企业

---

① 国资委：已有至少 31 家央企表态支持雄安新区建设[OL]. http://finance.people.com.cn/n1/2017/0410/c1004-29198451.html[2018-07-15].

5 家，其他高端服务企业 7 家[①]。2017 年 12 月 29 日，北京中关村科技园区管理委员会与河北雄安新区管理委员会正式签署共建雄安新区中关村科技园协议，并组织 12 家中关村节能环保及智慧城市服务企业与雄安新区签署了战略合作框架协议，入驻雄安中关村科技产业基地[②]。目前，雄安新区已核准 100 多家高端高新企业工商注册登记，一大批战略性新兴产业项目进入储备中[③]。

在生态治理方面，雄安新区设立伊始即把白洋淀生态环境恢复和治理作为新区建设的重点工作，集中解决白洋淀突出环境问题，促进雄安新区和白洋淀生态环境改善，进一步整体优化京津冀区域生态环境。2017 年雄安新区印发了《河北雄安新区白洋淀综合整治攻坚行动实施方案》和《河北雄安新区白洋淀流域环境污染状况大排查实施方案》，重点开展白洋淀流域入河入淀排污口整治、工业污染源达标排放、农村生活污水排放整治和厕所改造及垃圾清运处理、入淀口生态湿地建设、水产和畜禽养殖清理、纳污坑塘整治六大专项攻坚任务；全面开展河湖库淀、工业企业、农村环境、畜禽养殖、坑塘和黑臭水体、固体废物、医疗废物、城镇无污水和垃圾八大排查行动，全方位地摸清白洋淀环境状况，制定整治计划，明确整治目标、时间节点和验收标准。

二、北京城市副中心的建设进展[④]

通州城市副中心建设的顶层设计不断完善，功能定位得到进一步明确。2012 年 6 月 29 日，中共北京市第十一次代表大会首次明确提出要"落实聚焦通州战略，分类推进重点新城建设，打造功能完备的城市副中心"。2014 年初，习近平总书记到北京市视察时提出"结合功能疏解，集中力量打造城市副中心"，通州建设进入全面提速时期。2015 年 4 月出台的《京津冀协同发展规划纲要》中明确了加快规划建设北京市行政副中心，有序推动北京市属行政事业单位整体或部分向副中心转移，带动其他行政事业单位及公共服

---

① 48 家企业获批入驻河北雄安新区 [OL]. http://xiongan.gov.cn/2017-09/28/c_1121741344.htm [2018-07-15].

② 中关村与雄安签约 共建雄安新区中关村科技园 [OL]. http://www.he.xinhuanet.com/xinwen/2017-12/30/c_1122189166.htm[2018-07-15].

③ 雄安纪行：高端高新企业有序落户雄安新区 [OL]. http://www.xiongan.gov.cn/2018-07/14/c_129913327.htm[2017-07-15].

④ 本小节数据如无特殊说明均来自首都之窗"聚焦城市副中心建设"专题，http://zhengwu.beijing.gov.cn/zwzt/jjtz/[2018-07-15].

务功能向市行政副中心和其他区县疏解。2016 年 5 月 27 日，中共中央总书记习近平主持召开中共中央政治局会议，研究部署规划建设北京城市副中心和进一步推动京津冀协同发展有关工作，进一步凸显出北京城市副中心建设在京津冀协同发展进程中的独特和重要地位。2017 年 9 月出台的《北京城市总体规划（2016 年-2035 年）》明确提出，"城市副中心要紧紧围绕对接中心城区功能和人口疏解，发挥对疏解非首都功能的示范带动作用，促进行政功能与其他城市功能有机结合，以行政办公、商务服务、文化旅游为主导功能，形成配套完善的城市综合功能。"

在文化旅游发展方面，通州区规划建设 12 平方公里的北京通州文化旅游区，建设包括环球主题公园两期工程在内的大片文化旅游设施、市政基础设施，打造国内首屈一指并具有全球影响力的综合性文化旅游示范区。围绕东部运河文化带建设，通州区加大通惠河、萧太后河治理力度；实施北运河通航，水路连通北京市通州区、河北省香河县、天津市武清区，并计划建设大运河国家公园。

在和谐宜居示范区建设方面，2016 年 1 月位于通州商务中心区北区的市政综合配套服务中心正式建成投用，拥有视频监控、真空垃圾收集和立体停车等多项功能，可为整个商务中心区北区提供现代化的管理和服务。2016 年起通州区启动 52 个绿化项目，新建梨园城市森林公园、永顺城市公园等 11 个休闲公园，东郊森林公园、大运河森林公园等绿地在原有基础上进行改造提升，打造绿带环绕、绿廊相连、绿块相嵌的生态景观格局。2018 年 5 月 25 日，通州区发布张家湾镇两处湿地公园的规划方案，利用疏解腾退后的土地将建成张家湾公园和凉水河湿地公园两座大型湿地公园，占地 13 000 余亩。

在科教文卫配套升级方面，2017 年 10 月《通州区基础教育质量提升支持计划（2017-2020 年）》正式发布，这也是北京市首个专为一区定制的基础教育升级计划。计划提出，在 2017～2020 年通州区基础教育将成为北京市基础教育综合改革实验区，一边通过集团化办学等培育一批本地优质品牌学校，一边借力引入区外名校。第一批 31 所通州学校已与北京第一实验小学、北京市第八中学等 31 所城区学校结成"兄弟校"。2017 年 6 月北京大学公共卫生学院、北京市疾病预防控制中心与北京市通州区卫生和计划生育委员会、北京市通州区疾病预防控制中心，签订了公共卫生合作框架协议；北京市东城区卫生和计划生育委员会、北京市西城区卫生和计划生育委员会、北京市朝阳区卫生和计划生育委员会、北京市海淀区卫生和计划生育委员会与北京市通州区卫生和计划生育委员会，签订了《基层卫生服务对口合作帮扶框架协议》；首都医科大学附属北京安贞医院与北京市通州区卫生和计划生育委员会，签订了《建立医疗联合体合作协议》。通过这些协议，北京城市副中心医疗卫生管理能力和服务水平将得到全面提升[①]。

第三节　现　状　特　征

一、首都人口增速显著降低

北京市常住人口规模始终保持增长态势，随着疏解非首都功能工作的全面推进，北京市通过充分发挥产业升级带动作用，引导人随业走，综合运用经济、行政、法律等多种手段，实现了常住人口增量的下降。

从 2006～2016 年北京市各区常住人口的增长速率来看，2010 年以后全市常住人口增长速率出现显著降低，特别是 2011 年城市发展新区常住人口增长速率从 2010 年的 11.35%骤降至 4.43%（图 2-1）。城六区和生态涵养发展区的常住人口增长速率分别在 2008 年出现 6.49%和 2.40%的峰值，之后呈现持续降低态势。2016 年北京全市、城六区、城市发展新区和生态涵养发展区

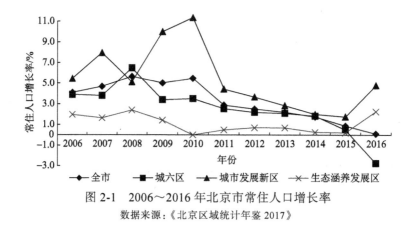

图 2-1　2006～2016 年北京市常住人口增长率

数据来源：《北京区域统计年鉴 2017》

的常住人口增长速率分别为 0.11%、-2.75%、4.79%和 2.25%，分别较上年降低 0.77 个、3.26 个、3.04 个和 2.04 个百分点，其中城六区实现了常住人口每年降低 2～3 个百分点的人口控制目标。

从常住人口的增长量来看，2010 年以来全市常住人口增长量呈现显著降低趋势，其中城六区常住人口下降明显（表 2-2）。城六区的常住人口增长始终是北京市常住人口增长的主要来源，2016 年城六区常住人口减少 35.3 万人，2006 年以来常住人口首次实现负增长；城六区的常住人口增长均得到了有效控制（图 2-2）。2016 年北京市常住人口已经达到 2172.9 万人，以 2016 年 2.4 万人的常住人口增长量来计算，有望按期实现 2020 年控制在 2300 万人以内的人口规模控制目标。

表 2-2　2006～2016 年北京市常住人口增长量（单位：万人）

地区	2006 年	2007 年	2008 年	2009 年	2010 年	2011 年	2012 年	2013 年	2014 年	2015 年	2016 年
全市	63.0	75.0	95.0	89.0	101.9	56.7	50.7	45.5	36.8	18.9	2.4
城六区	37.2	37.6	66.7	37.2	39.7	29.8	26.3	25.7	22.9	6.5	-35.3
城市发展新区	22.4	34.5	24.0	49.2	61.5	26.7	23.1	18.5	13.4	12.0	33.4
生态涵养发展区	3.4	2.9	4.3	2.6	0.0	0.9	1.3	1.3	0.5	0.4	4.3

数据来源：《北京区域统计年鉴 2017》和《北京统计年鉴 2017》

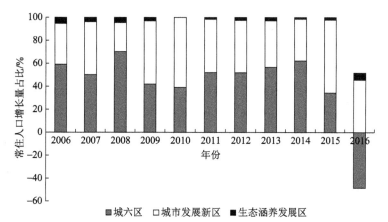

图 2-2　2006～2016 年北京市常住人口增长量分布
数据来源：《北京区域统计年鉴 2017》和《北京统计年鉴 2017》

从常住人口的增长量分布来看，城六区常住人口集中趋势放缓。2016 年末，城六区常住人口为 1247.5 万人，占全市比重为 57.4%，较 2015 年下降

1.9 个百分点；生态涵养发展区常住人口为 195.1 万人，占比较 2015 年下降 0.2 个百分点；城市发展新区为 730.3 万人，占比较 2014 年增加 1.5 个百分点，常住人口呈现逐渐向城市发展新区聚集的趋势[①]。

从常住外来人口的增长量和增长速率来看，常住外来人口的增长量下降和增长速率放缓趋势显著，特别是 2008 年以后常住外来人口的增长速率呈现显著阶梯式降低态势（图 2-3）。2016 年全市常住外来人口为 807.5 万人，较 2014 年减少 11.2 万人；常住外来人口首次实现负增长，增长速率下降 1.8 个百分点；常住外来人口占常住人口比例为 37.2%，较 2014 年下降 0.9 个百分点。其中，城六区常住外来人口自 2015 年起连续两年实现负增长，生态涵养发展区常住外来人口 2014 年和 2015 年两年均为负增长。2014 年，全市常住外来人口增长速率高于常住人口增长速率 0.3 个百分点；而 2016 年，常住外来人口增长速率低于常住人口增长速率 1.95 个百分点，其中城六区常住外来人口增长速率较 2014 年降低 5.4 个百分点。从常住人口增长量变化来看，2014 年全市每增加 100 名常住人口，常住外来人口增加 43 人，而 2016 年北京市常住外来人口实现负增长，全年减少 15.1 万人，常住外来人口的疏解已经成为北京市人口疏解的主要内容之一[①]。

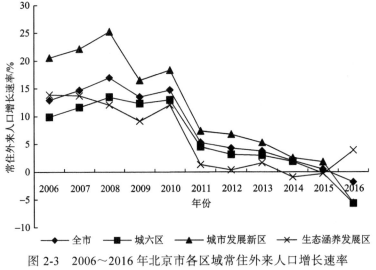

图 2-3　2006～2016 年北京市各区域常住外来人口增长速率
数据来源：《北京区域统计年鉴 2017》和《北京统计年鉴 2017》

① 《北京区域统计年鉴 2017》。

从常住外来人口的分布来看，城六区常住外来人口比重呈现降低趋势。2016年，朝阳区常住外来人口为174.8万人，同比下降5%，减少9.2万人，首次实现了负增长；东城区常住外来人口同比下降2.4%，减少5000人；西城区同比下降5.5%，减少1.8万人[①]。

二、产业结构调整成效突出

从产业结构调整的长期态势来看，北京市产业结构调整表现出从第二产业的一家独大到"退二进三"的基本特征，第三产业的不断发展和第一产业、第二产业比重的不断下降是北京市产业结构调整的主要趋势。2000年以来，北京市第三产业维持了较为稳定的发展态势，比重不断提升，截至2016年，三次产业结构调整为0.5∶19.3∶80.2，其中第三产业增加值占GDP比重较2014年提高了2.3个百分点（图2-4）。随着首都"四个中心"定位的明确及不符合首都功能定位产业的不断疏解，第三产业尤其是现代服务业将成为未来经济发展的核心产业类型，第三产业在北京市经济发展中的主导地位得到不断加强。

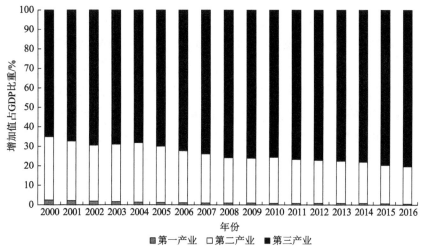

图2-4 2000～2016年北京市三次产业结构变化

数据来源：《北京统计年鉴2017》

2000～2016年，北京市第二产业增加值一直保持增长趋势。同时，随

---

① 《北京区域统计年鉴2017》。

着北京市调整退出低端制造业，加快形成内涵集约的发展模式，构建城市综合服务体系，第二产业增加值占 GDP 比重不断下降，2016 年仅为 19.3%（图 2-5）。

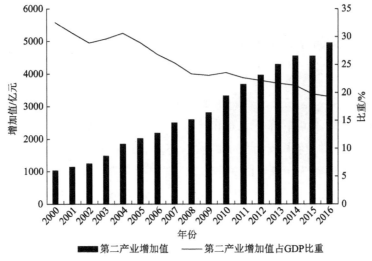

图 2-5　2010～2016 年第二产业增加值及占 GDP 比重

数据来源：《北京统计年鉴 2017》

　　从工业内部结构变化来看，随着非首都功能的疏解特别是产业疏解的推进，北京市工业高端化的特征日趋明显。从 2010～2016 年工业产业结构变化来看，随着各类石化和钢铁企业的外迁，石油加工、炼焦和核燃料加工业的比重出现了显著的下降趋势；而汽车制造业[①]、医药制造业及电力、热力生产和供应业的比重明显上升，汽车制造业从 2013 年开始成为首位产业，2016 年占比达到 25.33%；医药制造业地位出现显著提升，增加值比重从 2010 年的 5.57% 上升到 2016 年的 8.97%。总体来看，以汽车制造业，计算机、通信和其他电子设备制造业及医药制造业为代表的现代制造业已经成为北京市工业的主导产业（表 2-3）。

　　从第二产业的空间分布情况来看，2016 年北京市第二产业主要集中在城市发展新区和城市功能拓展区，尤以北京经济技术开发区、顺义区、海淀区的第二产业发展最为突出，规模以上工业总产值超过 3000 亿元（图 2-6）。

---

　　① 行业数据依照 2017 年 10 月开始执行的新国民经济行业分类标准（GB/T 4754—2017），2012 年以前的"汽车制造业"为"交通运输设备制造业"数据。

表 2-3　2010～2016 年北京市主要行业增加值占规模以上工业增加值比重（单位：%）

年份	计算机、通信和其他电子设备制造业	汽车制造业	电力、热力生产和供应业	铁路、船舶、航空航天和其他运输设备制造业	化学原料和化学制品制造业	通用设备制造业
2010	8.71	16.64	14.88	—	3.06	5.14
2011	7.05	19.39	15.48	—	2.68	5.28
2012	8.03	16.90	17.67	1.76	1.85	4.29
2013	8.87	21.34	17.55	2.09	1.63	3.64
2014	8.45	20.11	18.88	2.68	1.72	4.08
2015	7.73	21.76	18.01	2.65	1.92	3.53
2016	4.94	25.33	19.43	3.63	2.08	3.27

年份	专用设备制造业	电气机械和器材制造业	仪器仪表制造业	医药制造业	非金属矿物制品业	石油加工、炼焦和核燃料加工业
2010	4.77	4.90	2.40	5.57	3.14	6.72
2011	4.82	4.73	2.19	6.35	2.78	4.24
2012	4.30	4.12	1.96	7.32	2.62	4.16
2013	4.61	3.95	1.89	7.41	2.35	2.86
2014	3.67	4.03	1.89	7.84	2.08	4.19
2015	4.01	4.07	2.09	8.22	1.83	4.94
2016	3.46	3.16	2.01	8.97	2.22	4.20

数据来源：《北京统计年鉴 2017》

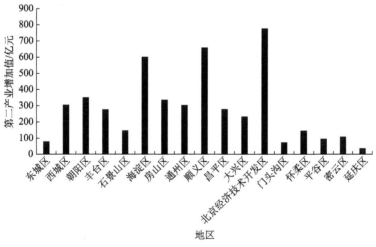

图 2-6　2016 年北京市各区第二产业增加值

数据来源：《北京统计年鉴 2017》

从第二产业的比重变动来看,2010 年以来第二产业出现明显的向北京经济技术开发区、顺义区、大兴区和通州区集聚的态势(图 2-7)。随着产业功能疏解的进行,城六区除海淀、丰台两区外,其他各区第二产业增加值占全市比重均有所下降,以朝阳区下降最为显著,2016 年较 2010 年降低了 2.4 个百分点[①]。

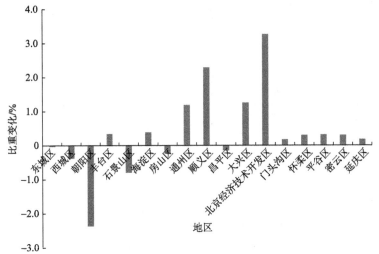

图 2-7   2010~2016 年北京市各区第二产业增加值占全市比重变化
数据来源:《北京区域统计年鉴》(2011~2017 年)
2015 年 11 月,密云县和延庆县撤县设区,全书余同

从第三产业发展情况来看,在不符合首都功能定位的一般性制造业与部分服务业向周边地区疏解的同时,北京市大力发展服务经济、知识经济、绿色经济,加快发展生产性服务业,实施提高生活性服务业品质行动,促进非基本公共服务产业化发展,提升农村商业流通现代化水平,第三产业获得了长足发展。2010 年以来,第三产业的增长速率保持在 10% 左右,2000~2016 年第三产业增加值占 GDP 比重增长了 15.2 个百分点,达到 80.2%(图 2-8)。

第三产业内部结构同样呈现不断优化态势。批发和零售业、金融业、租赁和商务服务业始终是第三产业中占比最高的前三大行业,2016 年占比分别达到 39.8%、19.4% 和 7.7%。而从 2013~2016 年的第三产业内部结构变化来看,在非首都功能疏解与北京市产业结构升级调整的影响下,批发和零售业、金融业、租赁和商务服务业三大产业占比在 2016 年均有一定幅度的下降,而

---

① 《北京区域统计年鉴 2011》和《北京区域统计年鉴 2017》。

信息传输、软件和信息技术服务业则出现明显的提升，新一代信息技术相关服务业的良性发展趋势较为突出（图2-9）。

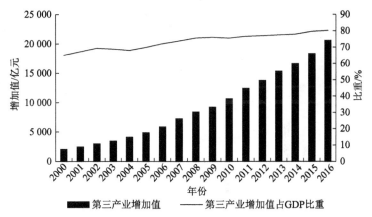

图 2-8　2000～2016 年北京市第三产业增加值及占 GDP 比重

数据来源：《北京统计年鉴 2017》

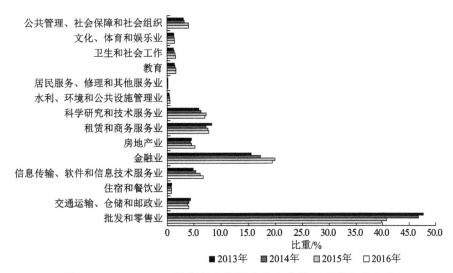

图 2-9　2013～2016 年北京市各行业收入占第三产业收入比重

数据来源：《北京统计年鉴 2017》

从第三产业的空间分布情况来看，第三产业主要集中分布于城六区，特别是 2016 年朝阳区、海淀区、东城区和西城区增加值占比分别达到 23.4%、23.3%、16.0% 和 9.6%，合计占据全市第三产业增加值的 72.3%[①]（图 2-10）。

----

① 《北京区域统计年鉴 2017》。

从 2010～2016 年第三产业增加值的变动情况来看，第三产业向通州、海淀和昌平三地集聚，占比分别上升了 0.19 个、0.90 个和 0.40 个百分点，北京城市副中心建设对通州区第三产业发展的推动作用凸显。随着不符合首都产业功能的部分服务业逐步外迁，东城区、西城区第三产业占比分别下降 1.39 个和 1.31 个百分点（图 2-11），低端服务业疏解成果显著。

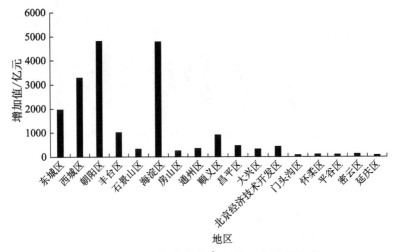

图 2-10　2016 年北京市各区第三产业增加值

数据来源：《北京区域统计年鉴 2017》

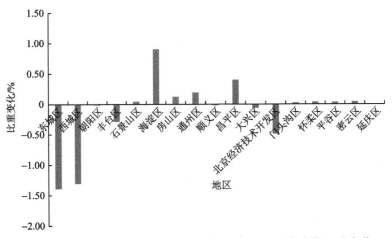

图 2-11　2010～2016 年北京市各区第三产业收入占全市比重变化

数据来源：《北京区域统计年鉴 2017》

三、社会公共服务布局趋于合理

　　从医疗卫生机构空间分布来看，朝阳区和海淀区的卫生机构数量始终居于全市各区前列，中心城区和郊区之间仍存在差距。然而随着部分社会公共服务功能的疏解，从 2010～2016 年的医疗卫生机构分布变化来看，医疗卫生资源郊区化趋势非常明显，城市发展新区和生态涵养发展区医疗卫生机构数量所占比重出现了大幅度的上升，而首都功能核心区和城市功能拓展区比重出现了显著下降（图 2-12）。

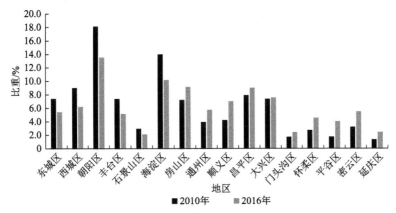

图 2-12　2010 年和 2016 年北京市各区医疗卫生机构数量所占比重

数据来源：《北京区域统计年鉴 2017》

　　从医院数量来看，2016 年以来城市发展新区特别是通州区的医院数量显著增加，医疗卫生机构向外围区特别是城市副中心的疏解转移成效突出（表 2-4）。生态涵养发展区的密云区医院数量增长也较为突出，其他各区医院数量仍然相对较少。

表 2-4　北京市各区医院数量变化

地区	医院数量/家		增长率/%
	2010 年	2016 年	
全市	550	713	30
首都功能核心区	101	115	14
东城区	57	65	14
西城区	44	50	14
城市功能拓展区	270	341	26

续表

地区	医院数量/家		增长率/%
	2010 年	2016 年	
朝阳区	129	156	21
丰台区	61	71	16
石景山区	19	25	32
海淀区	61	89	46
城市发展新区	135	188	39
房山区	27	34	26
通州区	12	22	83
顺义区	12	14	17
昌平区	54	75	39
大兴区	30	43	43
生态涵养发展区	44	50	14
门头沟区	16	14	-13
怀柔区	10	12	20
平谷区	5	7	40
密云区	8	14	75
延庆区	5	3	-40

数据来源：《北京区域统计年鉴 2011》和《北京区域统计年鉴 2017》

从执业医师数量来看医疗资源的变化情况，2010～2016 年城市发展新区的执业医师数量增长最为突出，首都功能核心区和城市功能拓展区各区的执业医师数量增长率均低于全市平均水平，可见医疗资源从中心城区向外围区的转移和疏解效果较为显著（表 2-5）。

表 2-5　北京市各区执业医师数量变化

地区	执业医师数量/人		增长率/%
	2010 年	2016 年	
全市	65 954	100 878	53
首都功能核心区	18 427	22 426	22
东城区	8 487	10 123	19
西城区	9 940	12 303	24

续表

地区	执业医师数量/人		增长率/%
	2010 年	2016 年	
城市功能拓展区	29 008	40 034	38
朝阳区	12 723	18 610	46
丰台区	4 823	6 975	45
石景山区	2 181	3 009	38
海淀区	9 281	11 440	23
城市发展新区	12 900	20 056	55
房山区	2 364	3 644	54
通州区	2 381	3 593	51
顺义区	2 107	3 291	56
昌平区	3 106	5 260	69
大兴区	2 942	4 268	45
生态涵养发展区	5 619	6 912	23
门头沟区	1 040	1 225	18
怀柔区	1 158	1 437	24
平谷区	1 316	1 549	18
密云区	1 286	1 666	30
延庆区	819	1 035	26

数据来源：《北京区域统计年鉴 2011》和《北京区域统计年鉴 2017》

第四节 主 要 问 题

一、人口高度集中状况仍未从根本上缓解

虽然随着非首都功能疏解工作的开展，北京市整体人口规模得到了初步控制，常住人口的增长量与增长速率都出现了显著降低，但是城六区的人口高度集中态势仍然突出。2016 年，北京市 57.4%的常住人口仍然集中于城六区，人口密度呈现首都功能核心区-城市功能拓展区-城市发展新区-生态涵养发展区递减的趋势（图 2-13）。

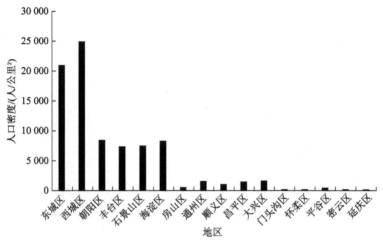

图 2-13　2016 年北京市各区常住人口密度

数据来源:《北京统计年鉴 2017》

　　从人口密度的变化情况来看,2010~2016 年,除了东城区人口密度显著下降外,其他区人口密度仍然呈上升态势,特别是海淀、朝阳、丰台等区人口密度显著增加,而城市外围各区的人口密度增加仍然不显著。人口向中心城区的过度集聚不断加大了资源、环境和城市运行的压力,周边地区特别是顺义、通州等各新城尚未有效发挥疏解人口、调整城市人口空间格局、缓解中心城区压力的作用(图 2-14)。

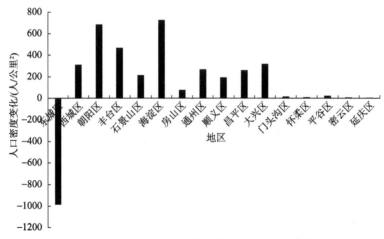

图 2-14　2010~2016 年北京市各区人口密度变化

数据来源:《北京统计年鉴 2017》

二、优质公共服务资源不均衡现象仍然突出

从北京城市内部来看，教育、医疗卫生等资源都在持续向郊区转移，然而优质公共服务的空间差异仍然突出，以三级甲等医院和高等学校为代表的优质公共服务资源仍主要集中于首都功能核心区和城市功能拓展区，郊区的优质公共服务资源配置相对稀少，城乡之间的差距同样显著。

以医疗卫生资源为例，2016 年位于中心城区的医院占全市比重高达 64.0%，位于中心城区的医疗从业人员则占全市的 79.5%。2016 年，全市医疗卫生机构床位数的 65.0% 集中于首都功能核心区和城市功能拓展区，其中首都功能核心区的每千常住人口执业（助理）医师数和每千常住人口医院床位数均达到全市平均水平的两倍以上，医疗卫生资源在中心城区的高度集聚态势仍然有待进一步改善（表 2-6）。

表 2-6　2016 年北京市各区医疗卫生资源情况

地区	医疗卫生机构床位数/张	每千常住人口执业（助理）医师数/人	每千常住人口医院床位数/张
全市	116 963	4.64	5.06
首都功能核心区	26 783	10.49	12.44
东城区	11 175	11.53	12.55
西城区	15 608	9.77	12.36
城市功能拓展区	49 213	3.87	4.59
朝阳区	22 222	4.83	5.56
丰台区	10 045	3.09	4.39
石景山区	4 595	4.75	7.15
海淀区	12 351	3.18	3.21
城市发展新区	31 702	2.75	3.88
房山区	6 641	3.32	5.38
通州区	3 651	2.52	2.00
顺义区	3 516	3.06	2.56
昌平区	10 882	2.62	5.24
大兴区	7 012	2.52	3.71
生态涵养发展区	9 265	3.54	3.95
门头沟区	2 863	3.93	7.77

续表

地区	医疗卫生机构床位数/张	每千常住人口执业（助理）医师数/人	每千常住人口医院床位数/张
怀柔区	1 681	3.66	3.70
平谷区	2 007	3.54	3.86
密云区	1 700	3.45	2.81
延庆区	1 014	3.17	2.41

数据来源：《北京区域统计年鉴2017》

从代表优质医疗卫生资源的三级甲等医院分布来看，北京市现有的 81 家三级甲等医院中有 71 家位于中心城区，占比高达 87.7%（表2-7）。优质公共服务资源在中心城区的高度集聚，不但为中心城区带来了更大的人口、交通、优质公共服务压力，也制约着周边各区社会与经济的稳步协调发展。

表2-7　北京市各区三级甲等医院数量

地区	三级甲等医院数量/家	地区	三级甲等医院数量/家
东城区	13	顺义区	0
西城区	18	昌平区	2
朝阳区	10	大兴区	2
丰台区	8	门头沟区	1
石景山区	5	怀柔区	0
海淀区	17	平谷区	0
房山区	2	密云区	0
通州区	3	延庆区	0

注：包含部队医院在内

从京津冀区域整体来看，北京市与天津市、河北省两地的优质公共服务资源落差显著，如河北省每千人口拥有医疗机构床位数和执业医师数分别仅相当于北京市的 1/3 和 2/3。优质公共服务资源配置的显著落差导致北京市对于高端人才的虹吸效应依旧显著，户籍制度、社会保障等多方面瓶颈约束进一步导致人才的地区间流通不畅。加快推动北京市优质公共服务资源集中疏解，有效提高河北省公共服务水平，合理配套规划教育、医疗卫生等公共服务机构，切实缩小企业迁出地与迁入地之间的优质公共服务差距，是提高不符合首都功能相关产业外迁积极性的重要保障。

三、中心城区交通压力仍然巨大

由于目前人口与经济活动在北京市特别是城六区的高度集中，导致北京市城市道路交通承载力不足，路面交通严重拥堵，城市轨道交通建设相对滞后，且缺乏覆盖面广、运输能力强的市郊铁路体系。

从出行活动数量来看，2016 年中心城区工作日日均出行总量为 2666 万人次（不含步行），其中通勤出行量为 1779 万人次，占出行总量的 66.7%。通勤出行中的公共交通出行比例为 49.3%，仍然不足出行总量的一半，公共交通的主体地位仍未确立，公共交通体系建设相对于经济、社会、人口发展与通行需求的增长仍然相对滞后。从交通拥堵情况来看，2016 年城六区全路网高峰时段平均交通指数为 5.6，较 2015 年下降 1.8%，但仍然处于"轻度拥堵"等级；平均拥堵持续时间（包括严重拥堵、中度拥堵）共计 2 小时 55 分钟，较 2015 年仅减少 5 分钟；早高峰出现交通拥堵指数在 6.0～8.0 的中度拥堵天为 95 天，晚高峰出现中度拥堵天为 205 天，交通拥堵指数在 8.0～10.0 的严重拥堵天为 11 天[①]。

交通运输承载力的不足，不但加重了北京市中心城区的交通运输压力，导致北京市"大城市病"的进一步加剧，而且直接制约了中心城区对于周边各区，以及津、冀两地的辐射带动能力，并进一步影响城市人口空间布局的合理化进程。在加快非首都功能疏解的过程中，提高交通基础设施硬件水平、提升交通综合运输服务能力、提高城市交通运输效率是强化首都中心城区辐射带动作用的必要前提。

第五节　本 章 小 结

自《京津冀协同发展规划纲要》编制实施并将非首都功能疏解作为推动区域协同发展的重点内容之一以来，北京市积极开展与周边天津市、河北省各地市的对接合作，通过聚焦重点区域、重点平台、重点政策，坚持功能疏解、人口调控和产业升级统筹推进，在经济结构优化调整、严格控制人口增量和高水平建设城市副中心等关键领域均取得了长足进展。

在推动京津冀协同发展的进程中，非首都功能的疏解是将北京市建设成

---

① 《2017 年北京市交通发展年度报告》。

为真正的世界级城市的战略任务，必须有针对性地制定疏解措施，控制人口规模（张可云，2016）。目前，北京市特别是城六区的人口仍然呈现高度集中态势，城市有限的土地资源和水资源承载力面临巨大挑战；教育、医疗卫生等优质公共服务资源在首都高度集中，区域优质公共服务不均衡现象始终突出，并且进一步增大了北京市的交通和居住压力；北京城市内部道路交通承载力不足，进一步制约了城市人口空间布局的合理分布。

产业疏解是北京非首都功能疏解的核心，而优质公共服务功能的均等化发展和交通基础设施的进一步完善是推动非首都功能疏解的重要支撑。在进一步疏解非首都功能、高水平建设城市副中心的过程中，有必要将低端产业的疏解和科技创新的带动相结合，整体优化区域产业结构，调整经济发展方式，统筹推进实施交通和基础设施、优质公共服务配套、生态环境建设、产业结构调整等领域重大工程，多管齐下推动区域产业、空间、人口一体化进程。

3 | 第三章
交通一体化进展

交通一体化是《京津冀协同发展规划纲要》中所要求率先突破的重点领域。随着京津冀协同发展的推进，京津冀交通一体化进程也在不断深化，在建设高效密集轨道交通网、完善公路交通网、构建现代化的津冀港口群、打造国际一流的航空枢纽等方面取得有效进展。随着铁路、公路多条线路的建成和开工，以及港口群、机场及临空经济区的协作进入新的发展阶段，以轨道交通为骨干的多节点、网格状、全覆盖的区域交通网络已经初步建立并逐步完善，地区间互联互通程度持续提高。

第一节　工　作　进　展

一、轨道交通建设进展

相关部委高度支持京津冀轨道交通协同建设。2015 年 12 月 8 日，国家发改委、交通运输部公布《京津冀协同发展交通一体化规划》，提出建设高效密集轨道交通网,强化干线铁路建设,连通区域主要节点城市和沿海港口,增强京津冀对外辐射带动作用,重点建设京津冀区域城际铁路网,连接所有地级及以上城市,在线路规划范围内 10 万人及以上人口的城镇设站,构建内外疏密有别、高效便捷的轨道交通网络,着力打造"轨道上的京津冀"。2016年 1 月,京霸城际铁路获得国家发改委批复,将引流北京市西南部的航空客流到北京大兴国际机场,带动河北省廊坊市的固安县、永清县等非首都功能承接区经济发展,京霸城际铁路同时也是铁路部门根据京津冀协同发展要求,围绕北京市九大批发市场外迁实施的铁路建设工程。

三地积极推进轨道交通协同规划与建设。2014 年 12 月,京津冀三地政府、中国铁路总公司成立京津冀城际铁路投资有限公司,由京津冀三地政府及中国铁路总公司按照 3∶3∶3∶1 的比例共同出资成立,主要负责京津冀城际铁路项目投资、铁路工程建设、资产管理、房地产开发、土地整理等业务的经营工作①。2016 年 11 月,《京津冀地区城际铁路网规划》获批,规划提出以"京津、京保石、京唐秦"三大通道为主轴,以京津石三大城市为核心,京津冀地区将新建 24 条共 3450 公里的城际铁路网②。近期到 2020 年,与既有路网共同连接区域所有地级及以上城市,基本实现京津石中心城区与周边城镇 0.5~1 小时通勤圈,京津保 0.5~1 小时交通圈,有效支撑和引导区域空间布局调整及产业转型升级。远期到 2030 年基本形成以"四纵四横一环"为骨架的城际铁路网络。2017 年 11 月,《新建北京至雄安新区城际铁路环境影响报告书简本》发布,公布了详细的线路走向及车站,同时,将待建一批规划路线,包括廊涿城际、天津至北京大兴国际机场联络线、津九联络线、京港(台)高铁、石雄城际,实现天津与北京大兴国际机场、京津与港台、石家庄与雄安等地区的进一步联系。

三省市高度重视各自的轨道交通发展规划。2016 年 7 月,北京市发布的《北京市"十三五"时期交通发展建设规划》提出,构建与出行距离相匹配的交通发展模式,打造"1 小时京津冀区域交通圈",加快京唐、京滨城际铁路建设,推动地铁八通线南延、市域(郊)铁路等多层次轨道线网建设,强化北京、天津、河北三地间干线铁路、城际铁路、市郊(域)铁路和城市轨

---

① 京津冀城际铁路投资公司成立 三地政府各出资 30 亿[OL]. http://society.people.com.cn/n/2014/1230/c1008-26302389.html[2018-08-10].

② 国家发展改革委关于京津冀地区城际铁路网规划的批复[OL]. http://www.ndrc.gov.cn/zcfb/zcfbtz/201611/t20161128_827844.html[2018-08-10].

道交通高效衔接。2017 年 1 月，河北省发布的《河北省轨道交通发展"十三五"规划》指出，2016～2020 年，预计新建铁路项目投资规模 2000 亿元，轨道交通营业里程力争突破 8500 公里，其中包括高速铁路 2000 公里、城市轨道交通 80 公里。2017 年 6 月，天津市发布的《天津市综合交通运输"十三五"发展规划》指出，要提升天津市铁路枢纽地位，围绕京津冀"四纵四横一环"运输通道，重点建设高效密集的客运铁路网，完善货运铁路布局，到 2020 年铁路总里程达到 1500 公里，其中高速铁路与城际铁路里程达到 460 公里，形成"两轴+十字"的客运铁路布局和"内客外货、北进北出、南进南出"的货运铁路布局。

区域内多条铁路线路建设有条不紊地进行。以北京市为中心的 50～70 公里半径范围内的"1 小时轨道交通圈"初步形成。2016 年 4 月，京张铁路全线开工，预计于 2019 年底建成通车。2015 年 9 月，京津城际延伸线通车，从北京市至天津市滨海新区商务核心区时长缩短至 1 小时 2 分钟[①]。2015 年 12 月，津保铁路正式运营，成为连接天津市、河北省及中西部地区的便捷通道，横向连通了京广、京九、京沪铁路三大繁忙干线。2016 年，京唐城际铁路最新方案初步确定，连接北京站与河北省唐山站。2016 年 12 月，京霸铁路正式开工，预计于 2020 年开通。2017 年 9 月，京滨城际天津段开工，区段长度约 97.8 公里，设宝坻南、京津新城、北部新区、滨海机场和滨海 5 座车站[②]。北京到廊坊城际铁路联络线一期工程全长 39.7 公里，共设 4 座车站，分别为廊坊东站、空港新区站、新航城站和新机场站，建成后将连接北京首都国际机场与北京大兴国际机场[③]，已于 2017 年 8 月正式开工。2018 年 2 月 28 日，北京至雄安新区城际铁路正式开工，8 月 1 日，京雄城际铁路北京段正线红线用地征拆任务全部完成，预计于 2020 年全线开通，北京城区至雄安新区将实现半小时通达[④]。2018 年 5 月 30 日，京沈客专北京段完成了铁路部门提供用地红线范围内的全部拆迁工作，京沈客专北京段的控制性工程已全部如期展开施工。2018 年 7 月，津承城际已完成选址，计划于 2020 年通车。

---

① 京津城际铁路延伸线开通运营[OL]. http://www.xinhuanet.com/local/2015-09/20/c_1116616163.htm [2018-08-10].

② 京滨城际宝坻至滨海新区段获批[OL]. http://www.xinhuanet.com//local/2016-07/17/c_129152363.htm[2018-08-10].

③ 城际联络线 2017 年开建 4 站[OL]. http://www.beijing.gov.cn/bmfw/zxts/t1466961.htm[2018-08-10].

④ 北京至雄安新区城际铁路开工建设[OL]. http://politics.people.com.cn/n1/2018/0228/c1001-29840225.html[2018-08-10].

二、公路交通建设进展

积极推进区域公路交通一体化规划与管理。2016 年 6 月，京津冀三省市区域交通一体化统筹协调小组第三次联席会议审议通过了《京津冀三省市区域交通一体化统筹协调小组工作规程（2016 年修订版）》、《京津冀交通一体化京津冀交通基础设施（公路）项目库管理办法》和《京津冀交通一体化京津冀交通基础设施（公路）项目库管理办法实施细则（北京）》，联合建立京津冀跨行政区域间交通基础设施（公路）项目管理平台体系，实现京津冀对接公路项目管理的制度化、规范化、动态化。2017 年 2 月，《京津冀公路立法协同工作办法》和《京津冀交通运输行政执法合作办法》出台，其中《京津冀公路立法协同工作办法》旨在规范区域公路立法工作，推动京津冀三省市协同统一、优势互补、资源共享，为立法协同工作提供制度保障；《京津冀交通运输行政执法合作办法》将区域行政执法合作和联防联动等机制制度化，推动京津冀三省市合作执法。两项办法的出台有利于提升交通依法行政水平，实现京津冀交通法制协作制度协同。

三地公路交通收费初步实现互联互通。2015 年 7 月，《电子不停车收费系统路侧单元应用技术规范》正式实施，有利于提高京津冀地区电子不停车收费（electronic toll collection，ETC）系统的稳定性、可靠性和通行成功率，避免邻道干扰和跟车干扰。京津冀交通一卡通互联互通有效推进，2015 年形成《京津冀客运联程服务一体化实施方案》和《京津冀交通一卡通互联互通实施方案》，编制完成《京津冀交通一卡通互联互通业务导则（暂行）》。2017 年 12 月 30 日起，北京市公共交通实现与京津冀区域内接入省级平台城市（天津市、河北省石家庄市、保定市、廊坊市、张家口市、唐山市、秦皇岛市、承德市、沧州市、邢台市、邯郸市、衡水市）的互联互通[①]。

公路建设稳步推进，高速公路断头路清零。2016 年 11 月，京秦高速北京段已正式动工，建成后将增加北京市东部的快速出口，形成北京市至东北方向、北京市至承德市方向的多通道辐射。2016 年 12 月，京台高速北京段建成通车，该路段从北京市至河北省廊坊市，再转入天津市境内，全线贯通后成为北京市去往天津市的第三通道，有助于分流京沪高速和京津高速的车辆，同时南端终点毗邻北京大兴国际机场，将使京津冀三地居民进出北京大

---

① 京津冀一卡通明起可乘北京地铁 50 城将互联互通[OL]. http://renwen.beijing.gov.cn/jrbj/kjcx/t1503445.htm[2018-08-12].

兴国际机场更加方便[①]。2016 年 12 月，密涿高速公路建成通车，北京地区环线高速"大外环"全线贯通，打开京津冀高速公路新格局。2017 年 5 月，京秦高速北京段全面开建，与河北段衔接，打通"断头路"，主路不设收费站，实现北京市东六环至河北省三河市 6 公里 5 分钟通行[②]。2017 年 7 月，津围北二线公路正式通车，缓解了原津围公路的拥堵情况。2017 年 12 月，京秦高速公路京冀、冀津接线段主体工程及房建工程全部完成。2018 年 7 月，京新高速公路三期项目各控制性工程均已完成 95%以上，路基土石方工程已基本完成，年内可具备通车条件[③]。2018 年 8 月，首都地区环线高速公路（通州-大兴段）、京秦高速北京段正式通车，将有效缓解京哈高速、京平高速、京通快速路和六环路的交通压力，带动通州区与廊坊市北三县、天津市武清区域发展。至此，《国家高速公路网规划》北京市域内高速"断头路"全部打通[④]。

三、港口群建设进展

津冀政府积极推进港口协同优化发展。由于区位相近、腹地交叉，天津港与河北省港口之间的竞争较为激烈，各级政府积极推进津冀两地港口的协同优化发展。2015 年 5 月，《〈京津冀协同发展规划纲要〉交通一体化实施方案》出台，在港口建设方面，要求天津港打造北方国际航运核心区，与河北省港口合作、错位发展。2016 年，天津市与河北省联合制定《津冀港口群集疏运体系改善方案》，集装箱铁水联运信息系统建设工程开工建设，开展了渤海中西部（京津冀周边港口）水域锚地、航（道）路资源共享研究，研究建立新的津冀沿海航区海事综合监管机制。2017 年 7 月，交通运输部、天津市人民政府和河北省人民政府印发《加快推进津冀港口协同发展工作方案（2017—2020 年）》，提出通过优化津冀港口布局和功能分工、加快港口资源整合、完善港口集疏运体系、促进现代航运服务业发展等重点任务，实现

① 京台高速北京段 12 月 9 日 8 时通车[OL]. http://www.beijing.gov.cn/bmfw/zxts/t1461102.htm [2018-08-12].

② 京秦高速北京段全面开建 东六环至河北三河仅需 5 分钟[OL]. http://www.beijing.gov.cn/bmfw/zxts/t1480951.htm[2018-08-12].

③ 京新高速三期年内具备通车条件[OL]. http://bjrb.bjd.com.cn/html/2018-07/13/content_264638.htm [2018-08-13].

④ 首都地区环线高速正式成环通车[OL]. http://www.beijing.gov.cn/bmfw/jtcx/ggts/t1557347.htm [2018-08-21].

到 2020 年基本建成以天津港为核心、以河北省港口为两翼，布局合理、分工明确、功能互补、安全绿色、畅通高效的世界级港口群目标，先行示范带动港口资源跨省级行政区域整合，为更大范围的协同发展创造条件。

津冀港口建设合作不断加强。2014 年 8 月，天津港（集团）有限公司与河北港口集团有限公司共同出资成立的渤海津冀港口投资发展有限公司，各占 50%的股权，主要负责津冀地区港口项目的投资与开发。2015 年 12 月 30 日，渤海津冀港口投资发展有限公司签署战略合作协议投资共建码头项目，津冀港口协同发展迈出实质步伐[1]。2016 年 12 月，天津港和唐山港开启合作，成立津唐国际集装箱码头有限公司，2017 年集装箱吞吐量达到 200.53 万标箱。2017 年 5 月，渤海津冀港口投资发展有限公司占股 90%、秦皇岛港股份有限公司占股 10%的津冀国际集装箱码头有限公司改组成立，并于 9 月正式挂牌，2017 年吞吐量达 65.3 万标箱[2]。2018 年 3 月，天津港（集团）有限公司与曹妃甸港集团有限公司签署项目合作意向书，同时围绕《加快推进津冀港口协同发展工作方案（2017—2020 年）》，推动建设以天津港为核心、以河北省港口为两翼的世界级港口群，加快北方国际航运核心区建设，申报"京津冀自由贸易港"。津冀港口群通过错位发展、融合发展、高质量发展，推动京津冀港口资源跨省级行政区域的整合与发展，以建设世界级港口群，助推京津冀协同发展。

四、航空建设进展

积极推进民用航空协同发展。2014 年 12 月，《民航局关于推进京津冀民航协同发展的意见》出台，提出构建京津冀民用航空一体化系统，提升京津冀地区航空保障能力和运输服务水平，推动京津冀民航与区域经济协调发展。在中国民用航空局的推动下，京津冀三地机场协同发展战略合作框架协议在北京市签署。2015 年 5 月，河北省人民政府国有资产监督管理委员会和首都机场集团公司签订《河北机场管理集团有限公司委托首都国际机场集团公司管理协议书》，河北机场集团有限公司正式纳入首都国际机场集团公司

---

① 津冀港口公司投资共建码头项目 津冀港口协同发展迈出实质步伐 [OL]. http://www.xinhuanet.com//politics/2015-12/30/c_128581682.htm[2018-08-10].

② 津冀港口由竞争转向竞合 [OL]. https://baijiahao.baidu.com/s?id=1599397018656436484&wfr=spider&for=pc[2018-08-10].

管理，实现机场统一管理、一体化运营。2016 年 10 月，京津冀民航协同发展——石家庄机场推进会召开，旨在完善石家庄机场航线网络，培育石家庄机场为区域枢纽机场，疏解首都国际机场支线航班，推进航空快件集散中心建设。2017 年 11 月，《推进京津冀民航协同发展实施意见》发布，京津冀将打造分工合作、优势互补、空铁联运、协同发展的"世界级机场群"，北京大兴国际机场与北京首都国际机场将形成"双枢纽"格局。

北京大兴国际机场建设持续推进。北京大兴国际机场及周边配套设施建设不断推进，带动北京市和河北省在民航领域及临空经济区方面的深度合作。2014 年 12 月，国家发改委正式批准北京市建设新机场项目，北京新机场作为大型国际航空枢纽有望成为区域交通一体化的新引擎。2015 年 7 月，北京市与河北省签署了共建北京新机场临空经济合作区的协议。2015 年 9 月，北京大兴国际机场航站楼开工建设，将建设 4 条跑道、150 个机位的客机坪、24 个机位的货机坪，以及 70 万平方米的航站楼。2016 年 10 月，《北京新机场临空经济区规划（2016-2020 年）》获批，为充分发挥北京新机场大型国际航空枢纽辐射作用，北京市将与河北省合作共建新机场临空经济区，促进京冀两地深度融合发展。2017 年，北京新机场"五纵两横"交通配套逐步开工建设。2017 年 12 月，共有 10 家航空公司与首都机场集团公司签署相关协议确认入驻北京新机场[①]。2018 年 9 月北京新机场正式命名为北京大兴国际机场，预计 2019 年 9 月 30 日投入运营。此外，河北省民航新机场建设与运营进展良好，2016 年 3 月，秦皇岛第二座机场北戴河机场正式通航，秦皇岛山海关机场由军民合用机场转为军用，民航航班全部转移至北戴河机场。2017 年 5 月 31 日，河北省承德普宁机场正式通航。

第二节　现　状　特　征

一、区域交通基础设施不断完善

京津冀区域积极率先推进交通一体化，交通基础设施不断建设完善，以北京市为中心，以快速铁路、高速公路为骨干，以普速铁路、国省干线公路

---

① 10 家航空公司确定入驻北京新机场[OL]. http://www.xinhuanet.com/2017-12/08/c_1122077158.htm [2018-08-10].

为基础，与港口、机场共同组成的多节点、网格状的区域综合交通网络格局基本形成（庞世辉，2015）。

综合交通枢纽地位显著。北京市不仅是京津冀世界级城市群的核心，更是全国综合交通网络中的核心枢纽（陈娓等，2017）。石家庄市是我国铁路运输的主要枢纽之一，北京首都国际机场是重要的国际航空枢纽，旅客吞吐量居全球第二位、全国首位，国际航空门户地位显著。天津港是首都的海上门户和北方重要的对外贸易窗口，货物、集装箱吞吐量分别居全国第三位和第六位。天津港、秦皇岛港、唐山港、黄骅港四港组成了我国重要的能源、原材料运输港口群，承担着我国北方港口 90% 的煤炭装船任务[①]。

交通运输业固定资产投资稳步增加。2012 年以来，京津冀地区交通基础设施建设持续开展，各类重点项目稳步推进，固定资产投资力度总体保持平稳上升。2016 年，京津冀地区交通运输、仓储和邮政业固定资产投资总额达到 3864.2 亿元，较 2012 年增长了 34.6%。北京市、天津市、河北省三地的投资额分别为 995.4 亿元、787.5 亿元和 2081.3 亿元，较 2015 年分别增长了 35.4%、28.6%、36.7%。其中，河北省 2013 年交通运输、仓储和邮政业固定资产投资额有大幅度的上升，较 2012 年提升了 38.6%，且 2013 年以来投资力度保持平稳（图 3-1）。

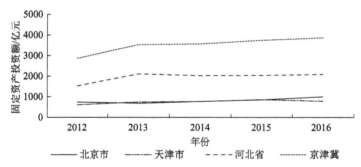

图 3-1　2012～2016 年京津冀交通运输、仓储和邮政业固定资产投资额

数据来源：《北京统计年鉴 2017》《天津统计年鉴 2017》和《河北经济年鉴 2017》

区域陆路交通网络密集。在铁路运输方面，区域内京承铁路、京哈铁路、京沪铁路、京九铁路、京广铁路、京原铁路、京包铁路、京通铁路等多条铁路干线汇集，逐渐形成以"京津、京保石、京唐秦"三大通道为主轴的铁路

---

① 冯正霖：京津冀单中心、放射状的交通网络布局有待优化[OL]. http://finance.people.com.cn/n/2014/1126/c1004-26096892.html[2018-8-10].

网络，京沪高铁、京港高铁、京哈高铁、石太高铁和京津城际高铁 5 条高速
铁路，形成全国高速铁路网络布局最为密集的地区之一。到 2016 年，铁路里
程达到 8963 公里，密度为 4.1 公里/百公里^2，是全国平均水平的 3.1 倍[①]。在
公路运输方面，着力打造"一环六放射"的公路交通一体化体系，已形成以
北京、天津、石家庄为枢纽的公路网络。2016 年京津冀地区公路总里程达到
227 221 公里，较 2010 年增长 19.4%。高速公路发展尤为迅速，2016 年里程
达到 8718 公里，与 2010 年相比里程增加超过 2500 公里，增长率达到 40.8%。
高速公路密度为 4.0 公里/百公里^2，也是全国平均水平的 3 倍多[①]。其中，河
北省公路和高速公路建设快速推进，2016 年公路里程为 18.8 万公里，较 2010
年增长 22.1%；高速公路里程为 0.6 万公里，较 2010 年增长 51%，公路里程
和高速公路里程增长速度明显高于北京与天津两市（图 3-2 和图 3-3）。

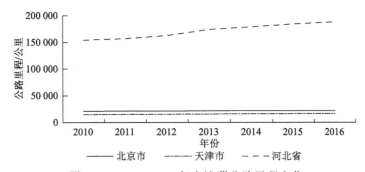

图 3-2　2010～2016 年京津冀公路里程变化

数据来源：《北京统计年鉴 2017》、《天津统计年鉴 2017》和《河北经济年鉴 2017》

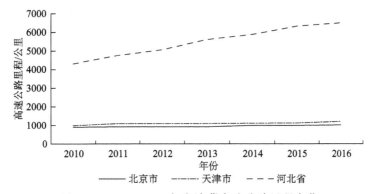

图 3-3　2010～2016 年京津冀高速公路里程变化

数据来源：《北京统计年鉴 2017》、《天津统计年鉴 2017》和《河北经济年鉴 2017》

---

① 根据《北京统计年鉴 2017》、《天津统计年鉴 2017》和《河北经济年鉴 2017》统计数据计算。

二、区域交通运输能力不断提升

随着交通运输业固定投资的稳步投入，以及交通基础设施的不断完善，京津冀各类交通设施综合运输能力不断增强（表 3-1）。

表 3-1　2010～2016 年京津冀各类交通运输量

年份	公路客运量 /万人	公路货运量 /万吨	铁路客运量 /万人	铁路货运量 /万吨	民航机场旅客 吞吐量/万人次
2010	231 241	176 977	19 067	27 328	8 645
2011	243 828	213 382	20 230	29 180	9 339
2012	254 034	248 683	21 214	30 156	9 887
2013	171 372	280 955	23 794	31 915	10 393
2014	118 035	241 832	25 967	30 628	10 941
2015	107 712	228 405	26 678	27 255	11 616
2016	101 706	242 635	28 694	25 187	12 535

数据来源：《北京统计年鉴 2017》、《天津统计年鉴 2017》和《河北经济年鉴 2017》

在铁路运输方面，2016年铁路客运量达到2.87亿人，较2010年增长50.4%。轨道交通的客运能力大幅度提高，2010～2016 年，铁路客运量占比由 7.5%上升到 20.4%，区域内铁路货运量占比由 19.4%下降到 8.8%（图 3-4）。其中，2016 年北京市铁路客运量为 13 380 万人，天津市铁路客运量为 4543 万人，河北省铁路客运量为 10 771 万人。与客运量相比，京津冀铁路货运量并未呈现增长趋势，京津冀铁路货运量于 2010 年的 27 328 万吨增长至 2013 年的最高点 31 915 万吨后，开始有所减少，至 2016 年铁路货运量为 25 187 万吨，其中北京市为 725 万吨，天津市为 8149 万吨，河北省为 16 313 万吨。

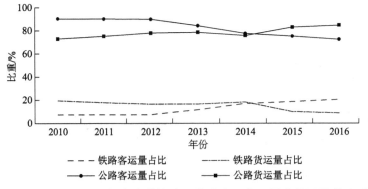

图 3-4　2010～2016 年京津冀铁路、公路客运货运量占总运量的比重
数据来源：《北京统计年鉴 2017》、《天津统计年鉴 2017》和《河北经济年鉴 2017》

在公路运输方面，2016 年公路货运量达到 242 635 万吨，较 2010 年增长 27%。2010～2016 年，公路货运量占比由 72.9%上升到 84.6%，公路客运量占比由 90.2%下降到 72.4%，公路货运能力大幅度提高，呈现出公路与铁路交互承接货物运输的现象（图 3-4）。2016 年，公路客运量达到 101 706 万人次，2013 年公路客运量、公路旅客周转量按照《交通运输部办公厅关于印发公路水路运输量统计试行方案（2014）的通知》，统计范围调整为省际客运、旅游客运和郊区客运，市郊公交不再纳入客运量统计，受统计口径影响，公路客运量出现大幅度下降。

在航空运输方面，以北京首都国际机场为核心，目前投入运营的共有 9 个机场，包括北京首都国际机场和南苑机场，天津滨海国际机场，以及河北石家庄正定国际机场、唐山三女河机场、秦皇岛北戴河国际机场、张家口宁远机场、邯郸马头机场和承德普宁机场。2016 年，京津冀地区民航机场旅客吞吐量高达 12 535 万人次，较 2010 年增长 45%。北京首都国际机场旅客吞吐量达到 9439.4 万人次，是目前亚洲最为繁忙的民用机场。2016 年秦皇岛北戴河国际机场投入运营，秦皇岛山海关机场移交军用，2017 年承德普宁机场投入运营。北京大兴国际机场预计 2019 年 9 月 30 日投入运营。

在港口运输方面，天津港是区域内最大港口，拥有各类泊位共 176 个，其中万吨级以上泊位 122 个。通过内陆无水港建设，天津港实现了集装箱海铁联运，扩容天津港至唐山、黄骅、秦皇岛、曹妃甸等港口的集装箱运量。2016 年，天津港货物吞吐量超过 5.5 亿吨，位列世界第五，集装箱吞吐量超过 1450 万标箱，位列世界第十[①]。2017 年，河北省港口新增泊位 9 个，总数达到 208 个，通过能力达到 10.6 亿吨[②]。

三、区域交通协同发展进程加快

京津冀区域交通一体化进程快速推进（杜彦良等，2018；孙明正等，2016），交通发展由省内小交通向跨区协作式发展的转型基本完成，区域内各城市之间的轨道交通和公路交通进一步完善，高铁及动车班次大大增加，多条高速公路建成，缩短了京津冀三地之间交通来往时间，三地间的联系更

---

① 天津港概况[OL]. http://www.ptacn.com/detailcontentAction.do?searchFlag=1&typeId=45[2018-08-10].

② 从"一个港口"出发，驶向世界级港口群——河北省港口建设 40 年回眸[OL]. http://xinwen.eastday.com/a/180604062926195.html?xx=1[2018-08-10].

加便利和密切。

在铁路和公路运输方面，作为连接京津冀三地的重要交通方式，铁路和公路状况的改善将有力地促进区域内部交通的协同发展。京津城际联络线、津保铁路已通车运营，京张铁路、京霸铁路、京滨城际天津段、城际铁路联络线、京唐城际铁路、京雄铁路相继开工，津承城际铁路、霸衡城际铁路、衡沧黄城城际铁路等多条城际铁路正在规划准备中，"轨道上的京津冀"正在加快建设完善。北京市加强交通运输业固定资产投资，着重对"断头路"进行建设，继京台高速通车后，京秦高速北京段、首都地区环线高速（通州-大兴段）已具备通车条件，京津冀之间高速"断头路"清零，实现高速公路网的三地互通。"断头路"的通畅显著提升了京津冀区域的交通连通度，推动了京津冀交通一体化进程。

在港口与民航运输方面，区域内各港口和各机场的协作进一步强化。港口之间的协作不断加强，由竞争转向竞合，共同发展。渤海津冀港口投资发展有限公司、津唐国际集装箱码头有限公司、津冀国际集装箱码头有限公司等公司相继成立，不断整合港口资源，优化津冀地区港口的合理分工及产业布局，推进天津市和河北省港口资源共享与统一监管。北京大兴国际机场建设基本完成，将于2019年9月投入使用，建成后将进一步提升航空运输能力，促进北京市南部和廊坊市的发展，并推进京津冀三地联系的进一步加强。北京首都国际机场和北京大兴国际机场将形成具有国际竞争力的"双枢纽"，航班向天津市与河北省疏解，天津滨海国际机场和石家庄正定国际机场将成为区域航空枢纽，是区域民航的重要支撑。天津滨海国际机场和石家庄正定国际机场在北京市设置了异地航站楼，实现了旅客空铁联运。

交通协同管理能力提升。京津冀一卡通于2015年开始启动，2017年底三地重点城市实现一卡通，凡持有"交通联合"标识的京津冀互通卡（即京津冀一卡通），可在北京市、天津市、河北省（石家庄市、保定市、廊坊市、张家口市、唐山市、秦皇岛市、承德市、沧州市、邢台市、邯郸市、衡水市）公交、地铁刷卡乘车。京津冀一卡通在发卡地刷卡享受发卡地公共交通刷卡优惠政策，跨区域使用时，乘坐地面公交享受当地现行刷卡优惠政策，乘坐轨道交通按当地票价执行。北京市开通了中心城区到河北省高碑店市、廊坊市、固安县、燕郊镇等地的跨省城际公交，极大地方便了民众出行。依托良好的交通基础设施，区域内实现了高速公路ETC联网，开通了京津塘高速公路交通广播系统。

第三节　主 要 问 题

一、综合交通网络布局有待改善

受首都职能的长期影响,京津冀区域交通在发展过程中形成了围绕北京市的单中心、放射状交通网络格局,区域交通网络布局与交通需求不匹配,区域中心城市运输组织功能发展极不均衡,区域内大城市交通拥堵问题没有得到根本解决,严重地制约了交通一体化与协同发展(孙明正等,2016;庞世辉,2015)。

具体表现在,区域内城市间的城际交通网络不完善,中心城市与其他中小城市交通网络建设和发展存在巨大差距,中心城区与新城、卫星城之间市域(郊)铁路缺乏,各城市之间互联互通性不强。受路网形态和运输结构不合理的影响,北京市长期以来作为北方交通枢纽聚集了过多的交通功能,承担了大量东北与华北、西北等区域之间的过境运输,给北京市城市交通、生态环境造成了不利影响(杜彦良等,2018)。天津市交通枢纽地位仍有待提升,河北省一些欠发达地区的交通设施网络薄弱,交通分流和功能分担作用不明显,区域部分城市间互联互通水平和通行效率不高。高速公路路网建设持续推进,高速公路进出口及枢纽处对人口、产业的集聚作用显著,然而由于缺乏衔接道路,高速公路对周边地区的辐射能力极为有限。区域轨道交通发展较为滞后,城际铁路发展相对滞后,缺乏大城市中心城区与新城、卫星城之间通勤交通所需要的市域(郊)铁路,区域内交通枢纽分工协作不足。在历史条件下形成的单中心辐射的交通网络格局仍未改变,京津冀区域综合交通网络布局仍有待完善。

二、区域交通运输结构不合理

在铁路运输和公路运输方面,形成了北京市重客运,天津市与河北省重货运的现象。河北省地域面积远大于北京市与天津市,因而铁路里程与公路里程相应地远高于北京市与天津市。在铁路方面,河北省铁路里程为北京市铁路里程的两倍多,铁路货运量达 16 313 万吨,为北京市铁路货运量的 22 倍多,铁路客运量则少于北京市。在公路方面,河北省公路里程为 188 431 公里,远高于北京市的 22 026 公里和天津市的 16 764 公里,公路货运量也远高于北京市和天津市,但客运量仍旧少于北京市(表 3-2)。因此,河北省应着力提高铁路与公路的客运服务能力,把握京津冀城际铁路网建设和公路建设契机,推动三地交通深层次融合。天津市作为京津冀的核心城市之一,同样需要提升铁路和公路客运能力,强化对外交通运输能力,进一步拓展港口腹地。

表 3-2 2016 年京津冀年交通运输主要数据

交通运输情况	北京市	天津市	河北省
铁路里程/公里	1 103	1 818	2 330
铁路货运量/万吨	725	8 149	16 313
铁路客运量/万人	13 380	4 543	10 771
公路里程/公里	22 026	16 764	188 431
公路货运量/万吨	19 972	32 841	189 822
公路客运量/万人	48 040	13 741	39 925
高速公路里程/公里	1 008	1 208	6 502
港口货物吞吐量/万吨	—	55 056	95 208
港口旅客吞吐量/万人次	—	78.7	5.1
集装箱吞吐量/万标箱	—	1 452	305
港口货运量/万吨	—	9 515	4 458
民航机场吞吐量/万人次	9 998	1 687	850
民航客运量/万人	7 872	1 645	475

数据来源:《北京统计年鉴 2017》、《天津统计年鉴 2017》和《河北经济年鉴 2017》

在港口运输方面,京津冀地区现有天津港、秦皇岛港、唐山港、黄骅港四个港口分布在渤海西部 300 公里的海岸线上,区位相近,腹地交叉,岸线资源紧密相连。天津港是我国北方国际航运中心和国际物流中心,秦皇岛港是国内最大的煤炭下水港,唐山港具备天然深水航道,黄骅港是规划中的综合性大港,四个港口有各自明显的优势与劣势。受既有行政体制限制,存在港口规划各自为政、腹地资源恶性竞争、码头泊位重复建设、基础设施不能互通、信息平台难以共享的突出问题,两地港口群协同发展进程缓慢。同时,津冀各港口亟须协调分工、扩展腹地,除大秦、朔黄煤运铁路通道外,津冀各港口缺乏进一步拓展内陆腹地的交通支撑体系,天津港、唐山港尤其缺乏连接腹地的大运量、快速交通通道。由表 3-2 可知,河北省港口的职能主要以吞吐货物为主,旅客吞吐量仅为 5.1 万人次,为天津港的 6.5%,天津港客运和货运都有所发展,集装箱吞吐量和港口货运量均远高于河北省港口之和。

津冀港口具有实现港口群一体化发展的优势，应从体制、政策、市场环境等多方面着手，建立津冀沿海港口协同发展的跨区域协调合作机制，构建优势互补、分工合作的港口体系。

在航空运输方面，机场吞吐量的分布极为不均衡，呈现北京市机场"吃不下"、天津市机场"不够吃"、河北省机场"吃不上"的局面。各机场缺乏对外辐射的直接通道，航空运输与陆地运输的对接不畅，进一步造成了机场群的协同发展不足。如表 3-3 所示，北京首都国际机场承担了区域绝大部分的客货运输量，2016 年北京市机场总吞吐量接近 1 亿人次，在 2019 年 9月北京大兴国际机场投入运营后，北京市机场总吞吐量还会进一步提升。天津滨海国际机场旅客吞吐量稳步上升，2016 年达到 1687.2 万人次，但仍远远低于滨海国际机场的设计吞吐能力，部分应属于天津滨海国际机场的旅客通过城际交通到北京首都国际机场进出港的现象普遍存在。2016 年，秦皇岛山海关机场转为军用，秦皇岛北戴河国际机场和张家口宁远机场投入运营，河北省机场数量有较大增长，然而全省总旅客吞吐量仅为 850.2 万人次，其中石家庄正定国际机场 721.5 万人次，其余四个机场旅客吞吐量均未超过 50万人次，航空运输能力过低。未来应进一步统筹对京津冀机场发展的主动调控，实现北京首都国际机场、北京大兴国际机场、天津滨海国际机场、石家庄正定国际机场四个主要机场的差异化发展，并强化提升机场综合交通枢纽功能。

表 3-3　2010～2016 年京津冀各机场旅客吞吐量　（单位：万人次）

年份	北京市			天津市	河北省						
	北京首都国际机场	北京南苑机场	合计	天津滨海国际机场	唐山三女河机场	秦皇岛山海关机场	秦皇岛北戴河国际机场	石家庄正定国际机场	邯郸马头机场	张家口宁远机场	合计
2010	7394.8	214.1	7608.9	727.7	3.3	20.1		272.4	12.7		308.5
2011	7867.5	264.5	8132.0	755.4	15.1	19.1		402.1	15.4		451.7
2012	8192.9	346.0	8538.9	814.0	16.7	15.5		485.2	17.0		534.4
2013	8371.2	445.5	8816.7	1003.6	18.1	20.8		511.1	23.0		573.0
2014	8612.8	492.9	9105.7	1207.3	21.1	20.1		560.1	27.0		628.3
2015	8993.9	526.5	9520.4	1431.4	25.1	15.6		598.5	24.9		664.1
2016	9439.4	558.6	9998.0	1687.2	24.1		23.1	721.5	46.3	35.2	850.2

数据来源：《民航机场生产统计公报》（2010～2016 年）

三、跨区域合作机制仍需优化

京津冀三地行政分割，区域统筹和协调机制不健全，导致交通从规划上难以统筹，在建设、运营以至互联互通方面也面临诸多困难和不足，合作对话机制有待完善，管理水平和服务能力有待提升（孙明正等，2016；杨先花，2016；贾姝敏，2018）。

在区域统筹协调方面，由于三地交通处于不同的发展阶段，存在不同行政主体之间信息不对称问题，三地之间的对话机制和协调机制有待完善。三地都分别制定了相应规划来加快形成多中心、网格状、全覆盖的路网格局，也制定了区域交通规划协调的相关合作协议，交通一体化发展的目标、框架已经逐渐明朗，但是三地考虑因素重点不同、在具体规划设计方面也存在差异，配套的政策保障措施（如土地、资金的落实政策等）相对滞后，加上行政壁垒和市场分割，运输政策和标准缺乏有效对接，导致项目在推进过程中困难重重。

在交通项目审批方面，国家层面的交通发展规划由国家发改委和交通运输部制定，地方交通发展规划由地方交通运输部门根据国家交通发展规划和地方发展现状制定，京津冀交通一体化相关项目在国家审批之下，还涉及北京市、天津市和河北省三地政府，交通项目在审批上手续烦琐，流程较多，而项目前置审批手续的困难，将会对整个工程的进度形成制约。

在交通信息化建设方面，三地之间、各种运输方式之间、各行业管理部门之间信息共享困难，行政执法、运行管理、安全应急、交通指挥等业务缺乏有效统筹，协同程度较低。先进信息技术手段应用不够，区域交通信息化、智能化发展不均衡，区域高速公路联网收费、进京车辆便利通行等均需进一步提高和完善。

在交通投融资方面，缺乏有效的跨区域交通基础设施投融资模式，虽然目前已经成立了由三省市政府及中国铁路总公司组建的京津冀城际铁路投资有限公司，但是并未涉及高速公路、市郊轨道交通等领域，且在具体的操作层面和实践层面还面临诸多问题。

在交通规划的监督实施方面，京津冀三地不论是在规划的制定过程中，还是在规划的具体实施中，均缺乏统一而有效的监督机制，地方交通规划由地方交通运输部门根据自身情况酌情制定，并没有区域性的监督机制。

第四节　本章小结

　　京津冀交通一体化正处于加速推进的阶段,交通基础设施建设不断完善,在铁路运输、公路运输、港口群建设和航空枢纽建设方面都取得了较大进展,交通互联互通水平和通行效率大大提高。铁路、公路多条线路修建完成、正在建设或是已获批复,天津市和河北省港口相互协作联手打造世界级港口群,北京大兴国际机场及配套综合交通设施正在建设完成中,秦皇岛北戴河国际机场、承德普宁机场投入运营。三省市相互协作进入新的发展阶段,交通一体化加速推进,区域综合交通网络基本形成,已经成为我国基础设施较为齐全、运输能力较强的综合枢纽区域之一。

　　京津冀地区交通运输网络建设虽然取得了显著成就,但在发展的同时,运输结构、能力和效率还不能满足区域协同发展及打造世界级城市群的要求。区域综合交通网络布局不完善,区域交通运输结构不合理,三省市交通发展不平衡,以北京市为中心的放射状交通网络布局制约了区域协同发展的深入推进。此外,京津冀三地行政分割,区域统筹和协调机制不健全,在交通规划、建设、运营等方面的合作对话机制有待完善,高额的融资需求及复杂的跨区域项目审批也制约着京津冀交通一体化的发展。

　　京津冀地缘相接,区域内铁路、公路、航空、海运等交通运输方式一应俱全,需要通过交通一体化实现区域生产要素的合理分配,有效引导区域空间布局调整和产业转型升级。为进一步推动京津冀交通一体化发展,应立足京津冀三地整体的发展格局及各自的发展情况,既满足疏解北京非首都功能和产业升级转移的需要,又能够通过优化提升综合交通运输网络带动周边地区的发展。应继续加大交通基础设施建设投入,加快建设城际公路、铁路,实现道路网络的互联互通与全覆盖,提高港口群、机场群的协作程度,充分发挥协同效应,建设世界级的港口群和机场群,形成多层次、全覆盖的综合交通网络。优化提升枢纽功能,实现铁路、港口、机场等综合交通枢纽功能在区域内优化配置,各种运输方式衔接顺畅,建设北京市、天津市、石家庄市、唐山市、秦皇岛市5个全国性综合交通枢纽,提升区域内城市之间的通达度。此外,应完善区域交通协同发展的合作机制,有效破除行政壁垒和市场分割,实现综合交通运输运营、管理、制度和标准充分对接,提升决策和管理水平,运用新技术、新理念打造国际先进水平的区域交通协同发展体系。

4 | 第四章
生态环境保护进展

伴随着"大城市病"而来的一系列生态环境问题,如大气污染、水污染、资源短缺、生态破坏等已经成为制约京津冀区域发展的关键因素,生态环境问题将直接影响京津冀协同发展国家战略的顺利实施。生态环境治理的整体性和一体化转向是京津冀生态环境治理的必然要求(蔺丰奇和吴卓然,2017),为深化京津冀协同发展,加强区域生态环境保护与协同治理,京津冀三地努力突破行政界线,共同应对生态环境问题,推动能源消费结构优化,实现生态环境保护计划"一盘棋",努力缓解发展过程中所面临的经济社会快速发展与有限的资源环境承载力之间的矛盾。

第一节 工 作 进 展

京津冀协同发展深入推进以来,京津冀地区在控制环境污染、建设区域一体化环境保护机制、加强生态环境保护、扩大区域生态空间领域取得了明显成效。三省市就突出的环境问题，不断深化合作，通过落实环境保护税等环保政策，逐渐实现区域生态环境协同治理的体制机制创新。在推动北京市密云区、延庆区和河北省张家口市、承德市等生态文明先行示范区建设的同时，积极培育北京市平谷区、天津市蓟州区、河北省廊坊市北三县等新一批京津冀协同共建生态文明先行示范区。

一、环保政策创新进展

2015 年国家发改委和环境保护部共同出台《京津冀协同发展生态环境保护规划》，旨在明确未来几年京津冀生态环境保护方面的目标任务、实现路径和体制机制保障。这一规划明确划定了京津冀地区生态保护红线、环境质量底线和资源消耗上限，将逐步增加生态空间和改善环境质量作为经济建设及社会发展的刚性约束条件。这一规划首次明确给出了京津冀区域空气质量的浓度限值：到 2017 年，京津冀地区 $PM_{2.5}$ 年均浓度应控制在 73 微克/米^{3}左右；到 2020 年，京津冀地区 $PM_{2.5}$ 年均浓度比 2013 年下降 40%左右，控制在 64 微克/米^3 左右。2016 年 11 月，国务院印发《"十三五"生态环境保护规划》，明确京津冀要强化区域环保协作，联合开展大气、河流、湖泊等污染治理，提升协同创新共同体，加强区域生态屏障建设，创新生态环境联动管理体制机制，构建区域一体化的生态环境监测网络、生态环境信息网络和生态环境应急预警体系，建立区域生态环保协调机制、水资源统一调配制度、跨区域联合监察执法机制，建立健全区域生态保护补偿机制和跨区域排污权交易市场。同时，该规划提出到 2020 年京津冀地区生态环境保护协作机制有效运行，生态环境质量明显改善的目标。一系列规划的出台，为京津冀三地在环境治理与生态建设领域突破行政界线、创新体制机制、深入协同合作指明了路径、方向和目标。

围绕生态环境协同治理的共同目标，京津冀三地分别结合本地情况，制定了相应的工作方案与规划，深入推进生态环境保护工作。北京市于 2017 年 9 月印发《北京市"十三五"时期生态保护工作方案》，方案以加大生态保护力度、加强生态保护空间管控、提升生态质量和功能、全力维护首都生态安全为宗旨，提出关于生态保护红线和自然保护区的监管、环境承载力和生态状况的监控、生态环境建设等方面的任务要求。天津市于 2017 年 5 月发布《天津市"十三五"生态环境保护规划》，其中着重提出要严格落实《京津冀协同发展规划纲要》及各专项规划生态环境保护要求，推动京津冀环保统一协调、统一规划、统一监测、统一标准、统一执法、统一治理，并提出共同构建生态环境监测网、共同构建环境信息网、推动建立联合执法机制、推动建立应急联动机制、推进大气污染联防联控、推进水环境协同治理等具体措施。河北省于2017年3月发布《河北省生态环境保护"十三五"规划》，明确提出将建设京津冀生态环境支撑区作为重大任务，提出要积极推进京津冀三地在区域协同治污、建设生态安全屏障、健全空间治理体系等方面的协作。

在联防联控协同治污方面，2015年，京津冀三地环境保护部门共同出台《京津冀区域环境保护率先突破合作框架协议》，以污染防治为重点，以联合立法、统一规划和统一标准为突破口，推进统一检测、协同治污、执法联动、应急联动和环评会商工作的顺利实施。同年，京津冀出台了《北京市天津市河北省环境执法联动工作机制合作协议》，并先后多次开展联动执法行动，联防联控工作初见成效。2015年11月27日，京津冀三地环境保护部门召开首次京津冀环境执法与环境应急联动工作机制联席会议，京津冀共同成立了京津冀环境执法联动工作领导小组，环境执法联动工作机制正式启动。2016年，京津冀六市（北京市、天津市、唐山市、保定市、廊坊市、沧州市）率先统一重度污染预警分级标准。同年，京津冀及周边地区（北京市、天津市、河北省、山西省、内蒙古自治区、山东省、河南省）建成大气污染防治信息共享平台，实现七省（自治区、直辖市）空气质量及重点污染源排放等信息实时共享。此外，京津冀三地启动大气污染防治攻坚行动，制定"1+1+6"，即一本台账，一个一个追究，六个配套方案，促进环境执法量化问责[1]。

环境保护税开征，京津冀地区税额统一执行较高标准。2016年12月第十二届全国人民代表大会常务委员会正式通过《中华人民共和国环境保护税法》，就计税依据、应纳税额、税收减免和征收管理等方面进行规定，该法自2018年1月1日起实施。此后，京津冀及周边地区相继制定各地区环境保护税方案，环境保护税额普遍高于全国其他地区。北京市环境保护局和北京市地方税务局联合发布《北京市环境保护税核定计算暂行办法》，大气污染物和水污染物按法定幅度上限执行环保税。天津市以《中华人民共和国环境

---

① 三地将启动大气污染防治攻坚行动 环境违法处置不力量化问责[OL]. http://zhengwu.beijing.gov.cn/zwzt/jjjyth/hbgj/t1489712.htm[2018-08-10].

保护税法》为基础，补充《关于天津市应税大气污染物和水污染物具体适用
环境保护税税额的决定》。河北省在《河北省环境保护税应税大气污染物和
水污染物适用税额方案（草案）》中精准制定环境保护税税额标准，将大气
污染和水污染等主要污染物税额按地域分为三档，税额由一档至三档逐渐递
减，围绕北京市的 13 个县（市、区）及与雄安新区相邻的 12 个县（市、区）
对大气和水中的主要污染物执行一档税额[1]，有效推进了京津冀环境污染的
联防联控，推动区域污染治理的协同发展。

　　生态保护红线布局初步形成，京津冀生态空间安全格局得到保障。中共
中央办公厅和国务院办公厅于 2017 年 2 月发布《关于划定并严守生态保护
红线的若干意见》，要求京津冀区域和长江经济带沿线各省（直辖市）划定
生态保护红线。2018 年 7 月，北京市划定生态保护红线面积 4290 平方公里，
占市域总面积的 26.1%[2]。天津市于 2017 年底完成生态保护红线的划定，预
计在 2020 年完成生态保护红线的勘界定标。2017 年，河北省通过《河北省
生态保护红线划定方案》；2018 年 7 月，河北省划定生态保护红线总面积 4.05
万平方公里，占省域总面积的 20.70%[3]。京津冀三省市生态保护红线的划定，
将对护卫京津冀生态安全、构建和优化区域生态空间安全格局发挥重要作用。

二、能源结构改革进展

　　京津冀能源协同管理机制初步建立。2017 年，京津冀三地发改委共同研
究制定《京津冀能源协同发展行动计划（2017-2020 年）》，提出了京津冀
区域能源战略协同、能源设施协同、能源治理协同、能源绿色发展协同、能
源运行协同、能源创新协同、能源市场协同、能源政策协同的"八大协同"
战略，并明确 68 项具体任务，力争将京津冀地区建设成为清洁低碳、安全高
效的现代能源示范区和能源结构调整试验区。行动计划提出京津冀三地相关
部门组成联席会议，轮流定期组织调度，形成京津冀能源协同发展机制，加
强项目统筹指导和综合协调，建立和完善重要事项日常及时沟通机制及项目

---

　　① 河北省财政厅 河北省地方税务局关于我省环境保护税应税大气污染物和水污染物适用税额标准
的通知[OL]. http://www.hebcz.gov.cn/root17/zfxx/201712/P020171225506261070729.pdf[2018-07-13].

　　② 北京划定生态保护红线 面积 4290 平方公里[OL]. http://bj.people.com.cn/n2/2018/0713/c82840-
31810282.html[2018-07-13].

　　③ 河北：全省生态保护红线总面积 4.05 万平方公里[OL]. http://www.gov.cn/xinwen/2018-07/03/
content_5303081.htm[2018-07-13].

对接机制。未来，京津冀三地将实现区域能源合作创新，形成绿色低碳、安全高效的现代能源体系。

京津冀燃煤总量减少，能源结构得到优化。2013 年，环境保护部出台《京津冀及周边地区落实大气污染防治行动计划实施细则》，要求到 2017 年底，京津冀地区比 2012 年煤炭消费量减少 6300 万吨，北京市、天津市和河北省分别削减 1300 万吨、1000 万吨和 4000 万吨。2014 年，国家发改委、工业和信息化部、财政部、环境保护部、国家统计局、国家能源局共同印发《重点地区煤炭消费减量替代管理暂行办法》，进一步细化煤炭消费总量控制目标和能源结构优化措施。根据要求，截至 2016 年底，北京市、天津市、河北省煤炭消费均较 2012 年实现负增长，总体达到煤炭消费减量时间进度要求。北京市自 2011 年起全面关停电厂燃煤机组，建成四大热电中心，这是北京市实施能源战略布局调整，提高能源基础设施水平，推进京津冀地区空气质量改善的重要举措。天津市于 2018 年启动液化天然气（liquefied natural gas，LNG）项目，该项目是国家重点天然气保供工程，是国家实施清洁能源发展战略的重要组成部分，对于缓解京津冀天然气能源紧张问题，优化京津冀地区能源结构具有重要意义。河北省于 2017 年 9 月出台《河北省"十三五"能源发展规划》，提出控制总量、保障供应、优化结构、节能减排和改善民生五方面目标及推进能源生产革命、能源消费革命、能源技术革命、能源体制革命、能源战略合作和能源惠民共享六方面重点任务，从根本上改变"一煤独大"能源消费结构，降低污染物排放。

京津冀煤改清洁能源工作任务基本完成。"煤改气"和"煤改电"工程是国务院颁布的《大气污染防治行动计划》中所提出的重点工作内容，要求以北京市为战略重点，全面整治京津冀及周边地区燃煤小锅炉，逐步淘汰分散燃煤锅炉。2017 年，国家发改委等四部门联合印发《关于推进北方采暖地区城镇清洁供暖的指导意见》，重点推进京津冀及周边地区共计"2+26"城市的煤改清洁能源和可再生能源的供暖工作。同年，北京市顺利完成城六区的"煤改气"工作；针对市域范围内农村地区，北京市完成燃煤锅炉的"煤改气"工程 4633 蒸吨，完成 328 个村共计 12.6 万户的农村"煤改气"工程[①]。河北省与天津市由于"煤改气"基础薄弱，完成目标难度更大。河北省 2017

---

① 2017 年北京煤改气工作收官 为打赢"蓝天保卫战"作页献[OL]. https://www.sohu.com/a/21285558 5_267106[2018-08-01].

年完成农村燃煤供热改造共计 253.7 万户[①]，天津市在完成 2017 年目标值后，仍有 75.6 万户居民使用散煤取暖，预计在 2019 年完成全市燃煤供热改造[②]。

燃煤锅炉治理工作顺利推进。环境保护部、国家发改委、工业和信息化部等 16 个部门联合发布《京津冀及周边地区 2017-2018 年秋冬季大气污染综合治理攻坚行动方案》，要求京津冀地区扩大小锅炉淘汰范围，完成燃煤小锅炉"清零"工作，推动锅炉低氮改造。此后，京津冀三地分别陆续出台燃煤锅炉整治方案，有针对性地积极推动燃煤锅炉治理工作的开展落实。截至 2017 年底，北京市淘汰燃煤锅炉 4453 台，共计 13 259 蒸吨，淘汰数量达到任务量的 3.3 倍，完成锅炉低氮改造 7000 台，共计 23 000 蒸吨[③]。河北省完成淘汰燃煤锅炉 13 470 台、31 033 蒸吨的目标。2017 年，天津市完成 4630 台工业燃煤锅炉的改造和淘汰工作[④]，顺利完成全市工业燃煤锅炉清零任务。

三、大气污染防治进展

京津冀全面深入推进大气污染防治工作，三省市不断完善环评会商、联合执法、信息共享、预警应急等污染防治措施，提升大气污染治理能力，推动大气污染治理向精细化发展。从大气污染防治成效来看，2017 年北京市 $PM_{2.5}$ 年均浓度为 58 微克/米^3[⑤]，较 2013 年下降 54.3%；天津市 $PM_{2.5}$ 年均浓度为 62 微克/米^3，较 2013 年下降 35.4%[⑥]；河北省 $PM_{2.5}$ 年均浓度为 65 微克/米^3，较 2013 年下降 39.8%[⑦]；京津冀三地均于 2017 年达到《大气污染防治行动计划》任务要求。

---

① 环保部：今年北方将完成煤改 400 万户，前提确保百姓不受冻[OL]. http://www.xinhuanet.com/power/2018-02/11/c_1122401382.htm[2018-08-01].

② 天津市城乡居民取暖散煤要"清零"[OL]. http://www.tj.xinhuanet.com/shpd/2018-08/30/c_1123354338.htm[2018-09-01].

③ 北京市 2017 年"清煤降氮"全年任务完成情况新闻通报会实录[OL]. http://www.bjepb.gov.cn/bjhrb/index/tpxw/824606/index.html[2018-08-01].

④ 本市 4630 台工业燃煤锅炉实现清零[OL]. http://www.tj.gov.cn/xw/bdyw/201711/t20171104_3616255.html[2018-08-01].

⑤ 2017 年北京 PM2.5 年均浓度为 58 微克/立方米 同比下降超两成[OL]. http://www.bj.chinanews.com/news/2018/0103/62532.html[2018-08-03].

⑥ 天津实现"大气十条"目标 去年 PM2.5 年均浓度 62 微克/立方米，较 2013 年下降 35.4%[OL]. http://news.sina.com.cn/o/2018-01-10/doc-ifyqiwuw9002242.shtml[2018-08-03].

⑦ 2017 年河北环境空气质量发布 PM2.5 浓度五年降幅达到 39.8%[OL]. https://baijiahao.baidu.com/s?id=1588742327051331910&wfr=spider&for=pc[2018-08-03].

　　大气污染防治工作在政策领域实现创新发展。2015 年，京津冀及周边地区共同开展《京津冀及周边地区深化大气污染控制中长期规划》编制工作，该规划是中国首部区域空气质量中长期规划。同年 5 月，京津冀及周边地区大气污染防治协作小组审议通过了《京津冀及周边地区大气污染联防联控2015 年重点工作》。工作方案将北京市、天津市及河北省唐山市、保定市、廊坊市、沧州市六个城市划为京津冀大气污染防治核心区，并提出"4+2"合作模式，即北京市与廊坊市、保定市对接，天津市与唐山市、沧州市对接，京津两地在资金、技术方面支持河北省四市的大气污染防治工作，深化京津冀地区大气污染联防联控。2017 年 2 月，环境保护部联合国家发改委、财政部、国家能源局和各地政府颁布《京津冀及周边地区 2017 年大气污染防治工作方案》，要求京津冀大气污染传输通道的北京市、天津市、石家庄市、唐山市、廊坊市、保定市、沧州市、衡水市、邢台市、邯郸市等"2+26"城市以改善区域环境空气质量为核心，以减少重污染天气为重点，多措并举强化冬季大气污染防治，全面降低区域污染排放负荷[①]。2018 年，京津冀及周边地区大气污染防治协作小组调整为京津冀及周边地区大气污染防治领导小组并由国务院领导亲任组长，为进一步深化京津冀及周边地区大气污染联防联控协作机制提供了有效保障，区域大气污染防治力度持续加大。

　　在共同的行动纲领和防治路径指引下，北京市、天津市和河北省分别制定了有针对性的大气污染防治工作方案，加快区域空气质量改善进程。2017年 1 月，北京市印发《北京市 2013—2017 年清洁空气行动计划重点任务分解2017 年工作措施》，明确提出提高清洁能源比重、减少工业和移动源污染物排放、促进工业企业调整退出和转型升级的工作任务。天津市于 2017 年 4月印发《天津市 2017 年大气污染防治工作方案》，创新大气污染防治的精细化管理模式，提出"1+X+Y"的污染治理模式，即围绕改善空气质量的目标，针对各区突出污染问题，以乡镇为单位实施属地治理。2016 年 11 月，河北省印发《河北省大气污染防治强化措施实施方案（2016-2017 年）》，提出河北省大气污染防治重点工作应围绕淘汰过剩产能、整顿高污染行业及工业企业方面开展。

---

　　① "2+26"城市今年大气污染防治方案公布 以减少重污染天气为重点[OL]. http://env.people.com.cn/n1/2017/0331/c1010-29181763.html[2018-07-31].

四、工业污染源控制工作进展

为推进工业排放控制工作，实现工业污染全面达标，京津冀三地分别实施《北京市工业污染源全面达标排放计划实施方案》、《天津市工业污染源全面达标排放计划实施方案》和《关于实施工业污染源全面达标排放计划的通知》，以 2020 年京津冀工业污染源超标整治工作取得明显成效为目标。在制定工业污染排放标准方面，京津冀三地共同制定了《建筑类涂料与胶粘剂挥发性有机化合物含量限值标准》以减少挥发性有机物（VOCs）排放，这也是首个由三地政府共同制定的排放标准。

在工业排污许可方面，环境保护部印发《控制污染物排放许可制实施方案》，目标是在 2020 年完成固定污染源的排污许可证核发工作，保障全国排污许可证管理信息平台有效运转。基于这一方案，京津冀部分城市（北京市、保定市、廊坊市）率先试点钢铁、水泥等高架源排污许可证申请与核发试点工作。此后，北京市、天津市、河北省分别印发《北京市控制污染物排放许可制实施方案》、《天津市控制污染物排放许可制实施计划》和《河北省控制污染物排污许可制实施细则（试行）》，针对钢铁、水泥、石化等高排放行业实施排污许可证管理，为京津冀工业污染源排放控制提供政策支撑。

"散乱污"企业治理成效显著。在疏解和整治高耗能、高排放企业的同时，《京津冀及周边地区 2017 年大气污染防治工作方案》对治理"散乱污"企业提出进一步要求。2016 年，北京市颁布《关于集中开展清理整治违法违规排污及生产经营行为有关工作的通知》，完成清理"散乱污"企业 4477 家[①]。2017 年，河北省出台《河北省集中整治"散乱污"工业企业专项实施方案》，2013～2017 年共整治改造"散乱污"企业 38 785 家，整合搬迁 898 家，关停取缔 68 747 家，搬迁改造城市主城区重污染企业 44 家[②]。同年，天津市发布《关于集中开展"小散乱污"企业专项整治的指导意见》，总共排查出近 1.9 万家"散乱污"企业并进行分类指导，其中关停取缔 9081 家"散乱污"企业，"散乱污"治理成效显著[③]。

---

① 北京市经信委:2016 年整治"散乱污"企业 4477 家[OL]. http://beijing.qianlong.com/2017/0210/1389840.shtml[2018-06-17].

② 2017 年河北省 44 家重污染企业搬出主城区 5 年已搬 248 家[OL]. https://baijiahao.baidu.com/s?id=1589709136011920095&wfr=spider&for=pc[2018-06-29].

③ "一厂一策" 天津市对近 1.9 万家散乱污企业分类指导[OL]. http://cnews.chinadaily.com.cn/2017-10/31/content_33944708.htm[2018-07-01].

五、移动污染源控制工作进展

机动车污染减排领域的区域联防共治获得实质性进展。2015 年，京津冀及周边地区大气污染防治协作小组下发《京津冀及周边地区机动车排放污染控制协同工作实施方案（试行）》，并成立京津冀及周边地区机动车排放控制工作协作小组，覆盖北京市、天津市、河北省、山西省、山东省、内蒙古自治区、河南省七省（自治区、直辖市）。京津冀及周边地区机动车排放控制工作协作小组是全国首个区域性的机动车排放污染防治工作机构，将率先在全国实现跨区域机动车排放超标处罚、机动车排放监管数据共享、新车环保一致性区域联合抽查等，不断推动区域性机动车排放监管水平同步发展[①]。未来京津冀及周边地区机动车排放控制工作协作小组还将搭建区域机动车排放污染防治监管电子系统[②]，最终建立区域统一法规标准，实现区域内超标车就地处罚，开展非道路机械管理[③]。在京津冀及周边地区机动车排放控制工作协作小组的领导下，2016 年 12 月北京市、天津市两地首次开展机动车超标排放联合执法试点工作，两地机动车超标排放联合执法机制进一步完善。

在移动污染源控制方面，京津冀三地陆续出台相关政策。2017 年 10 月，北京市印发《北京市"十三五"时期移动源污染防治工作方案》，要求研究京津冀区域性机动车污染排放控制措施，逐步实现机动车排放业务监管数据共享及区域机动车排放污染联防联控。2017 年 12 月，北京市为控制重型汽车污染物排放，发布《重型汽车氮氧化物快速检测方法及排放限值》（DB 11/1476—2017）、《重型汽车排气污染物排放限值及测量方法（OBD 法第 Ⅳ、Ⅴ 阶段）》（DB 11/1475—2017）和《重型汽车排气污染物排放限值及测量方法（车载法 第 Ⅳ、Ⅴ 阶段）》（DB 11/965—2017），这将作为重型汽车 NO_x 排放执法的主要依据。2017 年 4 月，天津市环境保护局、天津市交通运输委员会和天津市公安局联合发布《关于加强我市中型重型载货汽

---

① 京津冀及周边地区机动车排放控制工作协作小组办公室今成立[OL]. http://bj.people.com.cn/n/2015/0604/c82840-25120774.html[2018-06-29].

② 北京及周边多省市"一条心"防治机动车污染[OL]. http://www.bj.chinanews.com/news/2015/0604/45575.html[2018-06-29].

③ 河北：京津冀机动车排放超标将跨区域处罚[OL]. http://www.gov.cn/xinwen/2015-06/05/content_2873547.htm[2018-06-29].

车及汽运煤炭车辆管理的通告》①，对中型重型载货汽车外环以内限行及汽运煤炭车辆上路要求进行明确规定。2017 年 5 月，天津市发布《关于深入推进重点污染源专项治理行动方案》，其中针对机动车污染做出了分步实施重型货车和高排放轻型汽油车外环线以内限行的决定。2017 年 5 月 1 日起，天津港不接受公路运输的煤炭，9 月底前禁止环渤海港口接受柴油货车运输的集疏港煤炭。2017 年 8 月，天津市环境保护局宣布对淘汰原国 I、国 II 标准轻型汽油车实施临时补贴政策。2018 年 6 月，河北省人民政府组织起草《河北省机动车和非道路移动机械排放污染防治条例（征求意见稿）》面向公众征集意见。

六、水污染物控制工作进展

为营造良好的区域水环境，京津冀三地积极搭建水污染信息共享平台，推动区域水污染治理实现联防联控，完善区域水环境监测和水污染联动执法机制，健全区域水污染突发事件应急措施。

在水污染治理方面，国家出台《水污染防治行动计划》和《京津冀及周边地区落实〈水污染防治行动计划〉2016-2017 年实施方案》，重点联合北京市、河北省针对潮白河下游水域实现水污染共治。北京市、天津市、河北省三地也分别出台针对性的《北京市水污染防治条例》、《天津市水污染防治条例》和《河北省水污染防治条例》，在建立河长制、水污染治理体制创新、水污染排放违规行为处罚标准等方面做出明确规定。2015 年，北京市颁布《北京市水污染防治工作方案》，明确要求深化京津冀及周边地区流域协作，建立京津冀及周边地区水污染防治联动协作机制，重点完善监测预警、信息共享、应急响应等工作机制。此外，还要求协同河北省张家口、承德地区开展饮用水水源地保护工作，合作建设生态清洁小流域，推进永定河、北运河、潮白河、大清河等跨界河流的绿色生态河流廊道治理，加大官厅、密云等水库生态修复和污染治理力度（金树东，2017）。在水污染突发事件应急处理方面，2014 年 11 月京津冀三地共同签订《京津冀水污染突发事件联防联控机制合作协议》，成立水污染突发事件联防联控工作小组，京津冀水污染突发事件联防联控工作机制初步建立。2017 年 9 月 15 日，京津冀三地

① 《大气污染防治工作简报》2017 年第 7 期（总第 148 期）[OL]. http://www.mee.gov.cn/hjzli/dqwrfz/dqwrfzxdjh/201709/P020170915531161995945.pdf[2018-08-15].

于廊坊市经济技术开发区联合举行京津冀首次突发水环境事件联合实战研究性演练。2018 年，水污染突发事件联防联控工作小组制定《潮白河-潮白新河流域环境应急预案》和《京津冀重点流域突发水环境污染事件应急预案（凤河—龙河流域）》对工业水污染风险进行分析，提高区域突发水环境污染事件的防控能力，推进地区间水污染突发事件联防联控工作开展。

七、生态环境修复进展

在林业生态修复方面，为共同推进京津冀生态率先突破，2016 年 7 月国家林业局与北京、天津、河北三地人民政府签署《共同推进京津冀协同发展林业生态率先突破框架协议》，并设立了到 2020 年京津冀森林面积达到 11 415 万亩，森林蓄积量达到 2 亿立方米，湿地面积达到 1890 万亩的总体目标。此外，国家林业局还会同京津冀三地编制《京津冀协同发展林业生态建设规划（2016-2020 年）》，构建"一圈五区"（京津保核心生态屏障圈、京北高原生态防护区、燕山-太行山水源涵养区、蒙辽防风固沙区、低平原生态修复区和沿海生态防护区）的区域生态安全格局。国家林业局编制的《林业发展"十三五"规划》中，提出构建京津冀生态协同圈，以扩大环境容量和生态空间、缩小区域内生态质量梯度、提高生态承载力作为林业建设主攻方向，打造全国生态保护的中心区和样板区。

在河流生态治理方面，《京津冀协同发展规划纲要》明确提出综合治理和修复"六河五湖"（即滦河、潮白河、北运河、永定河、大清河、南运河与白洋淀、衡水湖、七里海、北大港、南大港）的要求，京津冀河流治理修复工作持续推进。国家发改委及水利部、国家林业局印发《永定河综合治理与生态修复总体方案》和《永定河综合治理与生态修复 2017 年工作要点》，永定河修复工程顺利实施。河北省与天津市签订《关于引滦入津上下游横向生态补偿的协议》，为跨区域河流生态治理提供有效保障，截至 2017 年底滦河水质得到明显改善。2017 年 8 月起，张家口市蔚县投资 4.6 亿元针对官厅水库上游壶流河沿线开展湿地生态修复工作[①]，对保障京津冀用水具有重大意义。

在水土流失治理方面，2016 年京津冀地区完成小流域治理面积达到

---

① 张家口蔚县 4.6 亿修复保护壶流河湿地生态[OL]. http://www.he.xinhuanet.com/xinwen/2017-12/01/c_1122042038.htm[2018-08-15].

362.1 万公顷，完成水土流失治理面积 602.9 万公顷[①]。2017 年，京冀两地共建密云水库上游生态清洁小流域项目，联合制定《河北省密云水库上游承德、张家口两市五县生态清洁小流域建设规划（2015-2017 年）》，计划治理水土流失面积 600 平方公里，改善张家口和承德两地的生态环境，保障密云水库水质。

第二节 现状特征

一、大气污染物排放减少，空气质量有所改善

从废气污染物排放量来看，京津冀三地废气中主要污染物排放有效减少。2016 年 SO_2、NO_x、烟（粉）尘排放量较 2011 年分别下降 48.7%、41.8% 和 6.5%。其中，北京市烟（粉）尘减排工作较天津、河北两地更有成效，烟（粉）尘排放量降低 47.5%。天津市在减少 SO_2 和 NO_x 排放方面成果明显，排放量分别降低 69.4% 和 59.7%。相比京津两地，河北省虽然废气污染物减排工作难度大、任务重，但 SO_2、NO_x、烟（粉）尘排放量也分别降低了 44.1%、37.4%、5.0%，大气污染物排放情况有所改善（表 4-1）。从各主要废气污染物排放量变动趋势来看，2011 年以来京津冀地区大气中各主要污染物排放量总体呈现下降趋势，烟（粉）尘排放量略有波动。随着京津冀三地对废气污染排放治理力度加大，SO_2、NO_x、烟（粉）尘排放量降幅在 2015～2016 年达到最大（图 4-1）。

表 4-1 京津冀废气中主要污染物排放情况 （单位：10^3 吨）

指标	京津冀		北京市		天津市		河北省	
	2011 年	2016 年	2011 年	2016 年	2011 年	2016 年	2011 年	2016 年
SO_2 排放量	1740.91	893.27	97.88	33.21	230.90	70.61	1412.13	789.44
NO_x 排放量	2348.36	1367.51	188.32	96.12	358.90	144.75	1801.14	1126.64
烟（粉）尘排放量	1464.25	1369.52	65.85	34.54	75.92	78.14	1322.48	1256.84

数据来源：《中国统计年鉴 2012》和《中国统计年鉴 2017》

---

① 《中国环境统计年鉴 2017》。

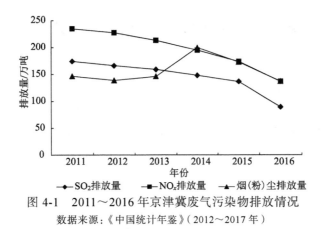

图 4-1　2011～2016 年京津冀废气污染物排放情况

数据来源：《中国统计年鉴》（2012～2017 年）

从 $PM_{2.5}$、PM_{10}、SO_2、NO_2 四种大气主要污染物的浓度变化情况来看，京津冀地区大气环境质量总体改善显著。$PM_{2.5}$、PM_{10}、SO_2 三种污染物浓度下降幅度较大，2013～2017 年分别下降 39.6%、37.6%、63.8%；NO_2 浓度下降幅度较小，为 7.8%[①]。由于 $PM_{2.5}$ 粒径小，易附带有毒、有害物质，对大气环境质量和人体健康影响较大，近年来 $PM_{2.5}$ 浓度成为衡量大气污染程度的重要指标。从京津冀重点城市 2013～2016 年的 $PM_{2.5}$ 浓度变化来看，除石家庄市的 $PM_{2.5}$ 浓度在 2016 年出现小幅度回升外，其他六市的 $PM_{2.5}$ 浓度均保持下降趋势，其中邯郸市的 $PM_{2.5}$ 浓度降幅最大（表 4-2）。

表 4-2　京津冀重点城市 $PM_{2.5}$ 浓度 　　（单位：微克/米^3）

地区	2013 年	2014 年	2015 年	2016 年
北京市	89	86	81	73
天津市	96	83	70	69
石家庄市	154	124	89	99
唐山市	115	101	85	74
秦皇岛市	65	61	48	46
邯郸市	139	115	91	82
保定市	135	129	107	93

数据来源：《中国环境统计年鉴》（2014～2017 年）

---

① 《中国生态环境状况公报》（2013～2017 年）。

二、用水结构优化，用水效率不断提高

从用水总量来看，2016 年京津冀地区实际用水量为 248.6 亿立方米，占全国用水总量的 4.12%，较 2010 年下降 0.06 个百分点。其中，河北省用水量为 182.6 亿立方米，占京津冀用水总量的比重达到 73.5%，北京市用水总量次之，达到 38.8 亿立方米。京津冀三地人均用水量从 2010 年的 240.4 立方米，稳步下降到 2016 年的 221.9 立方米，远低于全国人均用水量 438.12 立方米[①]。

从用水结构来看，2016 年京津冀地区农业用水占实际用水量的比重最高，农业用水总量达到 146 亿立方米，占用水总量的 58.7%；生活用水次之，占比为 19.8%；生态用水总量最少，仅占 8.8%。与全国总体水平相比，京津冀地区农业用水占比与工业用水占比分别低于全国水平 3.7 个百分点和 9.1 个百分点，生活用水与生态用水分别高于全国水平 6.2 个百分点和 6.4 个百分点。从地区间差异来看，北京市生活用水和生态用水比重更高，天津市与河北省则以农业用水为主（图 4-2）。

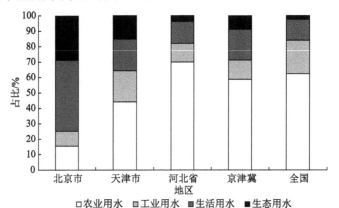

图 4-2　2016 年京津冀及全国用水结构
数据来源：《中国统计年鉴 2017》

京津冀地区用水结构的变化主要体现在农业用水的减少和生态用水的增加上。2010～2016 年，京津冀地区农业用水占比和工业用水占比分别下降了 7.1 个百分点和 0.5 个百分点；生态用水占比提升较为显著，提高了 5.6 个百分点。从地区差异来看，农业用水量降幅最大的地区是北京市，降低了 44.6%；天津市和北京市生态用水增幅较大，分别增长了 236.1% 和 179.6%；河北省用

---

① 《中国统计年鉴》（2011～2017 年）。

水总量和人均用水量得到有效控制，分别减少了 5.8%和 9.9%[①]（表4-3）。

表4-3　京津冀主要用水量变动情况　　　　（单位：亿立方米）

指标	北京市		天津市		河北省		京津冀	
	2010 年	2016 年	2010 年	2016 年	2010 年	2016 年	2010 年	2016 年
农业用水总量	10.83	6.00	10.97	12.00	143.77	128.00	165.57	146.00
工业用水总量	5.06	3.80	4.83	5.50	23.06	21.90	32.95	31.20
生活用水总量	15.30	17.80	5.48	5.60	23.98	25.90	44.76	49.30
生态用水总量	3.97	11.10	1.22	4.10	2.87	6.70	8.06	21.90

数据来源：《中国统计年鉴2011》和《中国统计年鉴2017》

　　从单位生产总值水耗变化情况来看，京津冀地区用水效率持续提高。2010～2016 年，京津冀地区单位生产总值水耗从 57.5 米³/万元下降到 32.9 米³/万元，降幅达到 74.8%，单位生产总值水耗仅相当于全国平均水平的39.43%。京津冀三地用水效率均高于全国平均水平，其中北京市和天津市较河北省用水效率更高，河北省用水效率仍存在较大提高空间（图4-3）。

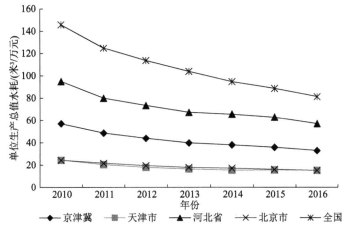

图 4-3　2010～2016 年京津冀及全国单位生产总值水耗情况
数据来源：《北京统计年鉴》、《天津统计年鉴》、《河北经济年鉴》和
《中国统计年鉴》（2011～2017 年）

三、城市生态环境不断优化

　　园林绿化不断加强，城市生态环境持续优化。2016 年，京津冀地区绿化

---

① 《中国统计年鉴2011》和《中国统计年鉴2017》。

覆盖面积达到 22.27 万公顷，较 2010 年增加 30.7%。从公园建设情况来看，2016 年京津冀地区公园个数达 1027 个，与 2010 年相比增加了 353 个；公园面积 51 302 公顷，增加了 116%。北京市城市生态环境整体表现良好，2016 年建成区绿化覆盖率达到 48.4%[①]，人均公园面积 16.00 平方米，均高于全国水平。天津市城市绿化显著改善，2016 年绿化覆盖面积、城市绿地面积及人均公园面积较 2010 年分别增加了 60.9%、74.0%、23.8%，增长幅度高于北京市和河北省。河北省绿化覆盖面积和城市绿地面积增长不显著，但河北省人均公园面积始终高于北京市、天津市和全国平均水平（表 4-4）。

表 4-4　各地区城市园林绿化情况

地区	绿化覆盖面积/万公顷		城市绿地面积/万公顷		人均公园面积/平方米	
	2010 年	2016 年	2010 年	2016 年	2010 年	2016 年
全国	245.27	318.62	213.43	278.61	11.18	13.70
北京市	6.53	8.75	6.27	8.21	11.28	16.00
天津市	2.33	3.75	1.92	3.34	8.56	10.60
河北省	8.18	9.77	6.90	8.54	14.23	14.30
京津冀	17.04	22.27	15.09	20.09	12.31	15.01

数据来源：《中国环境统计年鉴 2011》和《中国环境统计年鉴 2017》

生活垃圾无害化处理能力持续改善。2016 年京津冀地区共拥有垃圾无害化处理厂 87 座，较 2010 年增加 33 座；生活垃圾无害化处理能力达到 58 281 吨，占全国生活垃圾无害化处理能力的 9.38%[②]。2010～2016 年，北京市和天津市生活垃圾无害化处理率均高于全国平均水平；河北省生活垃圾无害化处理水平显著提升，生活垃圾无害化处理率提高了 28 个百分点，并且在 2015 年超过全国平均水平（图 4-4）。

城市污水处理能力有所提升，其中以河北省城市污水处理率为最高，天津市次之，北京市污水处理能力明显提升。相比 2010 年，2016 年北京市和天津市城市污水处理率分别提高了 8.5 个百分点和 6.8 个百分点，但仍低于全国平均水平；河北省城市污水处理率始终高于全国平均水平（表 4-5）。

---

① 《中国环境统计年鉴 2010》和《中国环境统计年鉴 2017》。
② 《中国环境统计年鉴 2011》和《中国环境统计年鉴 2017》。

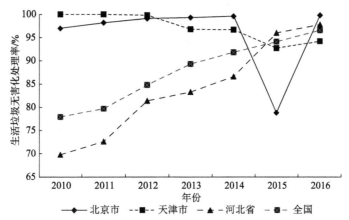

图 4-4　2010～2016 年京津冀及全国生活垃圾无害化处理率

数据来源:《中国统计年鉴》(2011～2017 年)

表 4-5　各地区城市污水处理情况

地区	污水处理厂/座		城市污水处理率/%	
	2010 年	2016 年	2010 年	2016 年
北京市	37	58	82.1	90.6
天津市	30	48	85.3	92.1
河北省	70	83	92.3	95.4
京津冀	137	189	—	—
全国	1444	2039	82.3	93.4

数据来源:《中国环境统计年鉴 2011》和《中国环境统计年鉴 2017》

四、生态环境建设成效显著

2016 年京津冀森林面积达到 509.3 万公顷,较 2010 年增加 6.17%;湿地面积达到 128.56 万公顷,较 2010 年减少 0.19%;沙化土地面积为 219.31 万公顷,2010～2016 年未有增长。京津风沙源治理工程稳步推进,2010～2016 年京津冀总共完成造林面积 61.51 万公顷,草地治理面积 16.69 万公顷,小流域治理面积 19.07 万公顷,分别占全国治理面积的 21.6%、37.3%和 46.5%[①]。

自然保护区建设成效显著。其中,河北省自然保护区建设工作进展突出,2010～2016 年自然保护区面积从 58.7 万公顷增加到 71.0 万公顷,增加了 21.0%;其中省级自然保护区面积增加 5.9 万公顷,国家级自然保护区面积增

---

① 《中国环境统计年鉴》(2011～2017 年)。

加 3.9 万公顷。与 2010 年相比, 2016 年河北省自然保护区个数增加了 10 个, 京津两地自然保护区个数未增加; 北京、河北两地自然保护区面积和保护区面积占辖区面积比重均略有上升(表 4-6)。

表 4-6 京津冀三地自然保护基本情况

地区	自然保护区数/个		自然保护区面积/万公顷		保护区面积占辖区面积比重/%	
	2010 年	2016 年	2010 年	2016 年	2010 年	2016 年
北京市	20	20	13.4	13.6	8.0	8.3
天津市	8	8	9.1	9.1	8.1	7.7
河北省	35	45	58.7	71.0	3.1	3.7

数据来源:《中国环境统计年鉴 2011》和《中国环境统计年鉴 2017》

五、能源消费结构得到优化

2010 年以来, 京津冀地区能源消费总量呈上升趋势, 但增长幅度不断缩小。2016 年京津冀地区能源消费总量达到 44 797.53 万吨标准煤, 较 2010 年增长了 14.2%, 占全国能源消费总量的比重由 10.88% 下降到 10.27%; 其中 2013~2016 年仅增长 1.2%, 能源消费总量得到了有效控制。

从能源消费结构来看, 京津冀地区能源消费结构呈现向清洁能源调整的趋势, 能源消费结构显著优化。与 2010 年相比, 2016 年天然气、热力等清洁能源消费量增长幅度较大。同期, 液化石油气、燃料油等传统能源的使用明显减少, 分别减少 47.50% 和 44.58%, 煤炭消费量从 2013 年起逐渐降低(表 4-7)。

表 4-7 2010~2016 年京津冀能源消费量

年份	2010	2011	2012	2013	2014	2015	2016
能源消费总量/万吨标准煤	39 240.40	41 851.78	43 265.73	44 270.10	44 296.49	44 325.99	44 797.53
煤炭/万吨	34 855.54	38 359.79	38 862.26	38 993.9	36 399.32	34 647.11	33 183.38
汽油/万吨	751.6	848.5	914.3	988.4	982.0	1 201.8	1 239.8
煤油/万吨	421.7	453.4	480.5	550.8	585.0	618.4	705.8
柴油/万吨	1 199.0	1 329.7	1 344.8	1 321.1	1 319.7	1 285.0	1 386.6
燃料油/万吨	105.2	121.9	102.7	43.5	37.6	56.6	58.3
液化石油气/万吨	257.5	138.2	131.2	102.7	109.7	141.1	135.2
天然气/亿立方米	127.2	134.0	169.1	188.4	213.1	280.0	302.8
热力/万百万千焦	40 788.7	46 798.2	50 188.1	55 700.1	56 005.6	59 046.0	59 810.0

续表

年份	2010	2011	2012	2013	2014	2015	2016
电力/亿千瓦·时	830.9	853.7	911.9	908.7	933.4	951.3	1 020.3
焦炭/万吨	7 982.9	9 099.8	9 285.0	10 112.3	9 081.6	8 631.2	8 966.8

数据来源：《河北经济年鉴 2017》

从京津冀三地各类能源消费变化情况来看，2010～2016 年北京市天然气、电力及其他能源消费量增幅大，煤品消费量降幅高于津冀两地，"升气降煤"等能源结构优化工作成效显著。2010～2016 年河北省煤品消费总量增加了 8%，但同时煤品消费量占能源消费总量比例下降 4.7 个百分点[1]，天然气、电力及其他能源增长幅度大，能源消费结构显著优化。2010～2016 年，天津市天然气消费总量增幅显著，增幅达到 223%，煤品、油品等化石燃料消费量均呈下降趋势，分别下降 6%和 14%（表 4-8）。

表 4-8　2010～2016 年京津冀三地能源消费量增长率（单位：%）

能源种类	北京市	天津市	河北省
煤品	−64	−6	8
油品	17	−14	27
天然气	138	223	137
电力及其他能源	386	33	255

数据来源：《河北省经济年鉴》（2011～2017 年）

第三节　主 要 问 题

一、水资源匮乏与水污染现象并存

京津冀地区地处华北平原，气候较干燥，地表水、地下水资源匮乏，随着城市规模的不断扩大及人口规模的持续增长，水资源变得更为稀缺，目前水是京津冀地区经济社会可持续发展的主要制约因素之一。2016 年，北京市、天津市和河北省人均水资源量分别为 161.6 立方米、121.6 立方米和 279.7 立方米，均远低于全国平均水平 2354.92 立方米；京津冀三地水资源总量分别为 29.8 亿立方米、13.0 亿立方米和 138.3 亿立方米[2]，河北省人均水资源量

---

① 《河北省经济年鉴 2017》。

② 《中国统计年鉴》（2011～2017 年）。

和水资源总量均高于北京、天津两市（图 4-5）。

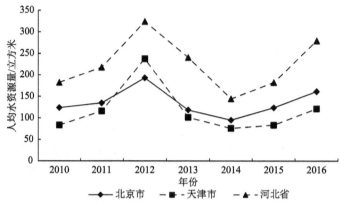

图 4-5　京津冀三地人均水资源量情况

数据来源：《中国统计年鉴》（2011～2017 年）

　　从流域水质来看，京津冀地区地表水污染情况不容乐观。京津冀地处海河流域，包括潮白河、永定河、大清河、子牙河、南运河五大支流。海河流域总体处于中度污染水平，与长江流域、黄河流域、珠江流域等全国其他主要流域相比，海河流域 I～Ⅲ类水质占比最低，劣Ⅴ类水质占比最高，污染程度位于全国十大流域之首（图 4-6）。从 2010～2016 年海河流域各类水质占比变化情况来看，虽然劣Ⅴ类水质占比减少了 3.6 个百分点，但 I～Ⅲ类水质占比均呈下降趋势，水质改善进展缓慢（表 4-9）。

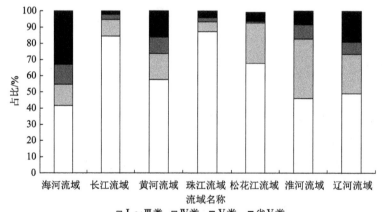

图 4-6　全国各流域水质状况比较

数据来源：《2017 中国生态环境状况公报》

表 4-9　海河流域各水质类别占比　　　　　（单位：%）

年份	I 类	II 类	III 类	IV 类	V 类	劣 V 类
2010	1.8	21.2	14.2	8.4	6.2	48.2
2016	1.4	20.7	11.8	14.7	6.8	44.6

数据来源：《中国环境统计年鉴 2011》和《中国环境统计年鉴 2017》

从京津冀地区水库水质情况来看，北京市域内现有接受监测的 18 个水库中，达到 II 类水质的水库有 12 个，达到 III 类水质的水库有 5 个，达到 IV 类水质的水库有 1 个；其中，密云水库、怀柔水库等保持 II 类水质；官厅水库为 IV 类水质，未达到饮用水标准。河北省域内监测的 11 座水库中，6 座水库达到 II 类水质，5 座水库达到 III 类水质，总体水质良好。天津市于桥水库为 IV 类水质，尚未达到饮用水标准，水库水质改善压力仍然较大（表 4-10）。

表 4-10　京津冀主要监测水库水质情况[①]　　　（单位：个）

地区	I 类	II 类	III 类	IV 类	V 类	劣 V 类
北京市	0	12	5	1	0	0
天津市	0	0	0	1	0	0
河北省	0	6	5	0	0	0

从废水排放情况来看，2016 年京津冀地区废水排放总量为 54.7 亿吨，相比 2011 年增加 11%。其中，工业废水排放量降低 18%，但生活污水排放量增加 38%；城镇生活污水排放量是废水排放量的主要部分，占比达到 81%。2011～2016 年，京津冀三地废水排放量均呈增长趋势，其中天津市废水排放量增长明显，废水排放量增长 36%；北京市次之，废水排放量增长 14%；河北省废水排放量变化相对稳定，废水排放量增长 4%[②]。河北省废水排放总量和废水中主要污染物排放量均高于北京市和天津市，是京津冀地区废水排放的主要来源。虽然北京市废水排放总量高于天津市，但天津市废水中主要污染物排放量均高于北京市，天津市废水中污染物控制工作仍有待加强，在产业结构转型升级的过程中仍需要严格进行内部限排和治污（表 4-11）。

---

① 水质月报[OL]. http://www.bjwater.gov.cn/bjwater/300817/300822/index.html[2018-08-09]；2017 年天津市环境状况公报[OL]. http://hjbh.tj.gov.cn/root16/mechanism/hjjcc/201806/P020180606396540348404.pdf [2018-08-09]；2018 年 2 月河北省水质月报[OL] http://www.hebhb.gov.cn/hjzw/hjjcyyj/hjzlzkyb/201803/P020180326489656564569.pdf[2018-08-09].

② 《中国统计年鉴 2017》。

表 4-11　2016 年京津冀三地废水及主要污染物排放占比（单位：%）

地区	废水排放总量贡献占比	废水中主要污染物排放量贡献占比			
		化学需氧量	氨氮	总氮	总磷
北京市	30.4	14.5	6.8	14.8	9.0
天津市	16.7	17.2	18.9	19.0	20.5
河北省	52.8	68.4	74.4	66.2	70.5

数据来源：《中国统计年鉴 2017》

二、大气环境形势仍然严峻

虽然京津冀地区 2010～2017 年大气主要污染物浓度均呈下降趋势，但是 $PM_{2.5}$、PM_{10}、SO_2 和 NO_2 等大气主要污染物浓度仍高于长三角、珠三角及全国平均水平，空气污染事件频发，空气质量达标天数比例较低。从污染物浓度来看，京津冀地区 $PM_{2.5}$、PM_{10}、SO_2 和 NO_2 浓度较全国污染物浓度平均水平分别高出 49%、51%、39%、52%（表 4-12）。

表 4-12　2017 年全国及重点地区污染物浓度比较　（单位：微克/米^3）

地区	$PM_{2.5}$	PM_{10}	SO_2	NO_2
京津冀	64	113	25	47
长三角	44	71	14	37
珠三角	34	53	11	37
全国	43	75	18	31

数据来源：《2017 中国生态环境状况公报》

京津冀地区主要城市空气质量在全国范围内均处落后地位，全国重点监测的 74 个城市中，空气质量排名后 10 名的城市河北省占了 7 个；天津市和北京市分别排第 60 名和第 56 名，河北省除秦皇岛市和张家口市排名靠前，其他各市排名均落后于北京市和天津市，可见河北省大气污染问题较北京市和天津市更为严重（表 4-13）。

表 4-13　2017 年京津冀主要城市环境空气质量综合指数

地区	综合指数	排名	主要污染物
北京市	5.87	56	$PM_{2.5}$
天津市	6.53	60	$PM_{2.5}$
石家庄市	8.72	74	$PM_{2.5}$

续表

地区	综合指数	排名	主要污染物
邯郸市	8.64	73	$PM_{2.5}$
邢台市	8.57	72	$PM_{2.5}$
保定市	8.32	71	$PM_{2.5}$
唐山市	7.97	70	$PM_{2.5}$
衡水市	7.29	67	$PM_{2.5}$
沧州市	6.89	64	$PM_{2.5}$
廊坊市	6.61	62	$PM_{2.5}$
秦皇岛市	5.86	55	$PM_{2.5}$
张家口市	4.18	16	O_3

数据来源：《2017 中国生态环境状况公报》

　　从京津冀地区空气质量平均达标天数比例来看，空气质量改善甚微。相比 2015 年，2017 年京津冀地区空气质量优良天数比例提高了 3.6 个百分点，轻度污染和严重污染天数比例降幅较大。但 2017 年京津冀地区空气质量平均超标天数比例仍然高达 44.0%，远高于全国平均水平 22%。分年度来看，2016 年空气质量优良天数比例增幅明显高于 2017 年增幅，轻度污染和中度污染天数比例出现回弹，空气质量状况仍不容乐观（表 4-14）。

表 4-14　2015～2017 年京津冀城市环境空气质量优良天数状况（单位：%）

年份	空气质量优良天数比例	轻度污染天数比例	中度污染天数比例	重度污染天数比例	严重污染天数比例	平均超标天数比例
2015	52.4	27.1	10.5	6.8	3.2	47.6
2016	56.8	25.3	8.8	7.0	2.2	43.2
2017	56.0	25.9	10.0	6.1	2.0	44.0

数据来源：《中国生态环境状况公报》（2015～2017 年）

　　北京市大气污染情况虽然整体有所改善，但环境质量达标率较低。2016 年北京市各区 $PM_{2.5}$ 的年均浓度范围在 60～89 微克/米^3，较 2013 年有一定改善，特别是城市发展新区降幅较大，但是各区均未达到国家标准[①]，距年均 35 微克/米^3 的限值仍有一定差距。各区 PM_{10} 年均浓度也出现了显著下降，但仍然均未达到国家标准，$PM_{2.5}$ 和 PM_{10} 治理任务仍然艰巨。2016 年 NO_2

---

① 根据《环境空气质量标准》（GB 3095—2012），$PM_{2.5}$ 二级浓度限值为年均 35 微克/米^3；PM_{10} 二级浓度限值为年均 70 微克/米^3；SO_2 二级浓度限值为年均 60 微克/米^3；NO_2 二级浓度限值为年均 40 微克/米^3。

年均浓度在 28～58 微克/米^3，虽然各区自 2013 年以来 NO_2 年均浓度均下降了一定比例，但是仅平谷、怀柔、密云、延庆四区达到国家标准，NO_2 控制工作亟待进一步推进（表 4-15）。

表 4-15　北京市各区大气主要污染物年均浓度　（单位：微克/米^3）

地区		PM$_{2.5}$年均浓度		PM$_{10}$年均浓度		NO_2年均浓度		SO_2年均浓度	
		2013 年	2016 年	2013 年	2016 年	2013 年	2016 年	2013 年	2016 年
首都功能核心区	东城区	93.6	77	109.6	95	58.0	51	26.8	11
	西城区	91.7	78	112.5	98	59.6	53	28.8	12
城市功能拓展区	朝阳区	91.3	75	112.4	91	64.0	51	29.7	12
	海淀区	98.1	72	115.0	87	63.6	58	26.9	11
	丰台区	96.9	79	118.5	99	57.5	53	28.1	11
	石景山区	92.8	78	116.4	107	63.3	50	24.9	11
城市发展新区	房山区	106.8	83	131.7	102	61.9	57	31.2	15
	通州区	105.7	80	123.5	98	55.8	55	38.6	15
	顺义区	84.8	71	98.5	82	44.8	43	20.8	10
	大兴区	107.8	89	130.3	107	65.7	56	33.7	15
	昌平区	79.2	61	94.7	85	43.5	46	25.9	8
	北京经济技术开发区	104.9	81	123.2	99	57.5	51	33.6	12
生态涵养发展区	平谷区	84.8	70	98.5	85	35.0	30	20.6	11
	怀柔区	76.1	61	95.3	77	37.9	28	22.3	7
	密云区	71.6	61	85.9	75	43.6	32	21.3	8
	延庆区	68.0	60	78.3	74	34.4	34	19.2	10
	门头沟区	91.1	68	114.8	91	51.8	42	24.6	10

数据来源：《2013 年北京市环境状况公报》和《2016 年北京市环境状况公报》

河北省内大气污染情况区域差异明显，南部地区大气污染形势仍然严峻，大气环境亟待改善。2016 年，张家口市、承德市和秦皇岛市的 PM$_{2.5}$ 日均值达标率超过 80%，PM$_{10}$ 达标率超过 87%；其他地区如石家庄市、保定市、衡水市 PM$_{2.5}$ 日均值达标率不到 60%，PM$_{10}$ 日均值达标率仅略高于 60%（表 4-16）。中国环境监测总站发布的 2017 年上半年 74 个城市空气质量状况[①]显示，石

---

① 2017 年上半年京津冀、长三角、珠三角区域及直辖市、省会城市和计划单列市空气质量报告[OL].
http://103.42.78.200/uploadFiles/uploadImgs/201710/30173114ymd3.pdf[2018-09-09].

家庄市、保定市和邯郸市 $PM_{2.5}$ 平均浓度分别达到 99 微克/米^3、100 微克/米^3 和 102 微克/米^3，均未达到国家标准。

表 4-16　2016 年河北省各市空气污染物日均值达标率对比（单位：%）

地区	$PM_{2.5}$	SO_2	NO_2	PM_{10}
石家庄市	53.8	100.0	81.4	60.9
唐山市	67.5	100.0	85.0	71.3
秦皇岛市	83.6	100.0	92.6	87.7
邯郸市	63.7	99.7	89.9	64.2
邢台市	55.7	98.1	81.7	63.9
保定市	52.5	100.0	80.9	60.4
张家口市	94.8	100.0	100.0	90.4
承德市	89.9	100.0	99.5	88.5
沧州市	71.0	100.0	93.7	79.5
廊坊市	70.5	100.0	89.6	81.4
衡水市	52.7	99.8	95.6	64.2

数据来源：《2016 年河北省环境状况公报》

天津市环境空气质量达标率较低，NO_2 浓度需加强控制。虽然 2013～2017 年天津市 $PM_{2.5}$ 和 PM_{10} 浓度总体呈下降趋势，但各区均未达到国家年均浓度标准（图 4-7）；NO_2 浓度除蓟州区外其他各区均未达到国家年均浓度标准（表 4-17），且 2013 年以来 NO_2 浓度降幅不明显，甚至在 2015 年出现了回升，NO_2 减排工作成效甚微。

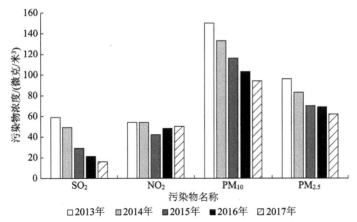

图 4-7　2013～2017 年天津市大气环境四项污染物浓度变化趋势

数据来源：《2017 年天津市环境状况公报》

表 4-17　2016 年天津市大气环境相关指标（单位：微克/米^3）

地区	PM$_{2.5}$	PM$_{10}$	SO$_2$	NO$_2$
和平区	57	86	17	45
蓟州区	60	90	19	39
南开区	61	92	14	44
武清区	61	88	19	48
河北区	61	99	16	53
宁河区	62	91	21	44
宝坻区	62	95	19	45
滨海新区	63	92	16	49
西青区	63	94	15	51
东丽区	63	96	16	51
河东区	64	92	14	49
红桥区	64	96	16	51
河西区	65	93	16	52
津南区	65	98	17	52
北辰区	66	100	18	52
静海区	70	105	16	46

数据来源：《2017 年天津市环境状况公报》

三、能源结构仍需优化

京津冀地区能源消费量持续增加。从京津冀三地能源增长率来看，2016 年北京市、天津市、河北省能源消费总量分别较 2010 年增加了 0.11%、32.2% 和 13.7%，天津市增长幅度最大。从京津冀三地所占能源消费比重来看，河北省为京津冀地区能源消耗最大省份，占比为 66.5%；其次为天津市，占比为 18%[①]。

虽然近年来京津冀地区在能源消费结构和能源使用效率方面有所改善，但能源结构不尽合理、能源利用效率低下的问题仍然突出。2016 年，京津冀地区煤炭消费总量仍维持较高水平，2010～2016 年京津冀煤炭消费量下降 5%，其中河北省、天津市的能源消费更依赖煤炭。从能源利用效率来看，京

---

① 《河北经济年鉴》（2011～2017 年）。

津冀的单位 GDP 能耗整体呈下降趋势，从 2010 年的 0.90 吨标准煤/万元下降到 2016 年的 0.59 吨标准煤/万元，总体效率有所提升，但是与全国平均水平相比仍然处于较低水平。其中，以河北省的能源利用效率最低，2016 年单位 GDP 能耗为 0.93 吨标准煤/万元，高出京津冀地区平均水平 57.6%，高出全国平均水平 97.9%（图 4-8）。

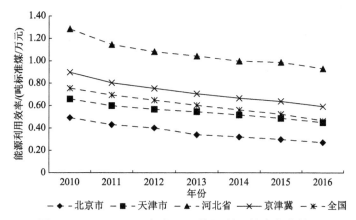

图 4-8 2010～2016 年各地区能源利用效率变化情况

数据来源：《中国统计年鉴》和《河北经济年鉴》（2011～2017 年）

第四节 本 章 小 结

通过整体治理改善区域生态环境，提高生态文明水平，促进绿色循环低碳经济发展，是京津冀协同发展过程中的重要议题。生态环境是京津冀协同发展的重点领域之一。由于自然资源条件的限制、人口的不断增长、城市的不断扩张和长期以来相对粗放的经济发展模式，京津冀地区已成为我国人口与资源环境矛盾最为尖锐的地区之一。针对京津冀地区大气污染、水污染及固废污染等重大生态问题，京津冀三地以改善区域环境质量、提升区域生态水平为首要任务，共同构建和完善环境治理与生态建设领域联防联控体系机制，推动区域生态环境协同治理，全面推动区域生态文明建设，并在大气污染防治、水污染防治、生态环境优化等领域取得显著成效。

然而当前京津冀地区水资源缺乏、大气污染严重、能源消耗巨大等问题仍然存在，成为制约区域协调发展的瓶颈。同时，京津冀生态协同治理长效机制尚未系统性建立，协同治理和保护的成效不佳（李惠茹和杨丽慧，2016；

张予等，2015）。为扩大区域环境容量和生态空间，必须不断加强地区间生态环境保护与治理的协同合作，着眼生态环境治理全局，通过健全生态补偿机制、统一区域环保政策等手段，建立生态环境协同治理的长效机制。在明确资源环境承载力的前提下，合理调控人口规模与城市规模；重点攻克大气环境污染和地表水污染问题，通过调整优化产业结构等手段合理优化能源结构；在划定生态保护红线的基础上，科学布局区域生态空间；坚持生态优先、重点推进雄安新区生态文明建设，打造生态文明建设示范区。

5

第五章
产业协同发展进展

产业转移升级和协同发展是有序疏解北京非首都功能、推动京津冀协同发展的重点领域和关键支撑。产业协同发展的核心是建立起均衡、高效、可持续的产业分工与合作体系，随着京津冀区域协同发展的稳步推进，三地间的产业定位与产业分工日益明晰，地区之间专业化分工水平逐步提高（孙久文和姚鹏，2015；席强敏和李国平，2015；李国平和张杰斐，2015），区域内产业升级与转移工作得到了有效开展。

第一节　工作进展

一、产业升级与结构调整进展

严格实施北京市新增产业禁限目录。2014 年 7 月，北京市率先出台《新增产业的禁止和限制目录（2014 年版）》，以构建"高精尖"产业结构为目标，按四类功能区（首都功能核心区、城市功能拓展区、城市发展新区、生态涵养发展区）分别提出禁止和限制新增的具体产业，对高污染、高能耗、占地效率低下的部分行业做出了区域限制、规模限制和产业环节、工艺及产品限制，对非首都功能增量进行严格禁限。2015 年 8 月，北京市以更加严格的标准对《新增产业的禁止和限制目录（2014 年版）》进行了修订，对一般性制造业和高端制造业中比较优势不突出的生产加工环节加大禁限力度，新增 166 个一般性制造业门类，主要集中在通用设备、专用设备、电气等比较优势不突出的行业；首次对城六区实施统一的禁限措施，并对区域性批发市场、物流基地、部分公共服务功能及部分行政性、事业性服务机构实行禁限。修订后，全市范围内禁止和限制的产业数量在国民经济统计分类中的占比从 32% 上升到 55%[①]。截至 2018 年 1 月，通过严格实施新增产业禁限目录，北京市已累计不予办理登记业务 1.86 万件，累计关停退出一般制造业企业 1992 家，调整疏解各类区域性专业市场 594 家[②]。2018 年 9 月 26 日，《北京市新增产业的禁止和限制目录（2018 年版）》正式发布，进一步规范、细化管理措施和实施细则，提高其可操作性[③]。

调整优化产业结构。2014 年 6 月，北京市出台《北京市文化创意产业功能区建设发展规划（2014-2020 年）》，以文化创意产业功能区建设助力京津冀协同发展。2015 年 5 月 5 日，国务院批复《北京市服务业扩大开放综合试点总体方案》，要求北京市紧紧围绕京津冀协同发展战略，开展服务业、扩大开放综合试点，着力推动北京市服务业现代化和提升服务贸易发展水平，建立健全具有中国特色、首都特点、时代特征的体制机制。2017 年 12 月，京津冀协同发展领导小组办公室发布《关于加强京津冀产业转移承接重点平台建设的意见》，提出北京市将引导创新资源在京津交通沿线主要城镇集聚发展，打造科技研发转化、高新技术产业发展带，推进节能环保等创新资源向天津市宝坻区等区域集聚，打造沿海产业带，支持天津市建设产业创新中心和现代化研发成果转化基地。同时，充分发挥中关村、滨海两个国家自主

---

① 北京发布 2015 年版新增产业禁限目录[OL]. http://www.gov.cn/xinwen/2015-08/25/content_2919252.htm[2018-08-01].

② 北京将修订"史上最严"禁限目录 引入监管评估机制[OL]. http://www.sohu.com/a/219257444_428290[2018-08-01].

③ 北京市人民政府办公厅关于印发市发展改革委等部门制定的《北京市新增产业的禁止和限制目录（2018 年版）》的通知[OL]. http://zhengce.beijing.gov.cn/library/192/33/50/438650/1566810/index.html[2018-10-15].

创新示范区优势，对接河北省要素成本比较优势和承接产业转型升级需求，支持河北省创建国家科技成果转移转化试验区。

二、产业转移与承接工作进展

加快推动京津产业向河北省转移。2016 年 6 月，工业和信息化部、北京市人民政府、天津市人民政府、河北省人民政府联合编制《京津冀产业转移指南》，引导京津冀地区合理有序地承接产业转移，优化产业布局。在此指导下，2016 年，北汽集团（华北）微车产业基地投产运营，北京现代第四工厂完成投资 36 亿元[①]；北京·沧州渤海新区生物医药产业园签约北京医药企业 36 家，13 家企业开工建设，累计完成投资 14 亿元[②]。2017 年，张家口市宣化区承接北汽福田北京工厂产业转移。2018 年 2 月，迁安市与北京政府采购企业协会签约，北京迁安文创共享产业园项目正式落户迁安市。2018 年 3 月，星海钢琴肃宁生产基地项目开工建设。与此同时，河北省永清县抢抓京津冀协同发展重大机遇，高标准规划建设了永清智能控制产业园，积极承接北京市高端智能制造产业转移。目前，北京中科水景科技有限公司、北京众合天成精密机械制造有限公司、中国航天科工集团有限公司等一批高端制造、智能控制项目落户园区。2018 年 3 月，河北省廊坊市京东北方云计算中心项目正式开工，项目总投资 127.4 亿元，试图构建"京津研发，廊坊孵化转化产业化"的协同创新链条[③]。

联合打造 46 个产业转移承接平台。2017 年 12 月，京津冀协同发展领导小组办公室联合举行新闻发布会，发布《关于加强京津冀产业转移承接重点平台建设的意见》，这是京津冀三地首次针对产业转移对接联合制定的综合性、指导性文件。该意见明确三地将联合打造"2+4+46"个产业转移承接平台，包括北京城市副中心和河北雄安新区两个集中承载地，曹妃甸协同发展示范区、北京新机场临空经济区、天津滨海新区、张承生态功能区四大战略合作功能区及 46 个专业化、特色化承接平台。京津冀将按照现代制造业、服务业、农业三个领域分类梳理出一批特色化平台，沿京津、京保石、京唐秦、

① 北京现代：一个沧州工厂带活千亿汽车产业[OL]. http://auto.youth.cn/syqk/sygdxw/201703/t20170330_9385217.htm[2018-08-02].

② 北京·沧州渤海新区生物医药产业园建设再提速[OL]. http://www.czcip.gov.cn/sy/ztbd/20160902091056599kXI.shtml[2018-10-02].

③ 河北廊坊百余重点项目开工[OL]. http://stock.17ok.com/news/815/2018/0330/2632230.html[2018-08-10].

京九方向合力共建现代制造业承接平台，加快推进环首都承接地批发市场、冀中南承接地批发市场聚焦带及环首都 1 小时鲜活农产品流通圈等服务业承接平台建设。目前，46 个承接平台中，共涉及协同创新平台 15 个，现代制造业平台 20 个，服务业平台 8 个，农业合作平台 3 个[①]。

中关村新技术辐射三地企业。北京市于 2014 年与河北省签署《共同推进中关村与河北科技园区合作协议》，于 2016 年与天津市签署协议，共建滨海-中关村科技园和京津合作示范区。中关村围绕新一代信息技术、智能制造和新材料等产业，支持企业在津冀地区开展示范应用，技术辐射作用不断增强。2014 年 8 月，北京中关村产业园与张家口市达成协议，在张家口市张北县建设主体投资约 150 亿元的张北云联数据中心、"京北云谷"云计算与智慧产业基地[②]。2015 年 8 月，北京中关村产业园与河北省承德市在北京市签署推动大数据产业合作协议。2017 年 8 月，京石科技资源创新服务平台建设战略研讨会召开，石家庄市将与中关村天合科技成果转化促进中心开展合作。2018 年 4 月，中关村天合（衡水桃城）科转中心正式成立，旨在加强京津冀三地科技成果转化平台合作，促进更多优质科技成果有效转化。同时，中关村在津冀两地设立分支机构，在产业协同方面开拓新空间。2015 年，中关村企业在河北省、天津市设立 724 家分支机构，而截至 2018 年，分支机构已突破 6100 家[③]。

三、产业合作与协同项目进展

临空经济区成为京津冀产业协同发展的突破点。北京新机场临空经济区重点发展航空物流产业、综合保税区和高新高端产业，旨在打造国家航空科技创新引领区。2014 年 7 月，北京市与河北省签署《共建北京新机场临空经济合作区协议》。2014 年 9 月，三地已实现海关区域通关一体化。2016 年 10 月，国家发改委印发了《北京新机场临空经济区规划（2016-2020 年）》，北京市将与河北省合作共建北京新机场临空经济区，促进京冀两地深度融合发展。2017 年 1 月，北京市人民政府印发《北京市"十三五"时期现代产业

---

① 京津冀联手打造产业转移承接平台[OL]. http://news.163.com/17/1220/18/D64CQFT900018AOQ.html[2018-07-10].

② 河北环京津地区集聚大数据产业[OL]. http://www.qstheory.cn/economy/2015-12/21/c_1117526125.htm[2018-07-10].

③ 翟立新：中关村企业已在津冀两地设分支机构 6 千多家[OL]. http://finance.sina.com.cn/meeting/2018-07-26/doc-ihfvkitx0731660.shtml[2018-08-10].

发展和重点功能区建设规划》，提出重点支持北京新机场临空经济区发展，强化其产业承接能力。2018 年 1 月，北京市商务委员会联合北京市发展和改革委员会、北京市公安局等共同印发了《关于进一步促进展览业创新发展的实施意见》，规划在北京新机场建设集商务、办公及配套设施于一体的综合性会展服务设施。目前，北京市和河北省共同委托有关部门研究编制临空经济区的总体规划和细分产业规划，大兴区已启动相关产业服务配套、交通基础设施的筹建工作。

京津与河北省共建曹妃甸协同发展示范区。2014 年 7 月，北京市与河北省签署《共同打造曹妃甸协同发展示范区框架协议》。2015 年 6 月，北京（曹妃甸）协同发展示范区管理委员会筹备组成立，建立曹妃甸协同发展示范区联席会议制度①。2015 年 9 月 25 日，《北京（曹妃甸）现代产业发展试验区产业发展规划》正式发布，以实现示范区与北京市的同城化发展为远期目标，把北京（曹妃甸）现代产业发展试验区作为深入落实京津冀协同发展战略的重要突破口。2015 年 12 月，曹妃甸区在河北省率先成立行政审批局，22 个部门 154 项行政审批职能全部划转，实现了"一枚公章管审批、一口受理全程服务"，营商环境明显优化②。2017 年 4 月，曹妃甸区与北京市旅游发展委员会正式签署《北京曹妃甸旅游发展战略合作协议》，成为河北省内首个与北京市进行区域旅游产业合作的地区。2018 年 2 月，天津市滨海新区-唐山市曹妃甸区协同发展合作示范产业园揭牌暨投资项目签约在曹妃甸区举行，双方共同为国际生物医药研究院、超算中心、华利岩棉等 7 个合作项目签约，由此将开启滨唐合作发展新时代③。

京津共建滨海-中关村科技园和京津合作示范区。2016 年 9 月，北京市与天津市签署协议，共建滨海-中关村科技园和京津合作示范区，引导北京市金融服务平台、数据中心机构及科技企业、高端人才等创新资源集聚。2016 年 11 月，天津滨海-中关村科技园管理委员会正式揭牌，共 45 个项目集中签

---

① 曹妃甸协同发展示范区开发建设掀热潮 [OL]. http://www.gov.cn/xinwen/2015-10/08/content_2943243.htm[2018-10-10].

② 京津冀协同发展提速 曹妃甸保持稳健发展（下）[OL]. http://www.tsr.he.cn/xinhuats/jj/201602/255835.html[2018-08-25].

③ 唐山曹妃甸天津滨海新区协同发展合作示范产业园揭牌 [OL]. http://hebei.ifeng.com/a/20180203/6356956_0.shtml[2018-08-25].

约①。2017 年 6 月，第二十届北京科博会"2017 京津冀协同创新发展峰会"在北京中关村软件园国际会议中心举行，12 家国内知名京企落户天津滨海-中关村科技园②。2017 年 11 月，中关村发展集团天津产业运营项目、中关村智造大街、中国社会科学院工业经济研究所等 10 个重点项目集中签约落户天津滨海-中关村科技园③。2018 年 4 月，京津滨海-中关村科技园 12330 工作站成立，在严格知识产权保护、协同知识产权运用等方面展开探索。截至 2018年初，园区新增注册企业共计 355 家，注册资本金达到 582 463 万元；注册个体共计 311 家，注册资本金达到 2194 万元，中关村创新资源在津集聚的形势良好④。

完善京津冀产业合作的资金支持、信息共享与政策配套。在资金支持方面，2016 年，河北省设立 PPP 京津冀协同发展基金，基金总规模初步拟定为100 亿元⑤。在信息共享方面，2016 年 9 月 2 日，在北京市成立联合京津冀三地的京津冀文化产业园区（企业）联盟，联盟将为园区提供资源对接、项目推介、信息咨询、招商引资等专业服务，实现信息共享与合作共赢。2016年 4 月，京津冀三地在北京市签署了《京津冀信息化协同发展合作协议》，建立三地信息化工作长效、稳定的合作机制。在政策配套方面，2015 年 7 月，工业和信息化部印发了《京津冀及周边地区工业资源综合利用产业协同发展行动计划（2015-2017）》，推进京津冀及周边地区工业资源综合利用产业和生态协同发展，探索资源综合利用产业区域协同发展新模式。2017 年 3 月，北京市企业发展促进会、天津市中小企业协会与河北省中小企业协会，围绕三地制造业等产业协同发展在天津市签订《战略合作框架协议》。2018 年 3月，北京海关、天津海关制定《提升京津地区跨境贸易便利化水平专项行动工作方案》，通过京津联动进一步优化跨境贸易通关流程，提升京津贸易便利程度。

---

① 天津滨海-中关村科技园管委会揭牌 京津两地科技领域合作深化[OL]. http://www.xinhuanet.com/local/2016-11/23/c_1119972408.htm[2018-07-10].

② 北京科博会-2017 京津冀协同创新发展峰会即将揭幕[OL]. http://www.sohu.com/a/147107786_438251[2018-10-10].

③ 10 重点项目集中落户天津滨海—中关村[OL]. http://www.jjhz-tj.gov.cn/contents/63/72886.html[2018-10-10].

④ 一座新城的底气 天津滨海新区越来越有城市味道[OL]. http://tj.people.com.cn/n2/2018/0226/c375366-31285276.html[2018-10-10].

⑤ 河北设立 PPP 京津冀协同发展基金 总规模初步拟定为 100 亿元[OL]. http://he.people.com.cn/n2/2016/0102/c192235-27448396.html[2018-07-10].

第二节　现 状 特 征

一、区域三次产业总体情况

1. 第一产业占比下降，现代农业稳步发展

"十二五"时期以来，京津冀地区第一产业的总产值和增加值基本呈上升趋势，仅 2015 年略有下降（表 5-1）。2016 年第一产业总产值实现 6916.4 亿元，增加值达 3842.8 亿元，比 2010 年分别增长了 39.59%、35.74%。然而就京津冀地区第一产业占全国比重而言，2010～2016 年其比重总体呈下降趋势，降幅基本超过 0.1 个百分点。

表 5-1　京津冀第一产业产值与增加值（当年价格）

年份	京津冀数值/亿元		京津冀占全国比重/%	
	产值	增加值	产值	增加值
2010	4954.8	2831.1	7.1	7.2
2011	5608.5	3199.9	6.9	6.9
2012	6111.4	3506.4	6.8	6.9
2013	6667.1	3730.2	6.9	6.7
2014	6856.6	3808.0	6.7	6.5
2015	6814.5	3788.0	6.4	6.2
2016	6916.4	3842.8	6.2	6.0

数据来源：《北京统计年鉴 2017》、《天津统计年鉴 2017》和《河北经济年鉴 2017》

从第一产业对区域经济增长的贡献比例来看，京津冀地区的这一比例明显低于全国平均水平，同时三地之间第一产业的贡献比例存在显著差异（图 5-1）。河北省是全国的粮食主产区之一，京津冀地区的第一产业发展主要集中于此，其第一产业增加值占 GDP 比重高于全国平均水平。北京市和天津市由于经济发展水平及产业层次较高，第一产业对本市经济发展的贡献分别不足 1% 和 2%，且近年来发展相对缓慢。

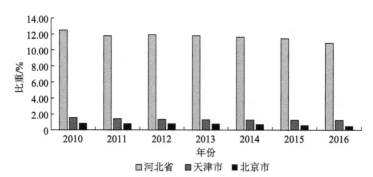

图 5-1　2010～2016 年京津冀三地第一产业增加值占 GDP 比重

数据来源：《北京统计年鉴 2017》、《天津统计年鉴 2017》和《河北经济年鉴 2017》

农业现代化以广泛使用现代农业科学技术为特征，是第一产业发展的基本方向，能够大幅度提高农业生产率。京津冀地区现代农业稳步发展，以农业机械总动力为例，2010～2015 年农业机械总动力不断增长，从 2010 年的 11 015.1 万千瓦，增加至 2015 年的 11 835.8 万千瓦，年均增速 1.5% 左右，在京津冀地区机械已广泛用于农业的耕种、播种、收获等各个方面。到 2016 年，受京津冀地区农业规模整体收缩的影响，其农业机械总动力也有所下降，仅为 8016.5 万千瓦，较 2015 年降低了 32.3%（图 5-2）。

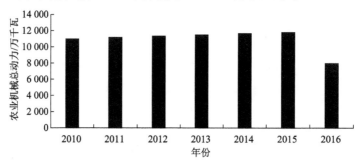

图 5-2　2010～2016 年京津冀农业机械总动力

数据来源：《中国农村统计年鉴》（2011～2017 年）

2. 第二产业结构持续调整

"十二五"时期以来，京津冀地区第二产业增加值逐年增长，仅 2015 年略有下降。到 2016 年，第二产业增加值达到 27 800 亿元。从京津冀第二产业增加值占全国比重来看，2010 年以来一直在 10% 左右，在全国始终保持稳定地位。2010～2013 年这一比重小幅度上升，2013 年后略有下降，2016 年京津冀第二产业增加值占全国比重为 9.4%（图 5-3）。

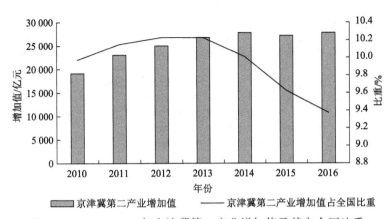

图 5-3　2010～2016 年京津冀第二产业增加值及其占全国比重

数据来源：《中国统计年鉴 2017》《北京统计年鉴 2017》《天津统计年鉴 2017》和《河北经济年鉴 2017》

创新驱动发展战略下京津冀地区第二产业转型升级效果显著。从 2016 年主营业务收入及其占全国同行业的比重来看，重工业仍然是京津冀地区第二产业的主体产业，其中黑色金属冶炼和压延加工业、汽车制造业占比较高，占全国同行业比重分别达到 23%、12%（图 5-4）。京津冀地区矿产资源丰富，为这一区域矿物开采加工与能源生产产业的发展提供了良好的基础，黑色金属冶炼和压延加工业始终是区域产值规模最大的行业；包括电力、热力生产和供应业，金属制品业，黑色金属矿采选业，石油加工、炼焦和核燃料加工业，石油和天然气开采业，燃气生产和供应业，开采辅助活动等在内的相关行业，占全国同行业比重也均超过 10%。在保持传统产业优势的同时，京津冀地区第二产业转型升级的进程加快，电力、热力生产和供应业，以计算机、通信和其他电子设备制造业为代表的高端制造业，以及以农副食品加工业和食品制造业为代表的轻工业在京津冀地区第二产业中也占有较高的比重，先进制造业发展迅猛，第二产业结构逐渐向高端化、智能化方向发展。

3. 第三产业规模不断扩大

随着区域产业结构的调整和优化升级，京津冀地区第三产业规模始终保持平稳扩大的态势，第三产业增加值占 GDP 比重持续高于 50%，并由 2010 年的 50.47% 提高到 2016 年的 58.19%，发展优势日益凸显，产业结构由工业主导型向服务主导型经济转变态势显著。其中，北京市 2016 年第三产业增加值达 20 594.90 亿元，占 GDP 比重已经超过 80%；天津市第三产业增加值达 10 093.82 亿元，占 GDP 比重为 56.44%；河北省第三产业增加值为 13 320.71 亿

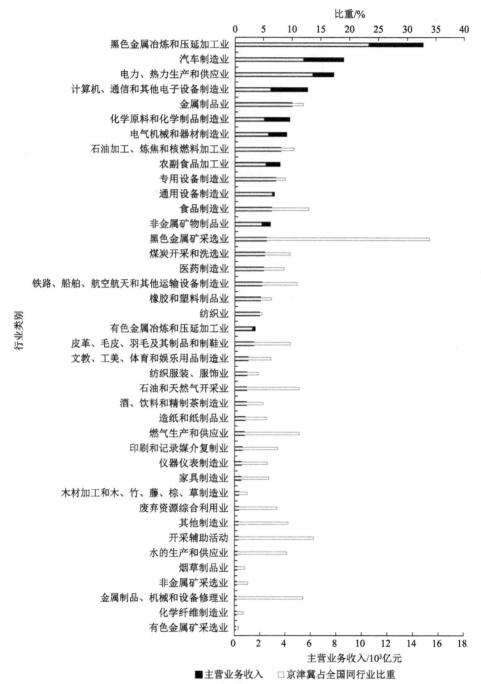

图 5-4　2016 年京津冀规模以上工业分行业状况

数据来源:《中国统计年鉴 2017》、《北京统计年鉴 2017》、《天津统计年鉴 2017》和《河北经济年鉴 2017》

元，占 GDP 比重为 41.54%（表 5-2）。北京市第三产业不管是产值还是占 GDP 比重均远高于天津市和河北省，三地仍存在一定的发展差距。

表 5-2　2010～2016 年京津冀第三产业增加值占 GDP 比重　（单位：%）

年份	北京市	天津市	河北省	京津冀
2010	75.69	45.68	34.88	50.47
2011	76.62	45.83	34.52	50.25
2012	77.07	46.61	35.21	50.98
2013	77.61	47.94	36.01	52.05
2014	78.02	49.18	37.11	53.25
2015	79.73	51.73	40.03	56.15
2016	80.23	56.44	41.54	58.19

数据来源：《北京统计年鉴 2017》、《天津统计年鉴 2017》和《河北经济年鉴 2017》

从第三产业各行业从业人员占京津冀地区第三产业从业人员比重来看，教育、公共管理和社会组织、批发和零售业的从业人员比重始终是第三产业从业人员比重较高的行业，占比始终高于 9.9%。从 2010～2016 年的变化情况来看，金融业，科学研究、技术服务和地质勘查业，信息传输、计算机服务和软件业，以及房地产业的从业人员比重显著提高，显示其行业规模不断扩大，高端化、专业化态势显著（表 5-3）。

表 5-3　2010 年和 2016 年京津冀第三产业从业人员比重

行业类别	比重/%	
	2010 年	2016 年
交通运输、仓储和邮政业	9.75	8.71
信息传输、计算机服务和软件业	5.53	7.06
批发和零售业	9.94	10.59
住宿和餐饮业	4.11	3.42
金融业	6.43	8.54
房地产业	4.33	5.49
租赁和商务服务业	9.87	8.74
科学研究、技术服务和地质勘查业	6.72	8.31
水利、环境和公共设施管理业	2.47	2.28
居民服务和其他服务业	1.80	1.76
教育	15.77	13.26

续表

行业类别	比重/%	
	2010 年	2016 年
卫生、社会保障和社会福利业	6.33	6.55
文化、体育和娱乐业	2.42	2.25
公共管理和社会组织	14.52	13.03

数据来源：《中国统计年鉴 2011》和《中国统计年鉴 2017》

计算 2010 年和 2016 年京津冀地区第三产业主要行业的区位熵，发现京津冀地区第三产业的优势行业主要有信息传输、计算机服务和软件业，租赁和商务服务业，居民服务和其他服务业，科学研究、技术服务和地质勘查业，住宿和餐饮业，文化、体育和娱乐业（表 5-4）。与 2010 年相比，科技和金融服务逐渐成为京津冀产业发展的重要支撑。公共服务业的专业化水平有较大的提升，科学研究、技术服务和地质勘查业，金融业，居民服务和其他服务业，以及文化、体育和娱乐业的区位熵也出现显著增长。

表 5-4 2010 年和 2016 年京津冀第三产业区位熵

行业类别	区位熵	
	2010 年	2016 年
交通运输、仓储和邮政业	1.34	1.25
信息传输、计算机服务和软件业	2.57	2.36
批发和零售业	1.61	1.47
住宿和餐饮业	1.70	1.54
金融业	1.18	1.56
房地产业	1.77	1.54
租赁和商务服务业	2.75	2.18
科学研究、技术服务和地质勘查业	1.99	2.41
水利、环境和公共设施管理业	0.97	1.03
居民服务和其他服务业	2.58	2.83
教育	0.86	0.93
卫生、社会保障和社会福利业	0.86	0.92
文化、体育和娱乐业	1.59	1.82
公共管理和社会组织	0.88	0.95

数据来源：《中国统计年鉴 2011》和《中国统计年鉴 2017》

注：区位熵是根据"年底城镇单位就业人员数"计算所得

二、区域内产业优势与分工

通过计算 2010 年和 2016 年京津冀主要行业区位熵，分析区域内主要行业门类发展优势与分工情况，发现京津冀三地的错位发展和产业分工较为明显，在各自的主导产业选择和产业功能定位方面差异较为显著。北京市属于典型的知识型和服务型地区，在服务业方面具有明显优势；天津市属于加工型地区，制造业发展具有明显优势；河北省在采矿业、电力等资源型产业方面具有明显优势。这为京津冀地区的产业协作提供了较好的基础和条件（表 5-5）。

表 5-5　京津冀主要行业在全国的区位熵（2010 年和 2016 年）

序号	行业类别	北京市		天津市		河北省	
		2010 年	2016 年	2010 年	2016 年	2010 年	2016 年
1	农林牧渔业	0.17	0.32	0.12	0.19	0.44	0.41
2	采矿业	0.16	0.21	1.01	0.56	1.24	1.30
3	制造业	0.56	0.40	1.31	1.27	0.83	0.78
4	电力、燃气及水的生产和供应业	0.44	0.53	0.67	0.69	1.61	1.36
5	建筑业	0.63	0.38	0.51	0.65	0.72	0.84
6	交通运输、仓储和邮政业	1.63	2.02	1.26	1.30	1.00	0.86
7	信息传输、计算机服务和软件业	4.53	1.55	0.77	1.08	0.85	0.94
8	批发和零售业	2.09	2.46	1.47	1.18	1.06	0.56
9	住宿和餐饮业	2.70	4.30	1.47	0.82	0.54	0.65
10	金融业	1.17	1.75	0.94	1.50	1.30	1.35
11	房地产业	3.01	2.30	1.08	1.16	0.49	0.78
12	租赁和商务服务业	5.06	3.71	1.42	1.19	0.40	0.72
13	科学研究、技术服务和地质勘查业	3.16	3.72	1.40	1.71	0.76	1.09
14	水利、环境和公共设施管理业	0.81	0.86	1.03	1.02	1.16	1.23
15	居民服务和其他服务业	2.49	2.58	7.23	7.80	0.85	0.93
16	教育	0.52	0.64	0.66	0.65	1.37	1.42
17	卫生、社会保障和社会福利业	0.66	0.75	0.90	0.73	1.10	1.22
18	文化、体育和娱乐业	2.34	2.80	0.85	0.87	0.95	1.02
19	公共管理和社会组织	0.58	0.64	0.61	0.65	1.36	1.46

数据来源：《中国统计年鉴 2011》和《中国统计年鉴 2017》

北京市第三产业的集聚优势最为显著，其中住宿和餐饮业，科学研究、技术服务和地质勘查业，以及租赁和商务服务业，是比较优势较为突出的行业，2016 年区位熵分别达到 4.30、3.72、3.71。文化、体育和娱乐业，居民服务和其他服务业，批发和零售业，房地产业，以及交通运输、仓储和邮政业，2016 年区位熵均高于 2.00，也是北京市的优势产业。2016 年其他区位熵高于 1.50 的优势产业还包括金融业，信息传输、计算机服务和软件业。由此可以看出，北京市的第三产业体系日趋完备，知识型和服务型特征显著。

天津市的居民服务和其他服务业比较优势最为突出，2016 年其区位熵达到 7.80，而科学研究、技术服务和地质勘查业也具有一定的产业比较优势。与 2010 年相比，天津市制造业的区位熵从 1.31 降低至 1.27，这表明天津市的产业结构虽然已经逐步转型升级，但制造业仍然对区域发展具有重要作用。

河北省的采矿业，电力、燃气及水的生产和供应业，金融业，教育，公共管理和社会组织，以及卫生、社会保障和社会福利业的比较优势突出，2016 年其区位熵分别达到 1.30、1.36、1.35、1.42、1.46、1.22。总体而言，能源依赖型行业仍然是河北省的支柱产业，但随着产业结构转型升级的进程加快，河北省的生产性服务业和公共服务业有了一定的发展，而生活性服务业的发展相对缓慢。

三、区域内产业疏解与转移

北京市具有良好的经济基础和人才资源优势，承担京津冀地区的产业研发、设计、服务等功能，受"大城市病"等因素的影响，北京市面临着产业转型升级和非首都功能疏解的艰巨任务。为此，北京市以中关村国家自主创新示范区为主体，推进高端共性技术研发和关键核心部件研制，同时将部分产业与技术环节转移至天津市和河北省，产业疏解主要集中于信息技术、装备制造、商贸物流、教育培训、健康养老、金融后台、文化创意和体育休闲产业。2015 年以来，北京市与津冀两地的技术合同成交额累计 418.4 亿元，年均增长超过 30%。以河北省为例，2015 年北京市主要行业向河北省的投资总额为 479.1 亿元，其中租赁和商务服务业所占比重最高，达 98.6 亿元，占总投资额的 20.58%；其次为科学研究、技术服务和地质勘查业，占比达到

17.30%。2016 年，北京市向河北省的总投资金额小幅度下降，达到 464.2 亿元（表 5-6）。

表 5-6　北京市主要行业向河北省投资的金额统计① （单位：亿元）

行业类别	2015 年	2016 年
租赁和商务服务业	98.6	88.9
科学研究、技术服务和地质勘查业	82.9	77.5
金融业	43.5	62.0
制造业	61.8	49.2
房地产业	27.0	43.9
交通运输、仓储和邮政业	30.8	28.1
电力、燃气及水的生产和供应业	25.8	27.7
建筑业	58.9	24.3
住宿和餐饮业	21.0	14.8
文化、体育和娱乐业	3.8	12.4
农林牧渔业	11.1	11.6
水利、环境和公共设施管理业	4.7	10.5
信息传输、计算机服务和软件业	3.9	5.8
卫生、社会保障和社会福利业	1.4	5.2
采矿业	0.3	0.9
批发和零售业	1.9	0.7
居民服务和其他服务业	1.7	0.7
合计	479.1	464.2

天津市是北京市产业转移的重要承接地之一，构建了以滨海新区战略合作功能区为综合承载平台、以宝坻中关村科技城等若干专业承载平台为框架的"1+16"承接格局。2015～2016 年，天津市签约引进北京市项目 3198 个②。借助北京市的技术优势，天津市着力打造滨海-中关村科技园，搭建科技型中

① 中关村科技软件股份有限公司于 2016 年 11 月发布的《基于企业工商大数据的 2015 年至今北京市产业疏解统计分析报告》。
② 人民日报：天津 协同发展新算法[OL]. http://www.tj.gov.cn/xw/ztzl/jjj/jjjxw/201702/t20170224_3586280.html[2018-10-01].

小企业孵化平台，推进集成电路设计、生命科学等方面的合作；同时，大力支持天津市武清区打造京津产业新城，承接北京市高新技术企业转移和最新研究成果转化。2018年上半年，北京市、河北省企业在天津市投资项目962个，到位资金631.22亿元。其中，北京市企业在天津市投资项目354个，到位资金590.41亿元；河北省企业在天津市投资项目608个，到位资金40.81亿元[①]。

河北省是京津产业转移的重要承接地，以雄安新区为集中承载地，围绕曹妃甸协同发展示范区和张承生态功能区两大战略合作功能区，建设了邢台邢东新区、保定·中关村创新中心、衡水滨湖新区等承接平台。通过采取"京津研发+河北转化"的模式，吸引京津创新成果向河北省加速聚集，促进京津科技成果在河北省加速转化。2016年，河北省从京津引进项目4100个、资金3825亿元[②]。截至2018年1月，河北省与京津共建各类科技园区55个、创新基地62个，吸引1400家京津高科技企业进驻[③]。其中，曹妃甸协同发展示范区累计承接京津项目256个，总投资3671.58亿元[④]。此外，河北省还积极承接北京区域性批发市场转移，2015年以来累计签约引进北京市商户23 140户，入驻10 150户[⑤]。

在京津冀协同发展的战略背景下，加快区域内的产业转移进程有利于充分发挥三地的比较优势，引导产业有序转移和承接，从而形成空间布局合理、产业链有机衔接、各类生产要素优化配置的发展格局。2017年12月，京津冀三地联合制定了《关于加强京津冀产业转移承接重点平台建设的意见》，明确了"2+4+46"个平台，包括北京城市副中心和河北雄安新区两个集中承载地，曹妃甸协同发展示范区、北京新机场临空经济区、天津滨海新区、张承生态功能区四大战略合作功能区，以及46个专业化、特色化承接平台，这将为进一步引导京津冀区域内产业有序转移与精准对接起到重要作用。

---

① 天津上半年引进北京项目354个[OL]. http://bjrb.bjd.com.cn/html/2018-07/20/content_266485.htm [2018-10-01].

② 京津冀三地政府一把手 共话协同新愿景[OL]. http://bj.people.com.cn/n2/2017/0221/c82840-29743288.html[2018-10-01].

③ "握指成拳"奠千秋伟业——河北省财政多举措支持京津冀协同发展[OL]. https://baijiahao.baidu.com/s?id=1600129085617734385&wfr=spider&for=pc[2018-10-01].

④ 河北建产业转移承接平台[OL]. http://tjtb.mofcom.gov.cn/article/zt_yth/lanmuone/201712/20171202690095.shtml[2018-10-01].

⑤ 河北累计引进2万北京商户[OL]. http://www.sohu.com/a/127746136_114731[2018-10-01].

第三节　主要问题

一、区域内经济发展不平衡

区域之间的产业对接合作需要适宜的发展条件，产业发展的梯度和差异性有利于产业之间的优势互补，但过大的发展差异也会制约区域产业的协同合作。京津冀区域内部三省市间经济发展水平和产业结构都存在显著差距，长期以来导致人才、资金、信息等要素高度向北京市集中，河北省各地级市发展缓慢，中心城市的集聚效应大于辐射带动作用，影响了区域产业协同合作和产业转移的进程。

经济发展水平的差异主要体现在河北省各城市与北京、天津两市之间及河北省内部各地级市之间。对 2016 年京津冀地区 13 个地级以上城市经济总量进行比较，北京市经济总量最大，天津市次之，分别占区域 GDP 的 33.51%和23.35%。河北省经济总量占区域 GDP 的 43.14%，11 个地级以上城市经济总量均不足区域经济总量的 10%。其中，唐山市占 8.3%，石家庄市占 7.73%，分别位居区域第三位和第四位；GDP 总量最小的秦皇岛市仅占区域经济总量的 1.76%，相当于北京市的 5.25%、天津市的 7.54%（图 5-5）。从人均 GDP来看，北京市和天津市仍然位居第一位和第二位，分别为 11.82 万元和 11.51万元；唐山市以 8.10 万元位列第三；河北省其他地级市人均 GDP 均在 6 万元以下。邯郸市、张家口市、衡水市、保定市、邢台市人均 GDP 均在 4 万元以下，

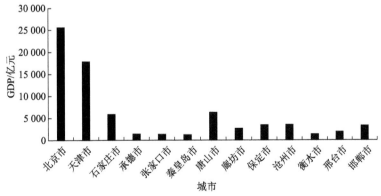

图 5-5　2016 年京津冀地级以上城市 GDP 比较

数据来源：《北京统计年鉴 2017》、《天津统计年鉴 2017》和《河北经济年鉴 2017》

不足北京市的 1/3。邢台市人均 GDP 最低，仅为 2.70 万元。但是总体来看，河北省各地级市与京津两市人均 GDP 的差距明显小于区域 GDP 的差距（图 5-6）。

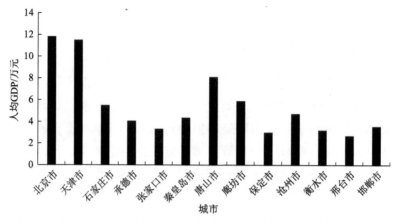

图 5-6　2016 年京津冀地级以上城市人均 GDP 比较

数据来源：《北京统计年鉴 2017》、《天津统计年鉴 2017》和《河北经济年鉴 2017》

京津冀三地处于不同的经济发展阶段，产业结构也存在显著差异，在一定程度上制约了产业间的协同合作。从 2016 年各地级以上城市的三次产业结构来看，京津冀三地产业结构差距突出（图 5-7）。北京市、天津市的第一产业增加值占 GDP 比重仅为 1% 左右，而河北省各城市这一比重除张家口市为 18.14%、承德市为 16.53% 外，其他城市均为 10% 左右。在第二产业增加值占 GDP 比重方面，除北京市仅为 19.26%、秦皇岛市为 34.73%、张家口市为 37.32% 以外，其他各城市的第二产业增加值占 GDP 比重均达到 40% 以上，

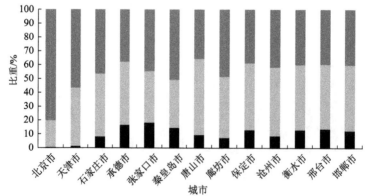

■ 第一产业增加值占GDP比重　　■ 第二产业增加值占GDP比重　　■ 第三产业增加值占GDP比重

图 5-7　2016 年京津冀地级以上城市产业结构

数据来源：《北京统计年鉴 2017》、《天津统计年鉴 2017》和《河北经济年鉴 2017》

其中以唐山市的 55.07% 为最高，河北、天津两地第二产业的经济支撑作用仍然突出。第三产业发展的地区间差异最为明显，北京市、天津市、河北省第三产业增加值占 GDP 比重分别为 80.23%、56.44%、41.54%[①]。其中，河北省除秦皇岛市高于 50% 以外，各城市的这一比重均为 40% 左右，第三产业发展滞后于京津两市。

二、第二产业转型升级压力较大

随着区域产业结构的不断调整，京津冀地区第二产业的转型升级面临严峻挑战，第二产业转型升级压力较大。以产值规模排名前十名和区位熵大于 1 作为定义优势行业的两个标准，可以筛选出京津冀地区的优势工业行业[②]（表 5-7 和表 5-8），主要集中在矿物原材料加工生产、装备制造等制造业，以及与之相配套的能源生产行业中。与 2010 年相比，2016 年京津冀地区汽车制造业发展迅猛，金属制品业取代黑色金属矿采选业成为优势行业，这标志着京津冀地区工业对矿物资源的依赖程度逐步下降；但黑色金属冶炼和压延加工业的产值规模始终居于首位并且区位熵大于 2，是京津冀地区第二产业的典型优势行业。目前，京津冀地区的低端产能比重依然较大，低附加值产能过剩，先进制造业发展缓慢，在一定程度上阻碍了高技术制造业的发展，使得向高附加值产品生产转型的压力增大。

表 5-7　2010 年京津冀第二产业优势行业

地区	行业类别	主营业务收入/亿元	占工业主营业务收入比重/%	区位熵
京津冀	黑色金属冶炼和压延加工业	12 731.10	19.97	2.56
	交通运输设备制造业	5 497.88	8.62	1.09
	电力、热力生产和供应业	4 846.68	7.60	1.31
	石油加工、炼焦和核燃料加工业	3 395.43	5.33	1.27
	煤炭开采和洗选业	2 937.21	4.61	1.36
	黑色金属矿采选业	2 139.63	3.36	3.82

① 《中国统计年鉴 2017》。
② 由于 2015 年全国数据缺乏总产值数据，2010 年和 2015 年产值规模数据采用主营业务收入数据替代。其中，由于 2012 年开始采用 2011 年最新行业代码表，行业门类分类发生了一定变化，主要体现在汽车制造业从交通运输设备制造业中独立出来。

续表

地区	行业类别	主营业务收入/亿元	占工业主营业务收入比重/%	区位熵
北京市	计算机、通信和其他电子设备制造业	2 549.87	17.22	2.18
	交通运输设备制造业	2 250.66	15.20	1.93
	电力、热力生产和供应业	2 127.93	14.37	2.47
	石油加工、炼焦和核燃料加工业	854.50	5.77	1.37
	煤炭开采和洗选业	573.89	3.88	1.15
	专用设备制造业	551.60	3.73	1.22
	黑色金属矿采选业	502.27	3.39	3.86
天津市	黑色金属冶炼和压延加工业	3 105.95	17.93	2.30
	交通运输设备制造业	1 931.93	11.15	1.41
	计算机、通信和其他电子设备制造业	1 740.11	10.05	1.27
	石油和天然气开采业	1 348.82	7.79	5.12
	石油加工、炼焦和核燃料加工业	980.31	5.66	1.35
	金属制品业	703.80	4.06	1.44
	煤炭开采和洗选业	641.12	3.70	1.09
河北省	黑色金属冶炼和压延加工业	9 171.74	29.00	3.71
	电力、热力生产和供应业	2 125.35	6.72	1.16
	煤炭开采和洗选业	1 722.20	5.45	1.61
	黑色金属矿采选业	1 589.50	5.03	5.72
	石油加工、炼焦和核燃料加工业	1 560.61	4.93	1.17

数据来源:《中国统计年鉴 2011》、《北京统计年鉴 2011》、《天津统计年鉴 2011》和《河北经济年鉴 2011》

表 5-8 2016 年京津冀第二产业优势行业

地区	行业类别	主营业务收入/亿元	占工业主营业务收入比重/%	区位熵
京津冀	黑色金属冶炼和压延加工业	14 343.48	15.43	2.89
	汽车制造业	9 742.02	10.48	1.49
	电力、热力生产和供应业	7 227.76	7.78	1.64
	金属制品业	4 809.65	5.17	1.50
北京市	汽车制造业	4 802.00	24.32	3.46
	电力、热力生产和供应业	4 112.34	20.83	4.39
	计算机、通信和其他电子设备制造业	2 715.14	13.75	1.60
	医药制造业	809.03	4.10	1.68
	食品制造业	511.09	2.59	1.25

续表

地区	行业类别	主营业务收入/亿元	占工业主营业务收入比重/%	区位熵
天津市	黑色金属冶炼和压延加工业	3 605.72	13.93	2.61
	汽车制造业	2 342.80	9.05	1.29
	食品制造业	1 468.67	5.67	2.74
	金属制品业	1 442.08	5.57	1.62
	铁路、船舶、航空航天和其他运输设备制造业	1 299.93	5.02	3.01
	通用设备制造业	1 234.28	4.77	1.15
	石油加工、炼焦和核燃料加工业	1 232.70	4.76	1.60
河北省	黑色金属冶炼和压延加工业	10 627.62	22.46	4.20
	金属制品业	3 046.76	6.44	1.87
	电力、热力生产和供应业	2 277.07	4.81	1.01
	纺织业	1 836.00	3.89	1.10
	石油加工、炼焦和核燃料加工业	1 742.31	3.68	1.24

数据来源：《中国统计年鉴 2017》、《北京统计年鉴 2017》、《天津统计年鉴 2017》和《河北经济年鉴 2017》

　　京津冀区域内部，北京市、天津市、河北省第二产业优势行业的差异也比较大。与 2010 年相比，2016 年北京市产业升级的效果最为显著，计算机、通信和其他电子设备制造业，以及电力、热力生产和供应业始终是北京市的典型优势行业，资源依赖型产业被医药、食品制造等高附加值产业所替代。其中，汽车制造业的发展最为迅猛，2016 年主营业务收入达到 4802.00 亿元，位居北京市第二产业的首位。天津市黑色金属冶炼和压延加工业，石油加工、炼焦和核燃料加工业，以及金属制品业始终占据优势地位，食品制造业逐渐取代低端资源依赖型产业，产业升级取得了一定成效。而河北省的产业转型进程则相对缓慢，至 2016 年第二产业仍然以矿物原材料加工生产及配套的能源生产行业为主，资源依赖型产业占绝对主导地位，产业升级面临较大压力。

三、高技术制造业产业协作困难

　　高技术制造业是第二产业转型升级的重要方向，但京津冀三地高技术制造业发展差异大，产业协作的难度较大。根据《中国高技术产业统计年鉴2017》对高技术产业（制造业）的分类，共涉及医药制造业，航空、航天器及设备制造业，电子及通信设备制造业，计算机及办公设备制造业，医疗仪器设备及仪器仪表制造业，以及信息化学品制造业六类。京津冀三地高技术制造业主营业务收入占工业主营业务收入的比重差异较大，2016年北京市和天津市高技术制造业占工业主营业务收入的比重分别为21.82%和14.53%，而河北省这一比重仅为4.46%，导致三地高技术制造业的产业协作面临一定的困难[①]。

从投资额来看，2016年京津冀在电子及通信设备制造业、医药制造业方面投入较多，投资额分别为687.16亿元和553.79亿元，占全国总投资额的5.93%和8.79%。三地的高技术制造业投资额差异较大，河北省在医药制造业、医疗仪器设备及仪器仪表制造业、信息化学品制造业上的投入远高于京津之和，北京市和天津市在电子及通信设备制造业上的投资额相对较高（表5-9）。

表5-9　2016年京津冀各地区及全国高技术制造业的投资额 （单位：亿元）

地区	医药制造业	航空、航天器及设备制造业	电子及通信设备制造业	计算机及办公设备制造业	医疗仪器设备及仪器仪表制造业	信息化学品制造业
京津冀	553.79	69.70	687.16	51.41	210.33	30.74
北京市	31.39	24.46	120.86	6.59	10.35	0.26
天津市	60.49	24.86	248.32	26.24	66.27	3.63
河北省	461.91	20.38	317.98	18.58	133.71	26.85
全国	6 299.15	576.27	11 583.97	1 220.20	2 740.05	367.02

数据来源：《中国高技术产业统计年鉴2017》

从R&D（研究与试验发展）经费支出来看，2016年北京市大部分高技术制造业的R&D经费支出都要高于天津市和河北省，尤其是航空、航天器及设备制造业，电子及通信设备制造业，计算机及办公设备制造业，医疗仪器设备及仪器仪表制造业的自主创新能力相对较强。近年来，河北省对医药制造业、信息化学品制造业的科技研发支出力度较大，已逐渐超过京津两地的支出水平（表5-10）。总体来说，京津冀地区的高技术制造业内部差异较

[①] 《中国高技术产业统计年鉴2017》。

大，各地区发展阶段不一，为产业协作带来了较多困难。

表 5-10　2016 年京津冀各地区及全国高技术制造业的 R&D 经费支出（单位：亿元）

地区	医药制造业	航空、航天器及设备制造业	电子及通信设备制造业	计算机及办公设备制造业	医疗仪器设备及仪器仪表制造业	信息化学品制造业
京津冀	59.65	28.19	93.55	28.21	28.47	2.65
北京市	20.60	17.09	53.78	20.14	17.90	0.40
天津市	17.60	8.84	27.05	7.87	7.84	0.67
河北省	21.45	2.26	12.72	0.20	2.73	1.58
全国	488.47	180.32	1767.03	178.65	249.90	51.37

数据来源：《中国高技术产业统计年鉴 2017》

第四节　本 章 小 结

　　产业转移升级与协同合作是推动京津冀协同发展和疏解北京非首都功能的关键部分，随着京津冀协同发展上升为国家战略，国家和京津冀三地在构建产业合作机制、引导重大项目布局、共建产业园区等方面进行了积极的探索，三地的产业对接协作已经取得了令人瞩目的成果。伴随着经济发展速度放缓，京津冀区域产业结构的优化调整进程也持续推进，第二产业仍是区域经济发展的重要支柱，而第一产业呈逐步缩减态势，第三产业规模则不断扩大；先进制造业、现代服务业和战略性新兴产业已经成为区域产业发展的重点方向。京津冀三地形成了较明显的产业分工和错位发展态势，北京市产业发展呈现出显著的以现代服务业为主导的高端化趋势；天津市产业发展在原有重工业基础上开始呈现出集约化、高端化特征，工业在未来相当长的时期内仍将占据重要地位；河北省工业规模大但产业层次较低，能源导向的产业仍是河北省的支柱产业。

　　随着京津冀产业转移升级和对接合作的不断深化，产业发展的矛盾和瓶颈约束也日渐凸显。针对经济发展差异大、辐射带动作用不足、第二产业转型升级压力较大、高技术制造业区域产业协作困难等问题，京津冀地区产业协同发展应通过区域统筹规划，引导产业升级和转移，根据三地的产业比较优势和资源禀赋差异，完善产业分工体系，提高产业协作能力，围绕产业结构深度调整，建立与现代制造业相配套的现代服务业体系，加快非首都功能向周边地区疏解。京津冀正处于工业化中级阶段向高级阶段的过渡时期，根据钱纳里产业发展阶段理论和发达国家产业发展的规律，这一阶段产业发展的核心驱动力是技术创新。未来京津冀产业发展应实施创新驱动发展战略，以现代服务业和高新技术产业为重点发展领域，实现重化工由规模增长型向效率增长型转变，形成现代制造业产业链和产业集群，构建与世界级城市群相适应的产业体系（李国平，2017）。

6 第六章
创新共同体建设进展^①

在全球化和知识经济时代，创新是经济发展与国际竞争的决定性因素。京津冀地区以首都为核心，形成了联系紧密、分工明确、具有一体化发展趋势的区域经济体，是我国创新要素最密集、产业基础最雄厚、创新产出最丰富的地区。区域内重点高等学校和科研机构众多，高素质劳动力密集，知识创新成果丰富，高科技产业发展迅猛，有潜力发展成为新时期引领我国转型升级发展的重要引擎和参与全球科技竞争的桥头堡。加快京津冀协同创新共同体建设，形成区域创新驱动一体化发展格局，是贯彻国家创新驱动发展战略、推动京津冀地区协同发展的重要举措，是落实北京市科技创新中心功能定位的迫切要求，是建设创新型国家的重大战略支撑，也是系统推进全面改革创新试验的重要任务（李国平，2016a）。当前，京津冀协同创新取得了较大进展，但与形成京津冀协同创新共同体的目标相比，还存在创新资源流动性不足、创新环境亟待衔接、创新合作机制有待完善等问题（孙瑜康和李国平，2017）。

---

① 本章数据如无特殊说明均来自《中国科技统计年鉴》（2011～2017 年）。

第一节 工 作 进 展

近年来，京津冀地区各省市抢抓机遇、主动作为，认真落实《京津冀协同发展规划纲要》，多层面、多领域、多渠道地推进区域协同创新，在京津冀协同创新共同体建设上迈出了坚实步伐，取得了明显成效。

一、三地政府创新协作日益深化

京津冀三地政府在协同创新领域加强联动合作，在重大项目落地、示范区建设、重点产业合作等方面做出部署，从加强顶层设计、深化协同联动、保障项目对接等方面有效推进了京津冀协同创新共同体的建设。在顶层设计方面，2015 年 9 月，北京市科学技术委员会发布《北京市科学技术委员会关于建设京津冀协同创新共同体的工作方案（2015-2017 年）》，指出要围绕有序疏解非首都功能，促进全面提升京津冀区域协同创新能力，形成区域协同创新全新格局[①]。2016 年 7 月，河北省人民政府印发《河北省科技创新"十三五"规划》，指出河北省以建设京津冀协同创新共同体为目标，以协同打造战略性创新平台、创新资源流动共享、重点领域关键技术协同攻关和构建协同创新体制机制为重点，加快推进京津冀协同创新[②]。2016 年 9 月，国务院印发《北京加强全国科技创新中心建设总体方案》，提出充分发挥北京市全国科技创新中心的引领作用，整合区域创新资源，打造京津冀创新发展战略高地，构建京津冀协同创新共同体[③]。2016 年 8 月，北京市落实京津冀系统推进全面创新改革试验方案，出台《中关村国家自主创新示范区京津冀协同创新共同体建设行动计划（2016-2018 年）》[④]。在协同联动方面，京津先后签署《关于共同推进天津未来科技城京津合作示范区建设的合作框架

---

① 关于印发《北京市科学技术委员会关于建设京津冀协同创新共同体的工作方案（2015-2017 年）》的通知[OL]. http://kw.beijing.gov.cn/art/2015/9/10/art_112_300.html[2018-05-09].

② 河北省科技创新"十三五"规划发布 2020 年科技进步贡献率努力达到 60%[OL]. http://www.most.gov.cn/dfkj/hb/zxdt/201607/t20160727_126810.htm[2018-05-09].

③ 国务院关于印发北京加强全国科技创新中心建设总体方案的通知 [OL]. http://www.gov.cn/zhengce/content/2016-09/18/content_5109049.htm[2018-05-09].

④ 关于印发《中关村国家自主创新示范区京津冀协同创新共同体建设行动计划（2016-2018 年）》的通知 [OL]. http://zfxxgk.beijing.gov.cn/110081/zzqgh33/2017-08/02/content_1a5f50da16324745a58b18a31e2e89c8.shtml[2018-05-09].

协议》①和《加强人才工作合作协议（2014 年—2017 年）》②等，京冀签署
《共同打造曹妃甸协同发展示范区框架协议》③等，津冀签署《共同打造津冀
（涉县·天铁）循环经济产业示范区框架协议》④等，京津冀共同签署《京津
冀协同创新发展战略研究和基础研究合作框架协议》⑤等。在项目对接方面，
2015 年 4 月，京津冀三地 16 个总部经济、创新创业、信息技术、电子商务
等产业项目与天津市南开区签约，签约协议金额达 117 亿元⑥。2017 年，北
京市、天津市与河北省签订战略合作协议，支持雄安新区规划建设，京冀确
定了 8 个重点合作领域及一批先期支持项目⑦。

二、创新载体共建初见成效

京津冀通过共建园区、基地、联盟、平台、研究院等创新载体，在产业
转移、创新成果转化和成果共享等方面实现深度融合。

共建园区卓有成效。2016 年以来，京津冀三地共建园区数量显著增加，
发展质量稳步提升。天津市与北京市加强协同合作，共建了一批高水平承接
平台，同时深化部市、院市、市企合作，推动创新平台建设，初步形成了科
技创新园区链，科学有序承接首都技术外溢与产业转移（表 6-1）。

表 6-1 天津市共建产业园区情况

园区名称	产业领域	地点
滨海-中关村科技园	移动互联网、文化创意、生物医药、集成电路、高端制造业等	滨海新区

① 京津合作示范区加快推进 [OL]. http://ydyl.people.com.cn/n1/2017/1205/c411837-29686078.html
[2018-05-09].
② 京津签署合作协议促进区域人才一体化 人才资质互认 [OL]. http://www.tjjr.gov.cn/jrrc/zcjc/
20150825040051217zDc.shtml[2018-05-09].
③ 共同打造曹妃甸协同发展示范区 [OL]. http://www.hbjjrb.com/gedi/TS/201411/738744.html
[2018-05-09].
④ 京津冀已签物流发展 18 项合作协议 含 4 方向[OL]. http://finance.sina.com.cn/china/dfjj/20140901/
113820178559.shtml[2018-05-09].
⑤ 京津冀签协同创新发展战略研究和基础研究合作协议[OL]. http://www.gov.cn/xinwen/2014-08/17/
content_2735570.htm[2018-05-09].
⑥ 南开区"京津冀协同创新" 16 个项目签约 协议金额达 117 亿元[OL]. http://www.banyuetan.org/
chcontent/wh/dt/2015427/132879.shtml[2018-05-09].
⑦ 北京与河北签订协议全力支持雄安建设 [OL]. http://www.gov.cn/xinwen/2017-08/18/content_
5218524.htm[2018-05-09].

续表

园区名称	产业领域	地点
未来科技城京津合作示范区	环境技术、健康医疗、文化教育、旅游休闲度假、高技术研发及高端商务商贸等	宁河区
武清京津产业新城	总部基地、医疗器械、科技创新等	武清区
宝坻京津中关村科技城	新能源、互联网、新材料、先进装备制造和科技服务业	宝坻区
京津冀大数据综合试验区	大数据	滨海新区、武清区、西青区
国家大学创新园区	区域发展科学研究、学科建设和人才培养	武清区
中国科学院北京分院天津创新产业园	中国科学院系统院所分支机构、苏州生物医学工程技术研究所等科研机构的科技成果转化和院企合作	东丽区

2016 年，河北省与京津合作共建各类园区 55 个[①]，涵盖新能源、大数据、智能制造、生物医药、现代服务业等领域（表 6-2），北京现代汽车沧州工厂等一批产业项目建成投产，全年引进京津资金 3825 亿元[②]。2017 年，北京市落实与河北省签订的战略合作协议，加紧学校、医院等项目落地，推进雄安新区中关村科技园建设[③]。2018 年，河北省加快建设石保廊全面创新改革试验区，支持曹妃甸区、渤海新区、正定新区、北戴河新区、衡水工业新区、冀南新区、邢东新区等重大战略平台精准定位、错位承接[④]。

表 6-2 河北省共建园区情况

产业领域	园区名称
新能源	沧州高新区航天神舟太阳能光热产业园
大数据	张北云计算产业园
	承德德鸣大数据产业园
	廊坊经济技术开发区云存储数据中心产业园

① 2016 年河北与京津合作共建各类园区 55 个[OL]. http://world.chinadaily.com.cn/2017-02/21/content_28288570.htm[2018-05-09].

② 河北"十三五"开局良好 去年引进京津资金 3825 亿元[OL]. http://hebei.hebnews.cn/2017-01/09/content_6216301.htm[2018-05-09].

③ 2018 年北京市政府工作报告（全文）[OL]. http://cn.chinagate.cn/reports/2018-03/02/content_50637906.htm[2018-05-09].

④ 河北省政府工作报告[OL]. http://district.ce.cn/newarea/roll/201802/05/t20180205_28055523.shtml[2018-05-09].

续表

产业领域	园区名称
智能制造	石家庄（正定）中关村集成电路产业基地
生物医药	沧州渤海新区生物医药产业园
现代服务业	廊坊京东电子商务产业园
	保定新发地物流园
综合	河北省曹妃甸中关村高新技术产业基地
	保定·中关村创新中心
	雄安新区中关村科技园

产业联盟蓬勃发展。2014 年以来，在政府相关部门和行业协会的促进与指导下，京津冀新组建成立跨省市产业联盟近百个，涉及智能制造、节能环保、建筑设计、旅游营销、产权市场发展、技术交易等诸多领域（表 6-3）[①]。这些产业联盟在促进三地加强技术合作、促进节能减排、破除行政壁垒等方面发挥着重要作用，对于提升区域行业综合竞争力、促进三地产业良性互动和共赢发展具有重要意义。京津冀产业差异化、互补式及创新驱动发展模式初步形成，各类产业联盟将进一步推动京津冀形成全产业链的协同创新发展体系。

表 6-3 京津冀产业联盟概况

成立时间	联盟名称	成立主体
2014 年 10 月	京津冀智能制造协作一体化发展大联盟	河北省机械行业协会、天津滨海新区智能制造产业技术创新战略联盟等 10 个产业协会（联盟）
2015 年 4 月	京津冀钢铁行业节能减排产业技术创新联盟	京津冀三地科技部门
2015 年 7 月	京津冀开发区创新发展联盟	京津冀三地 12 家国家级技术开发区
2015 年 12 月	京津冀石墨烯产业发展联盟	中关村华清石墨烯产业技术创新联盟、东旭光电科技股份有限公司、清华大学、中国科学院、天津大学等
2015 年 12 月	京津冀技术转移协同创新联盟	北京大学科技开发部、北方技术交易市场、河北省科技成果转化服务中心等 26 家单位

科研创新主体持续增加。三地加快建设重点实验室、工程技术研究中心、

---

① 京津冀宜以产业联盟为切入点深化区域产业协同 [OL]. http://news.xinhua08.com/a/20160214/1608041.shtml[2018-05-09].

产业技术研究院和新型研究院,科研创新载体不断增加。2017 年天津市加快建设国家自主创新示范区,科技型企业发展到 9.7 万家,规模超亿元企业 4200 家①。2017 年河北省新增国家级高新技术企业 1079 家,是上一年的 2.5 倍,新增科技型中小企业超过 1 万家,新建省级重点实验室、工程实验室、工程研究中心、产业技术研究院 131 个,新增院士工作站 54 个②。2018 年北京市建设北京量子信息科学研究院、北京脑科学与类脑研究中心,推动国家重大科技基础设施布局建设和发展,承接"航空发动机"和"天地一体化信息网络"等重大项目,强化企业创新主体地位,在石墨烯、新能源汽车、智能电网等领域,新建一批国家技术创新中心、国家制造业创新中心③。

三、产业创新成果转化对接协作日益强化

产业创新成果转化平台建设加快。2014 年 7 月 16 日,天津市东丽区政府与清华大学签署协议联合建设清华大学天津高端装备研究院,并于 2014 年 10 月 28 日在天津市正式注册成立,依托清华大学机械工程系,打造集协同创新、产业孵化、投融资服务为一体的综合性科技转化和产业孵化平台。清华大学天津高端装备研究院先后与万丰奥特控股集团、兰石集团、海尔集团等签署战略合作协议,已有天津清科环保科技有限公司等孵化企业投产。首期科研、科教基地和中试与产业化基地已全面启用④。2016 年天津市引进高水平研发机构,组建产学研用创新联盟 30 个,众创空间达到 139 家⑤。

河北省加快建设河北·京南国家科技成果转移转化示范区。2016 年 10 月,河北·京南国家科技成果转移转化示范区获科学技术部批复,成为全国首批国家科技成果转移转化示范区⑥。2015 年,河北省人民政府与清华大学

① 天津市 2018 年政府工作报告[OL]. http://www.tj.gov.cn/szf/gzbg/201802/t20180202_3620832.html [2018-05-09].

② 河北省政府工作报告 [OL]. http://district.ce.cn/newarea/roll/201802/05/t20180205_28055523.shtml [2018-05-09].

③ 2018 年北京市政府工作报告(全文)[OL]. http://cn.chinagate.cn/reports/2018-03/02/content_50637906.htm[2018-05-09].

④ 清华大学天津高端装备研究院:建世界一流制造业创新中心[OL]. http://www.tj.gov.cn/xw/ztzl/dzcy/scdt/201703/t20170317_3589581.html[2018-05-09].

⑤ 天津市 2017 年政府工作报告[OL]. http://www.tj.gov.cn/szf/gzbg/201701/t20170123_3583797.html [2018-05-09].

⑥ 河北·京南国家科技成果转移转化示范区获批复 [OL]. http://www.most.gov.cn/dfkj/hb/zxdt/201610/t20161025_128423.htm[2018-05-09].

联合共建了清华大学重大科技项目（固安）中试孵化基地，由河北清华发展研究院负责运营管理，该基地以清华大学重大科技成果为主体，重点打造集"创新研发、项目孵化、技术转移、支撑服务"四位一体的产学研合作平台，重点搭建智慧能源、智能制造、新材料、节能减排及医疗健康等领域的创新创业平台，建设军民深度融合项目产业化示范基地。到 2020 年，预计将建成 10 个以上应用研究机构，形成数百人的研发队伍，预计可转移科技成果百余项，其中 20%以上完成中试并进入孵化[①]。

四、创新投融资体系不断完善

京津冀通过支持金融机构开展科技金融创新试点、创新金融服务等方式，拓展创新活动融资渠道，助推京津冀协同发展及科技体系建设。2014 年 12 月，北京市创造性地推出首都科技创新券，用于鼓励北京市小微企业和创业团队充分利用国家级及北京市级重点实验室、工程技术研究中心、北京市设计创新中心及经认定的公共服务机构的资源开展研发活动和科技创新。截至 2017 年底，共投入 1.4 亿元创新券资金，支持了 2400 余个创新券项目。2018 年 4 月，创新券的支持力度提高，覆盖范围进一步扩大[②]。2016 年，北京市推动中关村先行先试金融政策体系与天津市和河北省重点合作区域金融政策对接。京津冀三地联合研究在重点合作园区开展促进天使投资、创业投资发展的税收政策，开展债券品种创新、小额贷款公司跨区域经营等试点[③]。

京津冀三地共同设立成果转化基金，促进创新成果产业化。2016 年，河北省与科学技术部、招商局集团合作建立了首期规模为 10 亿元的科技成果转化引导基金。同年，京津冀协同创新科技成果转化创业投资基金成功注册。河北省各市设立了 13 支科技转化引导基金[④]。2017 年，天津市设立京津冀协同发展基金和京津冀产业结构调整引导基金，加快建设京津冀大数据综合试

---

① 清华大学重大科技项目（固安）中试孵化基地开工奠基[OL]. http://www.lf.gov.cn/Item/7335.aspx [2018-05-09].

② 京津冀三地年内共享创新券[OL]. http://www.beijing.gov.cn/lqfw/gggs/t1526155.htm[2018-06-20].

③ 关于印发《中关村国家自主创新示范区京津冀协同创新共同体建设行动计划（2016-2018 年）》的通知[OL]. http://zfxxgk.beijing.gov.cn/110081/zzqgh33/2017-08/02/content_1a5f50da16324745a58b18a31e2e89c8.shtml[2018-05-09].

④ 京津冀协同创新再提速[OL]. http://www.most.gov.cn/dfkj/hb/zxdt/201702/t20170224_131284.htm [2018-05-09].

验区，推动一大批产业合作项目签约落地[①]。

五、创新资源共享成果丰硕

京津冀加快建设技术交易、技术转移、创业培训中心与科技金融、科技资源共享平台，从信息、人才、资金等方面保障创新资源自由流通。

信息资源共享程度加深。2015 年 10 月，京津冀科技创新公共服务平台在北京市亦庄成立，聚合首都金融、科技、人才等服务资源，精耕细作产业专业服务，促进三地"大众创业、万众创新"。入驻京津冀科技创新公共服务平台的服务机构围绕政策法律、投融资、知识产权、人力资源、会计审计等 18 项内容开展专业服务，机构开展的路演活动中，已有 21 个项目获得共计 2.44 亿元的融资，形成了区域性创新创业活动品牌。截至 2017 年底，京津冀科技创新公共服务平台已经分四批次入驻服务机构 36 家，组织服务活动累计 649 场，服务企业 22 000 余家次，服务人数 45 000 余人次[②]。

京津冀协同发展战略实施以来，三地及所属各市（区、县）积极合作、主动对接，省（市）直属部门及行业系统、各市（区、县）政府和园区、高等学校等单位之间签订了 90 多项人才合作协议，出台了众多人才合作规划，搭建了一系列科技创新人才交流平台，创新人才共享机制日益完善[③]。2016 年 8 月，中关村发布《中关村国家自主创新示范区京津冀协同创新共同体建设行动计划（2016-2018 年）》。在高端人才集聚方面，推动北京市"海聚工程"、中关村"高聚工程"与天津市和河北省高端人才吸引政策交叉覆盖，通过提供科研经费、资金奖励与配套服务等方式，支持入选人才和团队在京津冀三地工作及创业。在人才交流与合作服务方面，三地共同建立京津冀高级专家数据库，搭建三地高层次人才资源交流共享平台，同时建立京津冀人才圈公共服务平台，支持三地公共就业和人才服务机构、青联、社会组织等

---

① 天津市京津冀产业结构调整引导基金设立[OL]. http://tj.people.com.cn/n2/2016/0831/c375366-28924612.html[2018-05-09].

② 数万家企业受益！京津冀科技创新公共服务平台成果丰硕[OL]. http://tech.gmw.cn/2018-03/27/content_28125740.htm[2018-05-09].

③ 京津冀 6 区市分别签署 加强人才合作框架协议[OL]. http://news.youth.cn/jsxw/201704/t20170428_9605902.htm[2018-05-09].

举办人才招聘、沙龙、研讨会、论坛等活动，促进人才互动交流[①]。2017 年 4 月，北京市顺义区与天津市宝坻区、北京市东城区与承德市、天津市南开区与石家庄市分别签署加强人才合作框架协议，将共同开展干部人才培养与交流活动，促进园区人才项目合作与成果落地，联合组织高层次人才引进活动，建立跨区域人才流动的长效机制[②]。2017 年，京津冀三地人才工作领导小组联合发布《京津冀人才一体化发展规划（2017—2030 年）》，这是我国首个跨区域的人才规划，也是首个服务国家重大战略的人才专项规划。这一规划以人才一体化发展机制体制改革及政策联合创新为主线，把握举办冬奥会、建设雄安新区、发展临空经济区等重要契机，围绕高端人才延揽、创新创业等重点领域，提出了 13 项重点工程，包括全球高端人才延揽计划、京津冀人才创新创业支持工程、"圆梦京津冀"菁英计划、高技能人才联合体工程、雄安新区人才集聚工程、冬奥人才发展工程、沿海临港产业人才集聚工程、临空经济产业人才集聚工程等[③]。

三地积极创新资金共享机制。2015 年 9 月 25 日，中关村发展集团联合河北省保定市、张家口市、承德市、邢台市、邯郸市，以及天津市宝坻区、静海区等 14 家地方政府和金融机构共同发起设立中关村协同创新投资基金，基金总规模为 100 亿元，采取母子基金双层架构，"1+1+N"模式，设立了 N 支面向各合作区域的协同发展子基金，促进创新资金共享。协同发展子资金重点投向创客空间和当地优质产业项目等，以资本为纽带吸引社会资本广泛参与协同创新，支持重点合作园区新兴产业发展和创新创业投融资体系建设[④]。在 2018 年，北京市科学技术委员会牵头，联合天津市科学技术委员会、河北省科学技术厅及各地的财政主管部门，启动三地科技创新券共享互认试点工作，形成三地互认的实验室资源目录，建立三地相互衔接的创新券服务体系，鼓励三地企业跨区域开展科技创新活动[⑤]。

---

① 关于印发《中关村国家自主创新示范区京津冀协同创新共同体建设行动计划（2016-2018 年）》的通知 [OL]. http://zfxxgk.beijing.gov.cn/110081/zzqgh33/2017-08/02/content_1a5f50da16324745a58b18a31e2e89c8.shtml[2018-05-09].

② 京津冀地区六区市加强人才合作[OL]. http://finance.people.com.cn/n1/2017/0501/c1004-29246321.html[2018-05-09].

③ 《京津冀人才一体化发展规划（2017—2030 年）》发布[OL]. http://www.heb.chinanews.com/jjjjj/20170707366400.shtml[2018-05-09].

④ 中关村协同创新投资基金在京设立　总规模 100 亿元 [OL]. http://www.chinanews.com/cj/2015/09-25/7545154.shtml[2018-05-09].

⑤ 京津冀三地年内共享创新券[OL]. http://www.beijing.gov.cn/lqfw/gggs/t1526155.htm[2018-06-20].

第二节 现 状 特 征

京津冀地区不断加大创新投入,区域协同创新水平持续提升。区域内企业、高等学校、研究机构等创新主体加强交流合作,强化协同创新。北京市、天津市和河北省的创新产出各具特色,三地形成了差异化互补的创新格局,共同推进创新共同体建设。

一、京津冀区域整体创新水平不断提高

京津冀区域创新资源荟萃,创新投入与创新产出持续增加,区域整体协同创新水平进一步提升,创新共同体建设基础日益稳固。

京津冀地区创新资源富集。京津冀地区创新投入大,R&D 活动人员全时当量和 R&D 经费投入量始终高于全国平均水平。从创新人力资源投入来看,2010～2016 年,京津冀地区 R&D 活动人员全时当量以 7.44%的年均增长率从 31.48 万人年增长至 48.41 万人年,占全国比重有所提升,增长速度也高于全国平均水平 7.21%。从 R&D 经费投入来看,2016 年京津冀地区 R&D 经费内部支出为 2405.33 亿元,达到 2010 年的 1.28 倍,占全国的 15.34%(表 6-4)。资产性支出持续支持创新活动,是创新能力提升的重要基础。2016 年京津冀地区 R&D 经费内部支出中,资产性支出为 349 亿元,占内部支出的 14.51%,比全国平均水平高出 1.9 个百分点,有利于促进京津冀地区创新水平的进一步提升。

表 6-4　2010 年和 2016 年京津冀与全国创新投入情况

项目	R&D 活动人员全时当量/万人年		R&D 经费内部支出/亿元	
	2010 年	2016 年	2010 年	2016 年
京津冀	31.48	48.41	1 873.21	2 405.33
全国	255.38	387.81	7 062.58	15 676.75
占全国比重/%	12.33	12.48	26.52	15.34

与全国平均水平相比,京津冀地区政府对创新活动的支持和投入尤为突

出，而企业的创新主体作用仍需加强。2010 年京津冀地区 R&D 经费内部支出资金中政府资金的比重达 45.04%，虽然 2010～2016 年这一比重呈下降趋势，但 2016 年京津冀地区 R&D 经费内部支出中来自政府的资金达 962.4 亿元，占比为 39.60%，仍远高于全国平均水平（图 6-1）。2010～2016 年，京津冀地区和全国 R&D 经费内部支出资金中企业资金的比重都有所增加，2016 年京津冀地区 R&D 经费内部支出中企业资金为 1295.69 亿元，占全部 R&D 经费内部支出的 53.87%，但仍远低于全国平均水平。

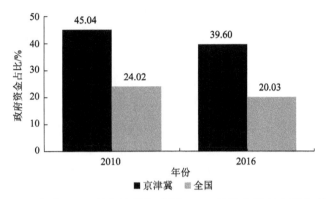

图 6-1　2010 年和 2016 年京津冀与全国 R&D 经费内部支出资金来源对比

京津冀地区创新活动丰富、创新成果丰硕。2016 年京津冀地区 R&D 项目（课题）达 21 万项，占全国的 14.86%；R&D 项目（课题）参加人员折合全时当量为 43.35 万人年，占全国的 12.27%；R&D 项目（课题）经费内部支出为 1942.51 亿元，占全国的 14.20%。从专利成果来看，2010～2016 年，京津冀地区国内专利申请受理数、国内专利申请授权数和国内有效专利数都显著增加，与 2010 年相比，2016 年这几个指标分别增长了 266.63%、215.20% 和 310.39%。国内专利申请受理数、国内专利申请授权数和国内有效专利数占全国的比重，分别增长了 1.99 个、3.20 个和 3.08 个百分点（表 6-5）。从科技论文成果来看，2009～2015 年，京津冀地区被国外主要检索工具（SCI、EI、CPCI-S）收录的科技论文数从 59 960 篇增至 116 348 篇，增长了 94.04%。从产业创新产出来看，京津冀地区高技术产业主营业务收入从 2010 年的 6508 亿元增加到 2016 年的 9907 亿元，增长了 52.23%；工业企业新产品销售收入从 2010 年的 6972 亿元增加到 2016 年的 13 652 亿元，增长了 95.81%。

表 6-5　2010 年和 2016 年京津冀专利数量及在全国所占比重

项目	国内专利申请受理数		国内专利申请授权数		国内有效专利数	
	2010 年	2016 年	2010 年	2016 年	2010 年	2016 年
数量/万件	9.56	35.05	5.46	17.21	15.78	64.76
占全国比重/%	8.61	10.60	7.37	10.57	8.64	11.72

京津冀地区技术市场快速发展，有效促进了科技资源优化配置和科技创新与产业发展相结合。按输出地计算，2010～2016 年，京津冀地区技术市场成交合同数增长了 41.45%，占全国的比重增加了 0.37 个百分点；技术市场成交合同金额增长了 235.02%。按输入地计算，2010～2016 年，京津冀地区技术市场成交合同数增长了 55.51%，占全国的比重增加了 2.30 个百分点；技术市场成交合同金额增长了 218.31%，占全国的比重增加了 1.69 个百分点（表 6-6）。京津冀地区按输出地计算的技术市场成交合同数与技术市场成交合同金额在全国所占比重都远远高于按输入地计算的技术市场成交量，可见其技术输出量始终大于技术输入量，创新成果溢出效应显著，发挥着全国科技创新中心的作用。

表 6-6　2010 年和 2016 年京津冀技术市场交易情况对比

项目	按输出地		按输入地	
	2010 年	2016 年	2010 年	2016 年
合同数/万项	6.49	9.18	4.63	7.20
占全国比重/%	28.27	28.64	20.18	22.48
合同金额/亿元	1358.92	4552.61	730.97	2326.73
占全国比重/%	43.98	39.91	18.71	20.40

二、京津冀地区各主体创新水平有所上升

在区域创新体系中，创新主体是具有创新能力和进行创新活动的组织，主要包括企业、高等学校、科研机构等。主体间协同创新是指产学研不同主体之间的协同合作。京津冀地区创新环境良好，高等学校、科研机构和相关企业等一直在不断探索加强互联互通，各主体协同创新水平不断提升。

京津冀地区规模以上工业企业创新水平稳步提升。2010～2016 年，京津

冀地区规模以上工业企业中有研发机构的企业数从 731 家增至 2542 家,增长了 2.48 倍, 其中天津市有研发机构的企业数量增长较快, 增长了 298.04%。同时, 京津冀地区规模以上工业企业中有 R&D 活动的企业数量从 820 家增至 4907 家, 增长了 4.98 倍, 其中天津市有 R&D 活动的企业数量增长较快, 2010~2016 年增长了 737.14%（表 6-7）。

表 6-7　2010 年和 2016 年京津冀规模以上工业企业创新情况

地区	有研发机构的企业数量/个		增长率/%	有 R&D 活动的企业数量/个		增长率/%
	2010 年	2016 年		2010 年	2016 年	
北京市	233	607	160.52	285	1155	305.26
天津市	204	812	298.04	245	2051	737.14
河北省	294	1123	281.97	290	1701	486.55
京津冀	731	2542	247.74	820	4907	498.41

从创新投入来看, 2010~2016 年, 京津冀地区规模以上工业企业的 R&D 人员从 128 560 人增至 304 251 人, 增长了 1.37 倍, 其中天津市 R&D 人员数量增长较快, 增长了 186.72%。2010~2016 年, 京津冀地区规模以上工业企业的 R&D 经费内部支出从 353.25 亿元增至 913.46 亿元, 增长了 1.59 倍, 其中河北省 R&D 经费内部支出增长较快, 增长了 186.09%（表 6-8）。

表 6-8　2010 年和 2016 年京津冀规模以上工业企业创新投入情况

地区	R&D 人员/人		增长率/%	R&D 经费内部支出/亿元		增长率/%
	2010 年	2016 年		2010 年	2016 年	
北京市	38 675	70 658	82.70	106.14	254.84	140.10
天津市	38 805	111 262	186.72	139.22	349.96	151.37
河北省	51 080	122 331	139.49	107.89	308.66	186.09
京津冀	128 560	304 251	136.66	353.25	913.46	158.59

从创新产出来看, 2010~2016 年, 京津冀地区规模以上工业企业创新产出绝对值大幅度增长。2010~2016 年, 京津冀地区规模以上工业企业新产品开发项目数从 15 077 个增至 29 499 个, 增长了 95.66%；新产品销售收入从 6972.25 亿元增至 13 651.82 亿元, 增长了 95.80%；专利申请数从 14 624 件增至 50 424 件, 增长到原来的 3.45 倍（图 6-2）。

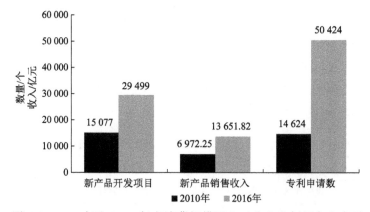

图 6-2 2010 年和 2016 年京津冀规模以上工业企业创新产出水平

京津冀地区科研机构科技产出成果众多，在全国占据绝对优势。2010～2016 年，京津冀地区科研机构由 501 个增至 537 个，占全国比重从 13.56% 增至 14.87%；科研机构从业人员数从 16.7 万人增至 20.73 万人，占全国的比重从 25.14% 增至 26.96%。

从创新投入来看，2010～2016 年，京津冀地区科研机构 R&D 人员增长了 27.46%，2016 年占全国比重达到 29.94%，其中天津市和河北省科研机构 R&D 人员的增长较快，2016 年两地科研机构 R&D 人员相对于 2010 年分别增长了 51.97% 和 54.82%。同时，2010～2016 年，京津冀地区科研机构 R&D 人员全时当量增长了 53.78%，其中天津市的这一指标增长最快，相对于 2010 年增长了 103.13%（表 6-9）。

表 6-9 2010 年和 2016 年京津冀科研机构 R&D 人员情况

地区	R&D 人员/人		增长率/%	R&D 人员全时当量/人年		增长率/%
	2010 年	2016 年		2010 年	2016 年	
北京市	91 971	113 675	23.60	193 718	253 337	30.78
天津市	7 177	10 907	51.97	58 771	119 384	103.13
河北省	6 551	10 142	54.82	62 305	111 384	78.77
京津冀	105 699	134 724	27.46	314 794	484 104	53.78

2010～2016 年，京津冀地区科研机构 R&D 经费内部支出从 447.43 亿元增至 815.15 亿元，增长了 82.18%，2016 年在全国所占比重达到 36.07%，其中天津市增长较快，2016 年天津市科研机构 R&D 经费内部支出相对于 2010

年增长了 90.60%。同时，京津冀地区科研机构 R&D 经费内部支出中资产性支出的比重均有所下降，支出结构有待优化；京津冀地区科研机构 R&D 经费内部支出中政府资金的比重减少，对政府创新投入的依赖性有所减轻，但河北省科研机构 R&D 经费内部支出中政府资金的比重大幅度上升，其创新活动对政府投入的依赖性进一步增强（表 6-10）。

表 6-10　2010 年和 2016 年京津冀科研机构 R&D 经费内部支出情况

地区	R&D 经费内部支出/亿元		增长率/%	资产性支出占比/%		政府资金占比/%	
	2010 年	2016 年		2010 年	2016 年	2010 年	2016 年
北京市	401.71	730.12	81.75	28.76	19.59	88.99	86.47
天津市	24.47	46.64	90.60	28.99	20.04	84.31	80.80
河北省	21.25	38.39	80.66	40.30	25.09	82.43	94.78
京津冀	447.43	815.15	82.18	29.32	19.87	88.42	86.54

2010～2016 年，京津冀地区科研机构创新产出持续增加。2010～2016 年，京津冀地区科研机构出版的科技著作从 1762 种增加到 2680 种，增长了 52.10%，占全国比重增加了 1.97 个百分点；发表科技论文数从 48 919 篇增至 63 023 篇，增长了 28.83%，占全国比重增加了 1.24 个百分点；专利申请数从 7130 件增至 15 533 件，增长了 117.85%；专利所有权转让及许可数从 191 项增至 800 项，增长了 318.85%，占全国比重增加了 13.04 个百分点；专利所有权转让及许可收入占全国比重增加了 7.05 个百分点；有效发明专利数从 7447 项增至 40 786 项，增长了 447.68%，占全国比重增加了 5.02 个百分点（表 6-11）。

表 6-11　2010 年和 2016 年京津冀科研机构创新产出情况

项目	2010 年	2016 年
形成国家或行业标准数/项	2 249	1 512
占全国比重/%	62.58	44.14
出版科技著作种类数/种	1 762	2 680
占全国比重/%	44.93	46.90
发表科技论文数/篇	48 919	63 023
占全国比重/%	34.74	35.98
专利申请数/件	7 130	15 533
占全国比重/%	37.15	29.68

续表

项目	2010 年	2016 年
专利所有权转让及许可数/项	191	800
占全国比重/%	33.39	46.43
专利所有权转让及许可收入/亿元	11.17	3.92
占全国比重/%	38.42	45.47
有效发明专利数/项	7 447	40 786
占全国比重/%	32.84	37.86

　　京津冀地区高等学校创新水平较高，科技创新产出处于全国领先地位。从创新投入来看，2010～2016 年，京津冀地区高等学校 R&D 人员全时当量均有所增加，其中河北省增长最快，相对于 2010 年增长了 44.59%；三地 R&D 人员在应用研究中投入比例最大，始终保持在 50%以上，在基础研究上的投入比例次之，在试验发展上的投入比例最少；北京市在应用研究上的投入比例一直高于其他两省市。2010～2016 年，京津冀地区高等学校 R&D 人员在基础研究上的投入比例有所增加，增加了 4.01 个百分点，在应用研究和试验发展上的投入比例分别减少了 2.40 个百分点和 1.62 个百分点，其中北京市和河北省在基础研究上的投入比例均大幅度增长，在应用研究上的投入比例有所减少，而天津市在基础研究上的投入比例则有所减少，在应用研究上的投入比例有所增加，三地在研发投入方面的侧重点有所不同（表 6-12）。

表 6-12　2010 年和 2016 年京津冀高等学校 R&D 人员情况

地区	R&D 人员全时当量/人年		基础研究/%		应用研究/%		试验发展/%	
	2010 年	2016 年	2010 年	2016 年	2010 年	2016 年	2010 年	2016 年
北京市	30 060	32 327	35.59	41.01	60.24	56.39	4.17	2.59
天津市	8 888	10 355	42.86	40.46	50.27	53.87	6.90	5.67
河北省	7 388	10 682	40.35	45.25	55.39	52.61	4.32	2.14
京津冀	46 336	53 364	37.74	41.75	57.55	55.15	4.72	3.10

注：引用年鉴原数据存在误差，因此表格数据也存在误差，全书余同

　　2010～2016 年，京津冀地区高等学校 R&D 经费内部支出大幅度增加，其中天津市增长最快，相对于 2010 年增长了 153.06%。与 R&D 人员投入一

致，R&D 经费内部支出也主要用于应用研究，其次是基础研究，再次是试验发展。2010 年，北京市高等学校 R&D 经费的 61.35%投入应用研究，远高于其他两省市水平，天津市高等学校 R&D 经费的 16.56%用于试验发展，也显著高于其他两省市水平，河北省高等学校 R&D 经费在基础研究上的投入比例高于其他两市，三地 R&D 经费投入方向差异化显著。2010～2016 年，京津冀高等学校 R&D 经费在基础研究上的投入比例增加了 9.33 个百分点，在应用研究和试验发展上的投入比例则分别减少了 6.43 个百分点和 2.91 个百分点。其中，三地在基础研究上的投入比例均大幅度增加，在试验发展上的投入比例均大幅度减少，但北京市在应用研究上的投入比例大幅度减少，天津市和河北省在应用研究上的投入比例则有所增加，三地在保持应用研究主体地位的同时都更加重视基础研究（表 6-13）。

表 6-13　2010 年和 2016 年京津冀高等学校 R&D 经费内部支出情况

地区	R&D 经费内部支出/亿元		基础研究/%		应用研究/%		试验发展/%	
	2010 年	2016 年	2010 年	2016 年	2010 年	2016 年	2010 年	2016 年
北京市	110.16	160.44	30.31	40.21	61.35	52.99	8.34	6.80
天津市	25.18	63.72	31.83	40.23	51.61	51.72	16.56	8.05
河北省	7.46	15.90	36.23	40.35	55.06	56.36	8.69	3.30
京津冀	142.81	240.06	30.89	40.22	59.31	52.88	9.81	6.90

从创新产出来看，2010～2016 年，京津冀地区高等学校科技创新影响力始终保持较高水平，发表科技论文数增长了 16.63%，占全国比重始终在 14.50%以上；出版科技著作种类数增长了 1.88%，占全国比重始终在 17.05%以上。2010～2016 年，京津冀地区高等学校创新产出行业影响力进一步提升，形成国家或行业标准数增长了 269.86%，占全国比重增加了 15.55 个百分点。2010～2016 年，京津冀地区高等学校创新产出的转化能力也显著提升，专利申请数增长了 122.82%，专利所有权转让及许可数增长了 279.02%，占全国比重增加了 5.16 个百分点；专利所有权转让及许可收入增长了 363.16%，占全国比重增加了 11.75 个百分点（表 6-14）。

表 6-14　2010 年和 2016 年京津冀高等学校创新产出情况

项目	2010 年	2016 年
发表科技论文数/篇	158 071	184 357
占全国比重/%	14.88	14.54
出版科技著作种类数/种	7 449	7 589
占全国比重/%	19.55	17.05
形成国家或行业标准数/项	73	270
占全国比重/%	31.74	47.29
专利申请数/件	11 596	25 838
占全国比重/%	15.94	13.43
有效发明专利数/项	21 389	49 548
占全国比重/%	18.94	20.20
专利所有权转让及许可数/项	224	849
占全国比重/%	12.38	17.54
专利所有权转让及许可收入/亿元	1.14	5.28
占全国比重/%	31.68	43.43

京津冀地区高技术产业发展良好,创新成果丰硕。2010～2016 年,京津冀地区高技术产业企业从 2358 家减至 1961 家,但主营业务收入从 6508 亿元增至 9907 亿元,发展质量显著提升。同时,京津冀地区高技术产业创新投入持续增加,创新产出始终保持较高水平。2010～2016 年,京津冀地区高技术产业 R&D 投入大幅度增加,R&D 机构数增长了 196.59%;R&D 人员折合全时当量增长了 151.83%,占全国比重增加了 2.04 个百分点;R&D 经费内部支出增长了 254.16%,占全国比重增加了 1.24 个百分点;R&D 项目数增长了 122.34%。同时,京津冀地区高技术产业新产品开发项目数、新产品开发经费支出与新产品销售收入均增长了 60%以上。专利申请数增长了 124.32%,有效发明专利数增长了 653.42%,占全国比重增加了 1.27 个百分点。高技术产业施工项目数与高技术产业施工项目投资额均实现了大幅度增长(表 6-15)。

表 6-15　2010 年和 2016 年京津冀高技术产业创新情况

项目	2010 年	2016 年	增长率/%
企业/个	2 358	1 961	-16.84
主营业务收入/亿元	6 508	9 907	52.23
R&D 机构数/个	205	608	196.59
R&D 人员折合全时当量/万人年	2.18	5.49	151.83
R&D 经费内部支出/亿元	67.98	240.76	254.16
R&D 项目数/项	3 191	7 095	122.34
新产品开发项目数/项	3 824	8 186	114.07
新产品开发经费支出/亿元	87.43	250.27	186.25
新产品销售收入/亿元	2 279.08	3 756.29	64.82
专利申请数/件	5 042	11 310	124.32
有效发明专利数/项	3 293	24 810	653.42
高技术产业施工项目数/个	578	1 326	129.41
高技术产业施工项目投资额/亿元	566.90	1 603	182.77
高技术产品进出口贸易额/亿美元	733.21	786.50	7.27

三、京津冀三地创新产出侧重不同

京津冀三地创新投入差异较大，2010 年以来，天津市与河北省不断加大科研投入，R&D 经费投入增长较快。与 2010 年相比，2016 年天津市与河北省的 R&D 经费投入分别增长了 133.48% 和 147.10%，远高于北京市的 80.66%。同时，天津市和河北省的高技术产业投资额相对 2010 年分别增长了 99.07% 和 357.48%，也远高于北京市的 41.61%（表 6-16）。未来天津市、河北省创新投入将继续追赶北京市的水平，进一步缩小京津冀区域内部创新水平差距，促进京津冀协同创新共同体建设。

表 6-16　2010 年和 2016 年京津冀三地创新投入情况

地区	R&D 经费投入/亿元		增长率/%	高技术产业投资额/亿元		增长率/%
	2010 年	2016 年		2010 年	2016 年	
北京市	822	1485	80.66	137	194	41.61
天津市	230	537	133.48	216	430	99.07
河北省	155	383	147.10	214	979	357.48

从创新产出来看，北京市的创新产出水平显著高于天津市和河北省，三地创新产出侧重点不同。三地的产业差异性也较强，北京市知识创新能力优势突出，天津市技术研发和科技成果转化能力明显，河北省技术承接潜力显著，三地科技创新的差异化发展与产业的差异化发展为推动京津冀地区建立科技创新协同发展机制和产学研协同创新合作奠定了良好基础。

北京市侧重于知识创新产出。以科技论文发表数为例，2009～2015 年国外主要检索工具（SCI、EI、CPCI-S）收录的北京市科技论文数增加了 92.57%，达到了 93 502 篇（图 6-3），是天津市的 6.01 倍，是河北省的 12.83 倍，占全国的 18.45%。从专利申请受理和授权情况来看，与 2010 年相比，2016 年北京市国内专利申请受理数与授权数分别增长了 230.09% 和 200.13%，而天津市和河北省的这两个指标相对应分别增长了 310.10%、346.02% 和 261.02%、216.33%，虽然天津市和河北省国内专利申请受理数与授权数的增长速度远高于北京市，但是 2016 年北京市国内专利申请受理数达到了天津市的 1.78 倍和河北省的 3.45 倍；国内专利申请授权数达到了天津市的 2.53 倍和河北省的 3.16 倍，知识创新产出优势非常突出（表 6-17）。

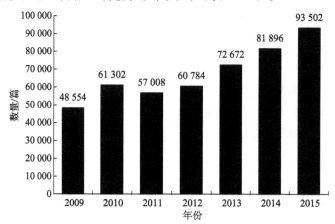

图 6-3　2009～2015 年国外主要检索工具收录的北京市科技论文数

表 6-17　2010 年和 2016 年京津冀专利申请情况

地区	国内专利申请受理数/件		增长率/%	国内专利申请授权数/件		增长率/%
	2010 年	2016 年		2010 年	2016 年	
北京市	57 296	189 129	230.09	33 511	100 578	200.13
天津市	25 973	106 514	310.10	11 006	39 734	261.02
河北省	12 295	54 838	346.02	10 061	31 826	216.33

　　天津市技术研发和科技成果转化能力明显，尤其是高技术产业创新成果转化成效突出。相对于 2010 年，2016 年天津市工业企业新产品开发项目数增长了 74.20%，新产品销售收入增长了 77.98%，工业企业新产品销售收入已达到 5642.83 亿元，比北京市高 38.11%，比河北省高 43.83%（表 6-18）。天津市制造业基础较好，同时具有大量高技术人才和高效的物流体系，为高科技产业的快速发展奠定了良好的基础，随着国家自主创新示范区建设的推进，天津市正大步向全国先进制造研发基地的目标迈进。天津市在高技术产业出口方面也占据领先地位，相对于 2010 年，2016 年天津市高技术产业主营业务收入增长了 64.22%，比北京市的增长速度高 34.98 个百分点[①]；2016 年天津市高技术产业主营业务收入是河北省的 2.05 倍；2016 年天津市高技术产业新产品出口销售收入达到 685.33 亿元，这一指标分别比北京市和河北省高 273.97% 和 883.12%（表 6-19）。

表 6-18　2010 年和 2016 年京津冀工业企业新产品情况

地区	新产品开发项目数/项		新产品销售收入/亿元	
	2010 年	2016 年	2010 年	2016 年
北京市	4 848	10 304	2 495.53	4 085.86
天津市	6 181	10 767	3 170.50	5 642.83
河北省	4 048	8 428	1 306.22	3 923.14

表 6-19　2016 年京津冀产业创新与出口情况

地区	北京市	天津市	河北省
高技术产业主营业务收入/亿元	4309	3762	1836
高技术产业新产品出口销售收入/亿元	183.26	685.33	69.71
高技术产业施工项目数/个	132	628	566
高技术产业投资额/亿元	193.90	429.80	979.41

　　河北省虽然创新投入和产出规模均与北京市和天津市存在一定差距，但技术承接和成果转化潜力巨大，后发优势显著。2010~2016 年，河北省国内专利申请受理数增长了 345.53%，工业企业新产品销售收入增长了 200.38%，高技术产业投资额增长了 357.48%，增长速度均远高于北京市和天津市。随

---

① 《中国科技统计年鉴》（2011~2017 年）。

着京津冀一体化的推进,对河北省的高技术产业投资将越来越密集,2016年,河北省高技术产业投资额达到979亿元,比北京市高404.64%,比天津市高127.67%(表6-20)。河北省通过不断加大创新投入,加速追赶北京市和天津市,将在区域协同创新中发挥越来越重要的作用。

表6-20 2010年和2016年京津冀创新产出和投入概况

地区	国内专利申请受理数/万件		增长率/%	工业企业新产品销售收入/亿元		增长率/%	高技术产业投资额/亿元		增长率/%
	2010年	2016年		2010年	2016年		2010年	2016年	
北京市	5.73	18.91	230.02	2496	4086	63.70	137	194	41.61
天津市	2.60	10.65	309.62	3170	5643	78.01	216	430	99.07
河北省	1.23	5.48	345.53	1306	3923	200.38	214	979	357.48

四、京津冀地区创新环境优良

京津冀地区创新条件成熟,基础设施投入力度大,创新环境优良。2016年京津冀地区在统科技企业孵化器共311个,占全国的9.55%,其中天津市的孵化器数量最多,但北京市在孵化器内企业、在孵企业及在孵企业从业人员、当年获得风险投资额和在孵企业R&D投入上都遥遥领先(表6-21)。

表6-21 2016年京津冀科技企业孵化器主要指标

地区	在统科技企业孵化器/个	孵化器内企业/个	在孵企业/个	在孵企业从业人员/人	当年获得风险投资额/亿元	在孵企业R&D投入/10^3元
北京市	101	7 702	5 316	90 451	70.23	27.36
天津市	108	5 823	5 080	72 251	10.67	14.90
河北省	102	4 125	3 078	53 414	2.32	5.93
京津冀	311	17 650	13 474	216 116	83.22	48.20
京津冀占全国比重/%	9.55	10.16	10.11	10.19	21.56	11.62

京津冀地区创新文化氛围浓厚,科普资源丰富。2016年京津冀地区科普专职人员、科普兼职人员和科技馆数量均占全国的8%以上,科技馆建筑面积、科技馆展厅面积和科技馆当年参观人数均占全国的10%以上,年度科普经费筹集额占全国的20.58%,科普图书出版种数占全国的35.14%,科技活

动周参加人数占全国的 43.63%。其中，北京市在科技馆数量、科技馆建筑面积、科技馆展厅面积、科技馆当年参观人数和年度科普经费筹集额、科普图书（出版种数和出版总册数）、科技活动周参加人数等方面都保持着绝对的领先水平，天津市在科普专题活动次数方面具有优势，河北省则在科普兼职人员数量方面具有优势（表 6-22）。

表 6-22　2016 年京津冀科学普及基本情况

项目		北京市	天津市	河北省	京津冀	京津冀占全国比重/%
科普专职人员/人		9 291	2 404	8 094	19 789	8.85
科普兼职人员/人		45 669	32 238	56 913	134 820	8.28
科技馆数量/个		30	1	9	40	8.46
科技馆建筑面积/平方米		266 907	18 000	53 392	338 299	10.55
科技馆展厅面积/平方米		149 481	10 000	25 941	185 422	11.79
科技馆当年参观人数/万人次		480	47	172	699	12.38
年度科普经费筹集额/万元		251 204	24 504	37 062	312 770	20.58
科普图书	出版种数/种	3 572	551	72	4 195	35.14
	出版总册数/万册	2 870	364	327	3 561	26.40
科技活动周	科普专题活动次数/次	6 774	7 311	4 832	18 917	14.72
	参加人数/万人次	5 854	254	324	6 432	43.63

第三节　主要问题

　　虽然京津冀整体的创新水平取得了很大的进步，但京津冀三地在创新资源上存在极大的差距，存在区域内部创新水平差异明显，企业创新主体地位不够突出，以及产学研协同创新水平有待提高等问题。

一、区域内部创新水平差异明显

　　京津冀三地在创新资源上存在极大差异，三地创新政策和制度存在梯度差异，创新投入与产出水平呈现出明显的梯度层次，北京市创新投入与产出水平占据绝对优势。

　　京津冀地区内部创新投入差异显著。从 R&D 经费投入来看，2016 年北京市的 R&D 经费投入是天津市的 2.76 倍，河北省的 3.87 倍（图 6-4）；同

时，北京市 R&D 经费投入强度达到 5.96%，分别比天津市和河北省高 2.96
个百分点和 4.76 个百分点（图 6-5）。2010 年以来，北京市的 R&D 经费投
入强度长期稳定在 6% 左右，远高于天津市和河北省的投入强度。2010～2016
年，北京市的 R&D 人员全时当量增长了 30.78%；2016 年，北京市的这一指
标分别是天津市的 2.12 倍和河北省的 2.27 倍（表 6-23）。

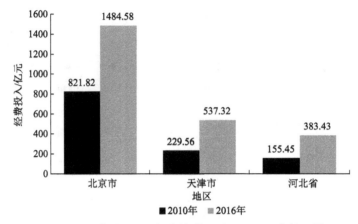

图 6-4　2010 年和 2016 年京津冀三地 R&D 经费投入情况

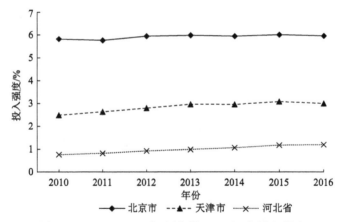

图 6-5　2010～2016 年京津冀 R&D 经费投入强度

表 6-23　2010 年和 2016 年京津冀 R&D 人员全时当量 （单位：人年）

地区	2010 年	2016 年
北京市	193 718	253 337
天津市	58 771	119 384
河北省	62 305	111 384

京津冀地区内部创新产出悬殊。从技术市场输出合同成交额来看，北京市创新成果对外辐射较强。2010～2016 年，北京市技术市场输出合同成交额显著高于天津市和河北省，相对于 2010 年增长了 149.50%。2016 年，北京市技术市场输出合同成交额遥遥领先，占京津冀地区技术市场输出合同成交总额的 86.57%，分别是天津市的 7.13 倍和河北省的 66.80 倍。但天津市和河北省技术市场输出合同成交额增长速度相对较快，相对于 2010 年分别增长了 363.08% 和 205.86%。天津市技术市场输出合同成交额在 2013 年后开始较快增长，河北省的这一指标则在 2014 年后开始较快增长（表 6-24）。

表 6-24　2010～2016 年京津冀三地技术市场输出合同成交额（单位：亿元）

地区	2010 年	2011 年	2012 年	2013 年	2014 年	2015 年	2016 年
北京市	1579.54	1890.28	2458.50	2851.72	3137.19	3453.89	3940.98
天津市	119.34	169.38	232.33	276.16	388.56	503.44	552.64
河北省	19.29	26.25	37.82	31.56	29.22	39.54	59.00

二、企业创新主体地位不够突出

京津冀地区企业的创新水平不断提高，但企业的创新主体地位还不够突出。2010～2016 年，京津冀三地规模以上工业企业的 R&D 经费、R&D 人员、有 R&D 活动的企业数等指标都有较大提升，企业的创新能力不断进步。但目前尚未形成企业主导的自主创新体系，在研发投入方面仍高度依赖政府资金。2016 年京津冀地区 R&D 经费支出结构中，政府资金比重高达 39.60%，远高于全国的 20.03%；与此同时，企业资金所占比重只有 53.87%，低于全国的 76.06%。

从京津冀三地的研发投入资金来源来看，天津市和河北省的企业创新主体地位相对突出，北京市则主要依靠政府投入，企业创新主体地位相对较弱。2016 年北京市 R&D 经费内部支出中政府资金比重达到 54.06%，远高于全国平均水平的 20.03%；企业资金比重仅为 37.97%，远低于全国平均水平的 76.06%。2010～2016 年，天津市和河北省 R&D 经费内部支出中企业资金比重持续增加，分别增加了 2.73 个百分点和 4.69 个百分点，企业创新主体地位不断凸显（表 6-25）。

表 6-25 2010 年和 2016 年京津冀 R&D 经费内部支出来源

地区	政府资金比重/%		企业资金比重/%	
	2010 年	2016 年	2010 年	2016 年
北京市	57.44	54.06	32.91	37.97
天津市	19.23	17.50	74.14	76.87
河北省	17.62	14.55	78.49	83.18
全国	24.02	20.03	71.69	76.06

从京津冀三地规模以上工业企业的结构来看，京津冀规模以上工业企业中有研发机构和有 R&D 活动的比重均低于全国平均水平，企业创新主体地位仍有待提升。其中，北京市规模以上工业企业中有研发机构和有 R&D 活动的比重较大，高于京津冀和全国平均水平。2016 年河北省规模以上工业企业中有研发机构的比重仅为全国平均水平的 46.66%；有 R&D 活动的比重仅为全国平均水平的 50.20%，企业创新能力严重不足（表 6-26）。

表 6-26 2010 年和 2016 年京津冀规模以上工业企业概况

地区	有研发机构的比重/%		有 R&D 活动的比重/%	
	2010 年	2016 年	2010 年	2016 年
北京市	34.37	18.17	42.04	34.58
天津市	25.60	15.62	30.74	39.46
河北省	18.07	7.61	17.82	11.52
京津冀	23.57	10.91	26.43	21.06
全国	27.60	16.31	28.31	22.95

三、产学研协同创新水平有待提高

京津冀地区高等学校和科研机构的创新水平不断提升，但企业对高等学校和科研机构的研发投入水平仍较低，高等学校和科研机构的创新成果转化能力有待提升，产学研协同创新不足。

京津冀地区各创新主体研发投入与产出协同不足，产学研一体化进程缓慢。京津冀地区高等学校和科研机构在研发投入方面高度依赖政府拨款，R&D 经费中企业投入占比较低，企业与高等学校、科研机构之间的交叉合作进程缓慢（表 6-27）。

表 6-27　2010 年和 2016 年京津冀高等学校与科研机构创新投入来源情况

项目	2010 年	2016 年
高等学校 R&D 经费内部支出中企业投入占比/%	27.33	29.82
科研机构 R&D 经费内部支出中企业投入占比/%	1.10	1.79

京津冀地区高等学校和科研机构的知识创新产出丰富，但产业化程度较低。2010～2016 年，京津冀高等学校和科研机构发表科技论文数增长了 19.51%；专利申请数增长了 120.93%，知识创新产出持续增加。但从转化效果来看，相比 2010 年，2016 年京津冀高等学校和科研机构的专利所有权转让及许可收入减少了 25.26%，创新成果产业化程度有所下降（表 6-28）。从英国剑桥科学城、瑞典西斯塔科学城等国外成功的创新地区来看，高等学校、科研机构与企业之间的良好互动是地区综合创新能力提升的关键。而京津冀地区高等学校和科研机构的创新活动以基础研究为主，应用研究不足，与产业发展的实际需求并没有形成良好对接，成果转化率不高。

表 6-28　2010 年和 2016 年京津冀高等学校和科研机构创新产出与转化情况

项目	发表科技论文数/篇		专利申请数/件		专利所有权转让及许可收入/亿元	
	2010 年	2016 年	2010 年	2016 年	2010 年	2016 年
科研机构	48 919	63 023	7 130	15 533	11.17	3.92
高等学校	158 071	184 357	11 596	25 838	1.14	5.28
合计	206 990	247 380	18 726	41 371	12.31	9.20

第四节　本 章 小 结

京津冀三地政府日益重视区域创新共同体建设，从体制机制、平台通道、资金融通等方面开展合作，促进区域内信息、人才、资金等创新资源自由流动。随着京津冀协同发展的不断深入，京津冀区域协同创新水平的持续提升与主体协同创新水平的不断提高为创新共同体建设创造了良好的条件，京津冀创新共同体建设也取得了重大进展并进入新的发展阶段。京津冀各具特色的创新产出侧重点与差异化的产业发展方向为三地在产业转移、创新成果转化等方面的协同合作奠定了坚实的基础，未来有望形成错位、梯度显著的区域协同创新体系，成为具有示范效应的区域创新共同体。

　　同时无法忽视的是，京津冀创新共同体建设目前仍面临诸多挑战。一是区域内三地创新投入与产出水平悬殊，不利于区域协同创新水平的进一步提升；二是京津冀地区尚未确立企业主导的创新体系，企业自身创新能力不足，与高等学校和科研机构的合作不够紧密，不利于区域内创新水平的提升和创新成果的转化；三是创新人才缺失不利于区域创新可持续发展，尤其是河北省的创新人才严重不足，成为制约河北省创新水平提升和区域协同创新的主要障碍。在京津冀协同创新共同体的建设道路上，有必要加大河北省创新投入力度，提升自身创新能力，缩小与北京市和天津市创新产出水平的差距，促进区域内创新合作和创新成果转化衔接；通过提升经济发展水平，完善基础设施和公共服务等手段，优化创新软环境，不断增强河北省对优质创新人才的吸引力；建立和完善区域创新资源共享机制，促进人才、技术、资金、设备等创新资源的合理共享和自由流动；利用市场手段积极鼓励企业加大创新投入力度并加强与高等学校和科研机构的协同创新，加强官产学研用的有机结合，促进科技成果的有效转化。区域协同创新体系和模式也有待进一步突破，围绕重点领域，突破协同创新障碍，实现区域创新共同体的体制机制保障（颜廷标，2016；祝尔娟和鲁继通，2016）。

7 第七章
体制机制创新进展

京津冀三地的协同发展，本质上是打破行政藩篱、形成合作共赢的发展格局。长期以来体制机制层面的诸多不畅，割裂了三地的内在经济联系，阻碍了协同发展的道路。体制机制创新是有序疏解北京非首都功能、推动京津冀协同发展的制度保障，是整合协调三地发展需求的顶层设计和制度安排。但与此同时，京津冀体制机制创新也存在瓶颈与不足，利益分配、生态补偿等体制机制的不健全与不完善，在一定程度上影响和制约了区域协同发展的进程（毛汉英，2017；杨志荣，2017）。

第一节 工 作 进 展

一、体制机制创新进展

京津冀三地积极响应党中央和国家的号召，推动区域一体化体制机制创新，在行政管理协同机制、基础设施互联互通机制、生态环境保护联动机制等方面都取得了突出的工作进展，有效破除了制约协同发展和要素流动的体制机制障碍，逐步建立起优势互补、互利共赢的区域一体化发展制度体系。

建立稳定的行政管理协同机制。京津冀三地从土地、人才、公共服务、行政审批等多个角度推动一体化机制的构建，打造区域体制机制高地。2016年3月，北京市人民政府下发《北京市人民政府办公厅关于加快发展对外文化贸易的实施意见》，明确实施京津冀区域通关一体化改革，实现三地海关信息互换、监管互认、执法互助。同时，京津冀协同发展领导小组办公室等部门建立三省市常务副省（市）长定期会晤、京津冀协同发展领导小组办公室主任联席会议、各部门常态化会商的"3+1"定期会商等制度，以稳定的行政协同沟通机制促进信息互通与行动统一①。2016年4月，北京市和河北省人力资源和社会保障部门联合发布《京冀跨地区劳动保障监察案件协查办法》，进一步规范京冀跨地区劳动保障监察案件协查工作，提高劳动保障监察案件办理的质量和效率。2017年8月，京冀两地签署《关于共同推进河北雄安新区规划建设战略合作协议》，北京市在工作机制、科技创新、交通、生态、产业、公共服务、规划和干部人才交流八个领域全面支持雄安新区建设②。

实现交通基础设施互联互通。2015年12月，国家发改委和交通运输部联合发布《京津冀协同发展交通一体化规划》，计划到2020年基本形成多节点、网格状的区域交通网络。在公路交通方面，2016年6月，京津冀三地区域交通一体化统筹协调小组第三次联席会议审议通过了《京津冀交通一体化京津冀交通基础设施（公路）项目库管理办法》等，商定建立京津冀跨行政区域交通基础设施（公路）项目管理平台体系，实现京津冀公路项目管理的制度化、规范化和动态化③。在轨道交通方面，2016年11月，《京津冀地区城际铁路网规划》获得批复，"1小时京津冀区域交通圈"初步形成④。自

① 人民日报评论员：走好协同发展的新路[OL]. http://theory.people.com.cn/n1/2017/0220/c40531-29092596.html[2018-08-15].

② 京冀签署战略合作协议 8 大合作领域推进雄安新区规划建设[OL]. http://china.cnr.cn/NewsFeeds/20170822/t20170822_523913362.shtml[2018-08-15].

③ 首都大外环三条路接线位置确定 京津冀交通一体化再提速[OL]. http://www.xinhuanet.com//local/2016-06/15/c_129063868.htm[2018-11-16].

④ 习近平指导京津冀协同发展这几年[OL]. http://www.xinhuanet.com/politics/2017-09/25/c_1121717220.htm[2018-10-02].

2017年12月30日起，京津冀互通卡可在北京市地面公交、轨道交通及接入省级平台城市的指定线路使用[①]。

形成统一的生态环境保护联动机制。2014年9月，国家发改委、农业部和环境保护部印发《京津冀及周边地区秸秆综合利用和禁烧工作方案（2014-2015年）》，促进京津冀大气污染防治。河北省制定散煤、焦化行业、露天矿山、道路车辆污染整治专项行动方案，实施"减煤、压能、治企、降尘"等综合整治措施，空气质量得到进一步改善[②]。2015年12月，京津冀三地环境保护局（厅）正式签署《京津冀区域环境保护率先突破合作框架协议》，以大气、水、土壤污染防治为重点开展联防联控，改善区域生态环境质量。2016年3月，财政部、环境保护部、水利部联合发布《关于明确滦河流域国土江河综合整治试点总体目标和重点任务的通知》，同时河北省与天津市共同拟定了引滦入津水环境补偿实施方案。2018年1月，河北省开始向企业征收环保税，将大气、水主要污染物的税额标准分为三档，其中与北京市相邻的13个县（市、区）、雄安新区及与之相邻的12个县（市、区）执行一类标准[③]。

产业发展与疏解转移同步推进。随着北京城市副中心和河北雄安新区的建设，三地的多个产业合作平台逐渐落地。2014年6月，北京市人民政府出台《北京市文化创意产业功能区建设发展规划（2014-2020年）》，以文化创意产业功能区建设助力京津冀协同发展。2016年9月，京津冀旅游协同发展第六次工作会议通过了《京津冀旅游协同发展行动计划（2016-2018年）》，三地17个县（市、区）将携手开展试点示范工程，共建旅游协同发展示范区[④]。例如，北京市平谷区携手天津市蓟县和河北省兴隆县、遵化市、三河市共五县（市、区）共同编制《京东休闲旅游区建设行动计划（2016年-2018年）》，打造"京东休闲旅游区"[⑤]。2017年12月，北京市与津冀两省市共同制定《关

---

① 持标有"交通联合"标识的京津冀互通卡均可乘坐北京地面公交、轨道交通等线路[OL]. http://www.sohu.com/a/213640081_99921063[2018-08-27].

② 河北省贯彻落实中央环境保护督察组督察反馈意见整改工作进展情况[OL]. http://dflz.mep.gov.cn/gkml/hbb/qt/201705/t20170525_414790.htm[2018-08-15].

③ 河北：分三类区域实施三档环保税额标准[OL]. http://www.gov.cn/xinwen/2017-12/07/content_5245010.htm[2018-08-15].

④ 京津冀旅游协同发展第六次工作会议召开[OL]. http://www.bjta.gov.cn/xwzx/xwyl/384974.htm [2018-08-27].

⑤ 京津冀携手打造京东休闲旅游区[OL]. http://www.xinhuanet.com/2016-01/06/c_1117680377.htm [2018-10-10].

于加强京津冀产业转移承接重点平台建设的意见》，初步明确了"2+4+46"个产业转移承接平台，打造包括北京城市副中心和河北雄安新区两个集中承载地、四大战略合作功能区及 46 个专业化、特色化的承接平台①。

三地创新链正实现深度融合。2015 年 9 月，北京市科学技术委员会研究制定《北京市科学技术委员会关于建设京津冀协同创新共同体的工作方案（2015-2017 年）》，大力促进创新驱动发展。2015 年 10 月，京津冀科技创新公共服务平台在北京市亦庄正式成立，截至 2018 年已分四批次入驻服务机构 36 家，累计服务企业 22 000 余家次②。2015 年 11 月，河北省委下发《中共河北省委关于制定河北省"十三五"规划的建议》，计划开展石家庄市、保定市、廊坊市国家全面创新改革试验，加快推进河北·京南科技成果转化试验区建设。2016 年 6 月，《国务院关于京津冀系统推进全面创新改革试验方案的批复》发布，指出要建立健全区域创新体系，推动形成京津冀协同创新共同体③。2016 年 7 月，国家发改委、科学技术部批复《河北省系统推进石保廊全面创新改革试验方案》，石保廊列入国家 8 个全面创新改革试验重点区域之一。2016 年 9 月，科学技术部批复河北·京南科技成果转移转化试验区部省共建，并将其纳入"国家科技成果转移转化行动计划"的总体布局。

稳步推进区域人才一体化建设。2016 年 6 月，北京市委发布《中共北京市委关于深化首都人才发展体制机制改革的实施意见》，提出要制定京津冀人才一体化发展规划纲要，根据三地产业准入目录动态调控和优化人才结构。2016 年 8 月，京津冀三地外国专家局在北京市签署《外籍人才流动资质互认手续合作协议》，优化外籍人才流动的办事程序④。2016 年 10 月，三地人力资源和社会保障部门分别签署《推动人力资源和社会保障深化合作协议》和《专业技术人员职称资格互认协议》等系列协议，深化区域人才交流，实现专业技术人员职称资格互认⑤。2017 年 7 月，京津冀三地人才工作领导小组联

---

① 北京举行《关于加强京津冀产业转移承接重点平台建设的意见》发布会[OL]. http://www.scio.gov.cn/xwfbh/gssxwfbh/xwfbh/beijing/Document/1613953/1613953.htm[2018-09-10].

② 亦庄探路科技服务连接实体经济[OL]. http://www.sohu.com/a/224431891_115865[2018-08-15].

③ 国务院关于京津冀系统推进全面创新改革试验方案的批复[OL]. http://www.gov.cn/zhengce/content/2016-07/04/content_5088043.htm[2018-11-16].

④ 京津冀三地签订合作协议 高端外国人才流动实现资质互认[OL]. http://www.xinhuanet.com//local/2016-09/02/c_129266966.htm[2018-08-15].

⑤ 京津冀签署人社合作协议 推进三地一体化进程[OL]. http://www.sohu.com/a/117991026_120702[2018-08-12].

合发布《京津冀人才一体化发展规划（2017-2030 年）》，这是我国首个跨区域的人才规划[①]。2017 年 12 月，通武廊高层次人才服务绿卡授卡仪式在河北省廊坊市成功举行，发放对象为用人单位从国内外引进或培养的获得省部级以上人才称号的高层次人才，持绿卡的高层次人才可在通武廊三地间流动，享受三地相应的人才政策[②]。

公共服务领域开启一体化改革。京津冀地区在公安、民政、教育、卫生医疗等多方面开启一体化改革，公共服务一体化水平有所提高。2016 年 1 月，京津冀公安机关签订警务协同发展框架协议，建立全国首个警航区域合作平台[③]。2015 年 11 月，京津冀三地民政部门签署《京津冀民政事业协同发展合作框架协议》，在救助、养老、防灾减灾等十大重点领域进行合作[④]。同年，北京市与河北省签署《京冀两地教育协同发展对话与协作机制框架协议》，鼓励在京高等学校通过合作办学、学科共建、教师交流挂职等模式开展区域教育合作[⑤]。2016 年 9 月，京津冀三地成立京津冀地区检验结果互认工作专家委员会，联合发布首批临床检验互认项目名单及医疗机构[⑥]。2016 年 10 月，京津冀三地在天津市签署《京津冀行政审批制度改革协同发展战略合作共识》，推动行政审批改革和进一步"放管服"的协调合作[⑦]。2017 年 11 月，京津冀三地民政部门联合印发《关于增设京津冀养老服务协同发展试点机构的通知》，增设 6 家协同发展试点养老机构[⑧]。

① 京津冀人才一体化加快推进[OL]. http://dangjian.people.com.cn/n1/2018/0514/c117092-29987484.html[2018-09-10].

② 通武廊发放高层次人才服务绿卡[OL]. http://www.xinhuanet.com/local/2017-12/22/c_129772375.htm[2018-08-15].

③ 公安部：京津冀签订框架协议 加强警务协同发展[OL]. http://politics.people.com.cn/n1/2016/0125/c1001-28083182.html[2018-09-10].

④ 京津冀签署民政事业协同发展合作框架协议[OL]. http://www.xinhuanet.com/gongyi/yanglao/2015-12/21/c_128552087.htm[2018-07-23].

⑤ 京冀建立教育协同发展对话与协作机制[OL]. http://www.xinhuanet.com/local/2015-10/17/c_1116853369.htm[2018-07-23].

⑥ 京津冀三地 132 家医疗机构"十一"起互认临床检验结果[OL]. http://bj.people.com.cn/n2/2016/0906/c233081-28952426.html[2018-08-15].

⑦ 京津冀签署行政审批制度改革协同发展战略合作共识[OL]. http://www.tj.xinhuanet.com/news/2016-10/12/c_1119701050.htm[2018-07-23].

⑧ 京津冀养老服务协同发展提速[OL]. http://m.xinhuanet.com/he/2017-11/13/c_1121943986.htm[2018-10-10].

二、先行先试平台建设

开展试点示范是有序疏解北京非首都功能、推动京津冀协同发展的有效举措。按照《京津冀协同发展规划纲要》的部署，北京市与河北省共建曹妃甸协同发展示范区，北京市密云区、延庆区和河北省张家口市、承德市共建生态文明先行示范区，北京市和天津市共建滨海-中关村科技园和京津合作示范区，北京市和河北省开展北京新机场临空经济区改革试点。各平台先行先试工作均稳步推进，取得了较为显著的成效。

1. 曹妃甸协同发展示范区

2014 年 7 月，北京市与河北省签署《共同打造曹妃甸协同发展示范区框架协议》，明确了在曹妃甸区共建现代产业试验区、中关村高新技术产业基地等七个方面的合作内容。2015 年 3 月，北京市与河北省共同研究曹妃甸协同发展示范区建设推进体制机制的有关工作，在省市层面建立曹妃甸协同发展示范区联席会议制度[①]。2015 年 6 月，北京（曹妃甸）协同发展示范区管理委员会筹备组成立[②]。2015 年 9 月，《北京（曹妃甸）现代产业发展试验区产业发展规划》发布，以实现示范区与北京市的同城化发展为远期目标[③]。

曹妃甸区已基本形成和京津的产业协同联动。2015 年 8 月，首钢京唐二期项目正式启动，北京（曹妃甸）现代产业发展示范区 15 个重点项目在曹妃甸工业区集中开工[④]。2016 年 1 月，以"协同发展、合作共赢"为主题的曹妃甸协同发展示范区承接北京行政副中心产业转移对接会在北京市通州区举行，曹妃甸区人民政府与中关村科技园区通州园管理委员会签订关于疏解非首都功能推进曹妃甸协同发展示范区建设框架协议，旨在共同把曹妃甸打造成首都战略功能区和协同发展示范区[⑤]。2016 年 7 月，以"产业协同、合作

---

① 京冀两省市领导在曹妃甸共同研究推进协同发展工作[OL]. http://www.hbdrc.gov.cn/web/web/yhb_gzdt/4028818b4e28bbbe014e3e829ae84198.htm[2018-09-03].

② 曹妃甸协同发展示范区开发建设掀热潮[OL]. http://www.gov.cn/xinwen/2015-10/08/content_2943243.htm[2018-07-23].

③ 京冀共同发布《北京（曹妃甸）现代产业发展试验区产业发展规划》[OL]. http://www.gov.cn/xinwen/2015-09/26/content_2939205.htm[2018-09-25].

④ 首钢京唐二期项目启动 [OL]. http://bj.people.com.cn/n/2015/0823/c82840-26089302.html [2018-07-19].

⑤ 曹妃甸协同发展示范区承接北京行政副中心产业转移对接会北京举行[OL]. http://expo.people.com.cn/n1/2016/0129/c57922-28096268.html[2018-07-19].

共赢"为主题的京津冀开发区创新发展联盟（曹妃甸）产业合作研讨会在曹妃甸渤海国际会议中心举办，中科晶电信息材料（北京）股份有限公司、北京百信联众能源投资有限公司等与曹妃甸现场签约①。2017 年 5 月，北京市与曹妃甸区正式签订旅游发展战略合作协议。根据协议，京曹两地将逐步开通旅游直通车，设计特色旅游线路使北京市旅游线路延伸至曹妃甸区②。

相应地，曹妃甸协同发展示范区的公共服务水平也得到了显著提升。2015年 9 月，首都医科大学附属北京安贞医院、首都医科大学附属北京友谊医院、北京妇产医院与曹妃甸区医院、曹妃甸区工人医院正式签署合作协议③。2015年 10 月，北京与唐山两市在曹妃甸区启动北京数字学校平台系统，签署《合作办学协议》和《北京—唐山优质教育资源合作框架协议》④。2015 年 12 月，曹妃甸区在河北省率先成立行政审批局，将原来分散在 22 个单位的 154 项行政审批职能全部划转，实现了"一枚公章管审批、一个中心全覆盖"，园区投资环境进一步优化⑤。2016 年 7 月，首都医科大学附属北京安贞医院曹妃甸合作医院暨心血管疾病介入诊疗中心开诊仪式在曹妃甸区医院举行⑥。2016 年 9 月，景山学校曹妃甸分校开学⑦。2017 年 1 月，曹妃甸区根据建设"世界新港、协同新区、渤海新城"的战略定位，出台《打造首都高校疏解集中承载区工作方案》，在唐山湾生态城合理规划建设首都高等学校疏解集中承载区，对北京市集中转移的重点高等学校无偿提供土地⑧。2017 年 11 月，京冀（曹妃甸）人力资源和社会保障服务中心正式成立，两地社保业务可在

① 京津冀开发区创新发展联盟等三机构设立 1000 亿元产业发展基金[OL]. http://www.xinhuanet.com/2016-07/22/c_1119265207.htm[2018-07-19].
② 北京与曹妃甸签订旅游发展战略合作协议[OL]. http://www.he.xinhuanet.com/sToutiao/20170515/3711030_m.html[2018-07-24].
③ 协同发展：曹妃甸崛起的"引爆点"[OL]. http://www.tangshan.gov.cn/tsfagaiwei/fgwgzdta/20160226/323151.html[2018-07-25].
④ 北京唐山优质教育资源合作启动仪式在曹妃甸举行[OL]. http://ts.hebnews.cn/2015-10/29/content_5132285.htm[2018-10-01].
⑤ 曹妃甸 京津冀协同发展示范区[OL]. http://bjrb.bjd.com.cn/html/2017-01/15/content_97008.htm[2018-10-01].
⑥ 京津冀医疗合作 首都医科大学附属医院在曹妃甸建合作医院[OL]. http://www.chinadaily.com.cn/dfpd/hb/2016-07/28/content_26252610.htm[2018-10-01].
⑦ 北京景山学校曹妃甸分校开学[OL]. http://www.sohu.com/a/113249172_119874[2018-10-01].
⑧ 曹妃甸打造首都高校疏解集中承载区[OL]. http://www.sohu.com/a/126684341_114731[2018-10-01].

曹妃甸一站办理[①]。

2. 京冀共建国家生态文明先行示范区

2013 年 12 月，国家发改委、财政部、国土资源部、水利部、农业部、国家林业局联合发布《关于印发国家生态文明先行示范区建设方案（试行）的通知》，启动生态文明先行示范区建设，北京市密云县、延庆县，以及河北省承德市、张家口市同时列入其中。2014 年，北京市发展和改革委员会、河北省发展和改革委员会和河北省承德市人民政府联合宣布京冀两地率先启动全国首个跨区域碳排放权交易市场建设。2015 年 9 月，北京市密云县、延庆县与河北省承德市、张家口市加强林业有害生物联防联治，制定并实施了《京津冀林木联防联治方案》[②]。2015 年 11 月，滦河流域被列为国土江河综合整治试点，争取到试点专项资金 3.55 亿元[③]。2016 年 1 月，北京市密云区人民政府印发实施《北京市密云区网格化环境监管工作实施方案（试行）》，按照"属地管理、分级负责、全面覆盖、责任到人"的工作原则，提高环境监管质量和效益。2016 年 6 月，北京市延庆区人民政府发布《北京市延庆区人民政府关于完善"五河十路"绿色通道生态林用地及管护政策的通知》，实施专业管护，全面提高生态林管护水平。2016 年 6 月，承德市人民政府办公室发布《关于开展环境污染第三方治理的实施方案》，促进环保设施建设和运营市场化、专业化、产业化，推进全市环境污染第三方治理[④]。2018 年1 月，河北省环境保护厅发布《河北省生态环境保护"十三五"规划重点工作部门分工方案》，明确提出开展不同层次的生态示范创建，不断提升生态文明建设水平。

3. 滨海-中关村科技园和京津合作示范区

2014 年 8 月 6 日，京津两市签署《贯彻落实京津冀协同发展重大国家战

---

① 京冀在曹妃甸共建人力资源和社会保障服务中心[OL]. http://www.hebei.gov.cn/hebei/11937442/ 10757006/11111865/14043094/index.html[2018-11-16].

② 京冀携手共建环首都"绿色长城"（护绿美丽中国）[OL]. http://www.greentimes.com/ greentimepaper/html/2015-11/06/content_3278273.htm[2018-07-24].

③ 加强滦河流域治理确保一河清水润京津[OL]. http://cd.hebnews.cn/2015-08/04/content_4947925.htm [2018-07-24].

④ 河北承德：关于开展环境污染第三方治理实施方案（附治理项目）[OL]. http://www.sohu.com/a/ 83917026_131990[2018-11-16].

略推进实施重点工作协议》①。2016 年 9 月，京津专门签署《共建滨海-中关村科技园合作框架协议》，规划以北塘企业园为起步区，按照"创新引领、市场主导、政府推动、互利共赢"的原则，建设高端创新要素聚集、产业特色鲜明、可持续发展的国际一流科技研发和成果转化园区②。此后，双方不断深化协同合作与对接机制，力图共建"中国硅谷"。2016 年 11 月 22 日，天津滨海-中关村科技园在天津滨海新区正式揭牌，同时召开天津滨海-中关村科技园领导小组第一次会议，会上研究确定《共建天津滨海-中关村科技园工作方案（2016-2018）》③。2016 年 12 月，天津滨海新区公交集团有限公司编制了 2017～2020 年北塘公交发展规划，开通两条北塘环绕线路，实现滨海-中关村科技园驻区企事业单位和园区投资服务中心、周边居住区、北塘古镇的交通联网④。与此同时，第三届京津冀协同创新共同体高峰论坛暨滨海-中关村科技园发展战略研讨会在滨海新区举办⑤。2017 年，为方便企业办事，园区内设立滨海-中关村科技园行政审批分中心，实现园区的事在园区办，园区的审批与新区同权限⑥。2018 年 4 月，中国（北京）知识产权维权援助中心联合中国（天津）知识产权维权援助中心共同成立京津滨海-中关村科技园 12330 工作站，签署《京津滨海-中关村科技园 12330 工作站共建协议》⑦。

4. 北京新机场临空经济区改革试点

2014 年 7 月，北京市、河北省签署《共建北京新机场临空经济合作区协

---

① 京津冀已签物流发展 18 项合作协议 含 4 方向[OL]. http://finance.sina.com.cn/china/dfjj/20140901/113820178559.shtml[2018-07-24].

② 京津签署协议共建天津滨海-中关村科技园[OL]. http://house.people.com.cn/n1/2016/0929/c164220-28748348.html[2018-07-24].

③ 天津滨海-中关村科技园管委会揭牌 京津两地科技领域合作深化[OL]. https://m.huanqiu.com/r/MV8wXzk3MjAwNjFfOTBfMTQ3OTg3MzU0ONg==[2018-10-10].

④ 公交优先发展 天津北塘要当示范城区[OL]. http://tj.people.com.cn/n2/2016/1215/c375366-29466231.html[2018-10-10].

⑤ 第三届津京冀协同创新共同体高峰论坛在滨海新区召开[OL]. http://www.mofcom.gov.cn/article/difang/201701/20170102495529.shtml[2018-10-10].

⑥ 天津滨海-中关村科技园：以体制机制创新持续增强企业获得感[OL]. http://www.chinahightech.com/html/yuanqu/yqcy/2017/1208/443689.html[2018-08-13].

⑦ 京津滨海-中关村科技园 12330 工作站成立 推进完善京津冀知识产权公共服务[OL]. http://www.cnr.cn/tj/jrtj/20180422/t20180422_524207418.shtml[2018-08-13].

议》^①。2014 年 9 月，京津冀三地已实现海关区域通关一体化^②。2015 年，经京津冀协同发展领导小组第 6 次会议审议，京津冀三地共同签署《关于北京新机场建设跨省域管理框架协议》^③。2015 年 7 月，国家发改委与中国民用航空局联合出台《关于临空经济示范区建设发展的指导意见》，明确了临空经济示范区建设发展的总体要求。2016 年 8 月，国家发改委印发《北京新机场临空经济区规划（2016-2020 年）》，规划明确国际交往中心功能承载区、国家航空科技创新引领区和京津冀协同发展示范区 3 个战略定位，规划面积约 150 平方公里，其中北京市 50 平方公里、河北省 100 平方公里，北京市将与河北省合作共建新机场临空经济区，促进京冀两地深度融合发展^④。

第二节 现 状 特 征

一、区域统一规划体系初步形成

京津冀协同发展规划体系"四梁八柱"基本建立。通过对区域内的城市功能、核心产业、交通体系、人口空间和社会服务进行统筹布局，京津冀地区初步形成统一的区域规划体系，在顶层设计层面增强了发展的系统性、整体性和协同性。

《京津冀协同发展规划纲要》于 2015 年 4 月 30 日正式出台，京津冀协同发展上升为国家战略。作为京津冀协同发展的行动指南，《京津冀协同发展规划纲要》明确提出要有序疏解北京非首都功能，调整经济结构和空间结构，探索人口经济密集地区优化开发的新模式，这对于推动京津冀区域产业结构升级、人口空间重塑、公共服务资源合理配置具有重要意义。围绕贯彻实施《京津冀协同发展规划纲要》，2016 年 2 月，《"十三五"时期京津冀国民经济和社会发展规划》印发实施，这是全国首个跨省市的区域性"十三五"

---

① 北京新机场临空经济区规划获批 将与河北合作共建[OL]. http://www.sohu.com/a/116057780_348498[2018-08-13].

② 京津冀区域通关一体化成效显著 [OL]. http://finance.sina.com.cn/roll/2017-02-22/doc-ifyarrqs9910884.shtml[2018-08-13].

③ 北京交出协同发展 2015 成绩单[OL]. http://cpc.people.com.cn/n1/2016/0123/c64387-28078798.html[2018-08-13].

④ 北京新机场临空经济区 [OL]. http://zhengwu.beijing.gov.cn/zwzt/2017zxh/2017zxhmcjs/t1466092.htm[2018-08-13].

规划。它将京津冀三地作为一个区域整体，统筹城市群发展、产业转型升级、交通设施建设、社会民生改善的一体化布局。为了进一步促进区域协调发展、打造新增长极，目前正研究制定"京津冀空间规划"，出台实施京津冀产业、交通、科技、生态环保等12个专项规划及北京新机场临空经济区、京冀交界地区规划建设管理等工作方案，已基本形成目标一致、层次明确、互相衔接的区域规划体系。

为了确保区域统一规划的贯彻落实，三省市分别出台相关规划，形成各项工作的具体实施方案，努力形成目标同向、措施一体、优势互补、互利共赢的协同发展新格局。2016年4月，北京市发展和改革委员会会同各相关单位研究制定了《北京市推进京津冀协同发展2016年重点项目》，指出要以有序疏解非首都功能为关键环节和重中之重，从交通一体化、生态环境联防联治、产业转移对接三个重点领域率先突破。2015年9月，天津市出台《天津市贯彻落实〈京津冀协同发展规划纲要〉实施方案（2015-2020年）》，明确了天津市贯彻落实《京津冀协同发展规划纲要》的重点任务，提出要着力建设全国先进制造研发基地、北方国际航运核心区、金融创新运营示范区和改革开放先行区。2016年起，河北省陆续出台落实相应功能定位的规划方案，编制完成《河北省建设全国现代商贸物流重要基地规划（2016-2020年）》、《河北省建设新型城镇化与城乡统筹示范区规划（2016-2020年）》、《河北省建设京津冀生态环境支撑区规划（2016-2020年）》和《河北省全国产业转型升级试验区规划（2016-2020年）》4个专项规划，积极推动落实京津冀协同发展的战略要求。

二、跨区管控治理模式不断完善

在京津冀协同发展稳步推进、北京市加快建设城市副中心的背景下，京津冀交界地区的管控与跨区管控政策不断推进。2016年5月25日，北京市规划和国土资源管理委员会副主任王飞在通州区举办的学习扩大会暨优化城市空间布局、高水平建设城市副中心专题报告会上指出，"城市副中心的规划建设要统筹协调好与中心城区、郊区城区、河北省廊坊市北三县地区的关系"。他表示，通州区将与廊坊市北三县加强跨界地区统一管控、统一规划，实现"规划一张图"，共同开展生态红线和城市开发边界划定工作，严控城市发展规模，加强生态廊道管控，并在城市副中心与中心城区、东部地区和北三县之间建设大尺度绿色空间，防止连片发展，从而保证地区的生态安全与合理开发。2016 年 6 月 13 日，在《中共北京市委北京市人民政府关于全面深化改革提升城市规划建设管理水平的意见》发布解读会上，北京市规划和国土资源管理委员会副主任王飞再次指出，未来，通州区和廊坊市北三县将实现"三统一"，即统一规划、统一政策和统一管控。在原有的"统一管控、统一规划"的基础上明确提出"统一政策"，使通州区与廊坊市北三县的区域协调发展再次向前推进。

在各级各地政府的共同推动下，京津冀交界地区跨区统筹的体制机制逐步形成。2016 年 5 月 27 日中共中央政治局会议对北京城市副中心建设的讨论，使对通州区、武清区、廊坊市北三县等京津冀交界地区的关注大大提升。2016 年 6 月 6 日，北京市委常委、副市长和河北省副省长共同主持召开会议，指出要集中力量将通州区和廊坊市北三县地区协同作为京津冀区域协同发展的典范，共同划定生态红线和城市开发边界，防止连片发展。会议还强调，要落实好各项土地和房产的管控措施，特别要坚决摒弃房地产开发为主的发展方式，坚决抑制投机性住房开发。此后，无论是北京市城市规划建设管理要求，还是各地"十三五"规划纲要、年度工作重点内容，都开始强调通过规划衔接与功能管控、联席会议制度、协同发展体制机制等手段，推动京津冀交界地区即通州区、廊坊市北三县和武清区三地之间的产业、人才、公共服务、环境保护协同发展。目前，北京市已与河北省、廊坊市等有关部门进一步完善原有的会商机制，共同组建团队推进区域协调发展，较为完善的跨区统筹协调机制逐步形成。

三、体制机制创新改革深入开展

全面创新改革是体制机制协同的主要支撑点，京津冀协力推进行政管理协同机制创新、产业协同发展机制创新和生态环境保护联动机制创新，持续深化体制机制改革，为京津冀协同发展提供政策制度保障。

在行政管理方面，京津冀地区加快破除制约协同发展和要素流动的体制机制障碍，大力推进简政放权和制度创新，努力建立优势互补、互利共赢的区域一体化发展制度体系。2016 年 10 月 11 日，北京市、天津市、河北省三地审改部门召开京津冀行政审批制度改革协同发展战略合作推动会，共同签署《京津冀行政审批制度改革协同发展战略合作共识》，提出加大京津冀三地权责清单编制的协调力度，统一标准、模式、事项内容等，确保区域内权责清单实现对接。京津冀三地运用"一盘棋"的思想进行"大部门"体制改革，取消一批政府管理职能和权限，以政府权力的"减法"换取市场活力的"乘法"。通过建立行政审批服务改革协调联动工作机制、日常工作对接机制和信息沟通机制，理顺政府管理职能，逐步打造权力在线运行、审批全程公开的行政管理协同机制，政府行政运作效率有所提高。

在产业合作方面，区域产业合作机制初步建立，进一步促进京津冀区域产业转型升级和空间布局优化。2014年7月，北京市与河北省签订《共同打造曹妃甸协同发展示范区框架协议》，提出实行更加开放的贸易投资自由化政策，对鼓励类的内外资企业取消项目核准程序与合同、章程审批程序，从而建设机制灵活、政策创新的北京市产业转移承载区。2016年，北京市与沧州市达成协议，在渤海新区建设新型医药工业园区，京冀两地管理部门探索建立"共建共享共管"的园区运营管理模式，对入园企业实施京冀两地证照互认，给企业迁入带来了极大便利。以推进投资建设项目审批协同和权责清单协同两项工作为突破口，建立跨区域联席会议机制，签署《关于推进京津冀产业协同发展战略合作框架协议》等一批框架协议，加快推进三地产业规划衔接和产业融合，促进区域内产业合作项目早立项、快审批、早开工。

在生态建设方面，京津冀三地以大气污染联防联治、流域治理、水资源保护及扩大生态空间为重点，探索建立生态环境保护联动机制。在生态防控方面，三地统一生态环境规划、标准、监测、执法体系，搭建区域性循环经济技术、市场、产品服务平台，加快推行环境信息共享，推动建立跨界的大气、地表水、地下水等环境监测预警体系和协调联动机制，提升区域联防联控联治水平。在生态补偿方面，京津冀地区进行了一些有益的尝试，如京津风沙源治理工程、海河流域水污染防治规划等，为净化京津冀水源、改善生态环境发挥了积极效应。在京冀两地政府的共同努力下，北京市围绕农业节水、水污染治理、小流域治理、水源涵养等与张家口和承德两市开展水资源利用合作并进行生态补偿，建立了横向生态补偿机制。在环保执法方面，三地环保部门重点开展大气污染防治、引滦水源保护和环境执法等方面的合作交流，建立津冀大气污染防治信息交流和协商机制，确定了三地联合环境执法监督检查、协同查处跨界环境违法行为合作事项。

四、先行先试平台建设卓有成效

开展试点示范是推动京津冀协同发展的有效举措，先行先试平台建设稳步推进、卓有成效。按照《京津冀协同发展规划纲要》的部署，北京市与河北省共建曹妃甸协同发展示范区，北京市密云区、延庆区和河北省张家口市、承德市共建京津冀国家生态文明先行示范区，北京市和天津市共建滨海-中关村科技园和京津合作示范区，北京市和河北省开展北京新机场临空经济区改革试点。

1. 曹妃甸协同发展示范区

自2014年7月京冀两地政府签署《共同打造曹妃甸协同发展示范区框架协议》以来，曹妃甸区以承接北京市产业转移和非首都功能疏解为核心，体制机制建设取得创新突破。2016年5月，京冀曹妃甸协同发展示范区管理委员会获批成立，着力促进教育、医疗、卫生、文化等方面的区域合作，与省市协同发展领导小组办公室、北京市人民政府研究室等建立常态交流机制，区教育、卫生和计划生育、人力资源和社会保障等部门与北京市对口部门也建立起常态化对接机制，实现信息互通共享①。曹妃甸协同发展示范区管理委员会筹备组、唐山曹妃甸推进协同发展办公室、曹妃甸区协同发展工作领导小组等机构陆续成立，负责协调推进示范区建设。政府机构改革、行政审批制度改革、科教人才改革全面推进，在全省率先成立行政审批局，22个部门154项行政审批职能全部划转，实现了"一枚公章管审批、一口受理全程服务"②。

2. 京冀国家生态文明先行示范区

北京市密云区、延庆区和河北省张家口市、承德市生态禀赋良好，近年来积极推动生态文明先行示范区建设，加强区域生态联防联控合作。一方面，延庆区与张家口市怀来县、赤城县已形成森林防火联防工作机制，三地将山连山相邻的13个乡镇、5个友邻单位划为重点区域③，并成立联防委员会，

---

① 京冀曹妃甸协同发展示范区管理机构获省批复[OL]. http://tangshan.huanbohainews.com.cn/system/2016/05/17/011696093.shtml[2018-11-17].
② 曹妃甸，奔跑的2015[OL]. http://hebei.hebnews.cn/2016-01-09/content_5274938_3.htm[2018-10-01].
③ 京冀共建生态文明先行示范区：共筑"绿色屏障"[OL]. http://www.huaxia.com/xw/zhxw/2015/06/4451405.html[2018-10-01].

定期交流防火经验、通报防火工作。另一方面，针对大气污染治理，京津冀三地层面统一方案，进一步完善了结对合作治污、信息共享、执法联动、重污染监测预警和应急响应等机制。严格落实地区大气污染防治督导检查工作方案，开展"三联"（地域、时间、人员）、"四重"（以高架源、重污染应急、燃煤散烧、移动源为重点内容）联动执法，严厉打击涉及大气污染物排放企业的偷排偷放、超标排放、弄虚作假等环境违法行为。

3. 滨海-中关村科技园和京津合作示范区

园区规划设计初步完成，协同合作机制已经建立。《北京市人民政府、天津市人民政府加快建设天津滨海-中关村科技园合作协议》规划以北塘企业园为起步区与核心区，进而辐射滨海新区有关功能区乃至新区全域。两市共建协议签署以来，滨海新区在借鉴先进经验的基础上，研究提出了创新滨海-中关村科技园合作建设和管理发展模式，成立天津滨海-中关村科技园管理委员会，由双方共同管理，新区将赋予园区管理委员会最大范围管理决策自主权。同时，两市建立了协商合作与联动推进机制，设立天津滨海-中关村科技园领导小组，由两市常务副市长任组长，两市分管领导任副组长，相关部门及滨海新区政府、中关村管理委员会、中关村发展集团主要领导为成员。

4. 北京新机场临空经济区

北京新机场临空经济区作为区域协同发展的标志性平台，为京津冀协同发展提供了坚实有力的支撑。临空经济区不断创新京津冀三地合作的体制机制，建立精简统一高效的管理委员会，研究共同出资组建企业化运营的开发建设平台，充分整合及协调北京市、天津市、河北省三地资源和职能，探索建立共建共管、利益分享机制，并将其作为首都经济圈和京津冀一体化区域的核心组成部分及体制机制创新发展的先行区，这对于打破三地的行政区划束缚，在更大范围、更高层次上推动首都经济圈一体化建设和京津冀协同发展具有重要的意义。在规划建设中，示范区主动加强与河北省的沟通，成为河北省与北京市协同发展的示范区，河北省工业化、城镇化和信息化"三化"联动示范区，北京市优质要素外溢承接区，以及深化改革与开放合作试验区。

第三节　主　要　问　题

一、区域性协调机制不足

京津冀区域合作是跨省际的合作，而且核心城市北京市为首都，天津市为直辖市，三地之间行政级别和力量不对等，协调难度比较大且难以平等协商。长期以来，河北省在三地的合作交流中处于被动合作地位，这一局面必须通过区域协调机制的建立和完善来打破。目前，三地既缺乏地方政府平等协商的协调机制，也缺乏基于国家战略与区域整体利益的顶层设计和纵向协调，跨省际的区域协调机制不健全。京津冀协同发展各种形式的协调对话机制还不完善。尽管京津冀三地也进行了一些努力，如双边互访和多边协商，但在区域性协调机构的建立、区域统一法律法规的出台、区域统一政策措施的制定、区域一体化发展基金制度的建立、区域统一信息管理机构与统一信息公开途径的建立等方面仍然没有取得实质性进展。这也导致了三地在产业结构调整、基础设施建设等重大战略性合作问题上难以达成共识，未能在寻求有关利益结合点及合作切入点上取得重大突破。

京津冀整体区域合作的体制机制改革实质上还在探索阶段，目前三地具体合作协议的程序烦琐，缺乏多层次、多部门间统一沟通和协调渠道，致使既有的很多协议履行进展较慢，达不到预期目标。近年来，三地不同层次、不同领域部门间签订诸多合作协议，合作领域广、合作内容丰富，然而在实际操作中，从协议签署到具体规划再到项目实施的过程往往障碍较多。如何探索地区间新型协调合作机制，是京津冀区域协同发展中仍然需要破解的难题。

二、产业转移利益分配难

随着京津冀协同发展进入攻坚阶段，作为三大重点领域的产业转移面临区域内政府间的财政收入利益藩篱和如何处理好京津冀三地的利益共享等急需解决的问题。根据《中华人民共和国企业所得税法》，企业分公司的税收要汇总到总部进行缴纳，总部地区政府再依据分公司缴税比例给予当地适当返还，这导致总部所在地在税收征收方面处于优势地位。随着京津冀一体化的推进，大量北京市企业将工厂向河北省转移，但总部仍然留在北京市，原有的利益分配机制使得河北省在京津冀产业协作格局中处于相对弱势的地位，不利于调动河北省承接产业转移、疏解的积极性。

事实上，京津冀三地在利益共享方面已经做出一些探索，2015 年 6 月财政部公布了《京津冀协同发展产业转移对接企业税收收入分享办法》，明确了企业迁入地和迁出地三大税种税收收入五五分成。这一规定的出台，在一定程度上扫除了产业转移过程中因地区间税收利益博弈带来的障碍，但并不能彻底解决区域内的利益分配难题。在实际产业转移过程中，无论是重大项目的生产力布局还是资源的合理分配，都仍表现出三地之间的利益博弈。在目前取得的税收共识中，不管是标准统一，还是办税平台统一，都还没有涉及利益分配的核心，关键还是要看未来利益共享机制中，税收返还如何分配。此外，利益共享机制并不局限于最核心的财税问题，未来在京津冀协同发展中，交通、教育、医疗、技术等资源分配与利益共享问题都将是需要三地协调考量的重要范畴。

三、生态补偿机制进展缓慢

随着京津冀协同发展整体推进，生态环境保护与地区经济发展之间的矛盾日益激化，而作为破题之道的生态补偿机制却进展缓慢。京津冀建立跨省市的生态补偿机制，涉及利益再分配，协调难度很大，宜加强统筹。以引滦入津工程为例，天津市每年给河北省滦河流域治理的生态补偿经费为 3000 万元[1]，补偿力度不大，并且采用项目补贴而非现金补贴的形式，造成了配套资金的浪费。

目前，京津冀地区现有的生态补偿机制亟待完善，其科学性和有效性尚待提高。在补偿主体方面，尚未形成多元化的补偿主体结构。政府补偿中以中央补偿为主并呈上升态势，缺乏政府间常态化的横向补偿机制，生态服务受益地区与生态资源保护区之间缺乏有效的协商平台和机制，同时企业化的市场补偿机制和非营利性社会组织参与机制也尚属空白。而自上而下的纵向补偿资金落实到生态价值实际提供者的比例过小，直接的激励作用大打折扣。在补偿方式方面，以项目补偿、纵向补偿为主，缺少地方间横向补偿、政府购买生态服务等多种方式的补偿，方式较为单一。在补偿标准方面，多项重

---

[1] 健全生态保护补偿机制[OL]. http://news.youth.cn/jsxw/201703/t20170312_9273767.htm[2018-10-22].

点生态项目的补偿标准远低于项目建设的运营成本，依据生态投入和运营成本确定补偿标准的机制尚未建立，补偿标准过低且缺乏可持续性。

四、平台建设配套不足

1. 曹妃甸协同发展示范区

交通壁垒制约进一步协同发展。曹妃甸协同发展示范区虽然已经建成或在建高速、国省干线 10 条、铁路 5 条[①]，初步形成了四通八达的路网交通格局；但从现实情况来看，曹妃甸协同发展示范区到北京市仍未建立起真正意义上的铁路或公路交通网，首钢京唐钢铁联合有限责任公司由北京市转移到示范区工作的员工仍是靠通勤客车往返于两地之间。2015 年，示范区接待北京市考察单位 480 多家[②]，但大部分搬迁企业考虑了交通制约因素的影响，选择了距离北京市较近的廊坊市、沧州市等地，交通壁垒直接影响了北京市外迁企业向曹妃甸协同发展示范区的转移。

2. 京津冀国家生态文明先行示范区

生态协同合作机制尚未形成。北京市密云区、延庆区和河北省张家口市、承德市四地原本生态环境禀赋相对较好，在生态环境保护和建设方面都有所成效，但四地共建生态协同的合作机制尚未形成，特别是在水库保护、森林防火、林地建设等重点领域的联防联控工作开展仍较少。目前的生态合作以政府推动为主，多元主体参与不足。环境保护和生态建设除政府投资推动之外，同样需要社会形成保护和建设氛围，以企业、居民、非政府组织等为代表的多元主体在生态文明先行示范区建设中的作用尚未凸显。

3. 滨海-中关村科技园和京津合作示范区

丰富的科技资源与良好的创新环境优势尚未发挥转化为优质产业动能。一方面，政府对创新资源要素配置的调控力和推动力过强，导致市场机制发挥作用的空间有限，创新主体的主动性受到抑制。另一方面，多层次、分散化的政府管理体制导致各级政府、各类园区、各个部门之间政策出现交叉重

---

① "三个走在前列"的示范区和"三个努力建成"的排头兵[OL]. http://mini.eastday.com/mobile/171128120903827.html[2018-10-01].

② 协同发展：曹妃甸崛起的"引爆点"[OL]. http://leaders.people.com.cn/n1/2016/0225/c396370-28148840.html[2018-10-01].

叠或者冲突，甚至存在盲区，统一协调机制的缺席导致无法形成强有力的创新政策支持体系。应进一步明确区域定位和发展目标，尽快完善协调对话机制，充分发挥市场机制作用，积极调动企业主体的能动性，形成合力打造开放型、国际化、面向全世界的科技创新中心和产业创新中心。

4. 北京新机场临空经济区

交通网络建设有待加强。北京新机场临空经济区与周边地区的交通网络尚未建立，无法发挥综合交通运输体系的作用。大部分交通规划仍然仅停留在规划层面，部分交通网因涉及地区间利益分配、协调问题而难以落实，因此需要更高层级的政府协调发挥作用。随着北京新机场临空经济区功能定位的明确，新机场周边的铁路路网、公路路网布局亟须完善，应规划建设连接京津冀区域的综合交通枢纽，实现与周边城市、机场、港口的便捷交通，在规划上形成一张图，并切实抓好项目落实工作，在交通方面进一步明确一批现实急需、具备条件且符合协同发展目标的重点项目。

第四节　本章小结

京津冀协同发展战略的实施，为三地带来了前所未有的发展机遇。在京津冀协同发展深入推进的当前阶段，只有在体制机制层面进行深入改革、重点突破，才能破解制约三地协同发展的种种障碍。为推动协同发展，以新发展理念深入推进体制机制协同，近年来京津冀三地共同在产业、创新、生态、交通、人才、社会公共服务等多个重点领域进行了一系列体制机制协同创新的有益尝试，并开展了多种形式的先行先试试点与平台建设工作，为各个领域的协同与合作提供了有效的制度保障。在"一盘棋"和"一张图"的理念指导下，京津冀三地之间的人才、资本、技术、产权等要素开始逐步实现自由流动，三地破除体制机制障碍的进程也在不断加快。

同时不容忽视的是，由于行政藩篱、城乡差距、地区差异、资源禀赋等问题的长期存在，目前京津冀三地间协同发展的体制机制障碍仍然深厚，仍需要把握协同发展的战略机遇，在协同立法、协调利益分配机制与资源补偿机制、推动多种要素自由流动等层面取得突破性进展，不断推动京津冀全面深化改革试验区建设，并为全国提供可复制的经验和模式（武义青等，2017）。

第三部分 专 题 篇

专题一

京津冀协同创新水平的测度指标
体系及其分析与评价

8

第八章
京津冀协同创新水平的测度指标
体系构建

　　随着京津冀协同发展进程的不断加快,京津冀两市一省在协同创新方面取得了明显进展。区域协同创新是一个复杂的巨系统,是跨地区、跨组织、跨文化的多维合作,涉及多地区、多方面、多层次的相互支持,涵盖区域内部创新主体间(官、产、学、研等主体)协同和区域间协同。当前针对区域协同创新的研究多局限于定性描述,因此有必要设计一套指标体系对其进行定量测度与分析。尽管此前一些学者已对京津冀协同创新能力进行了一定的测度与分析,但已有研究在评价指标的选择上并非能够全面反映京津冀协同创新能力的真实水平,而且使用的评价方法也存在局限性,因此更新评价指标及其数据、创新评价方法能够与时俱进地测度与分析京津冀协同创新能力,提高评价过程与结果的科学性,为研究京津冀协同创新提供新的视角。本章结合京津冀协同创新发展实际,构建衡量京津冀协同创新水平的指标体系,以期从具体指标入手,衡量区域协同创新发展的态势,对京津冀协同创新水平进行评价。

第一节 构建原则与逻辑

一、构建原则

构建指标体系，需要明确基本原则。根据区域协同创新的内涵及京津冀协同创新的实际，本书认为京津冀协同创新指标体系的构建应该满足系统性、协同性和可得性原则。

1. 系统性原则

京津冀协同创新是地跨京津冀两市一省的区域创新。区域创新具有系统性。Cooke 等（1998）在 *Regional Innovation Systems：The Role of Governances in a Globalized World* 一文中首次提出"区域创新系统"的概念，明确提出区域创新系统是由一定地域范围内相互分工并彼此合作的生产企业、科研机构与教育机构等构成的。简言之，区域创新系统是一个过程系统，是在一定的创新环境下、一定创新投入后得到的创新产出。因此，京津冀协同创新指标体系的构建需要遵循系统性原则。

2. 协同性原则

协同发展是京津冀区域合作的基本目标，也是京津冀区域创新系统的重要特征。区域协同创新是创新主体和要素通过区域间流动与扩散，促进经济社会活动的空间扩散，进而实现整体经济增长与社会发展，是区域间协同发展、共同构建的组织体系，过程本身包括协同发展的内涵。因此，京津冀协同创新指标体系的构建需要遵循协同性原则。

3. 可得性原则

测量指标是对现实世界的定量化呈现，但并非所有事实现状都可测度和量化。同时，客观的评价指标数据也并非都能够全部取得，为保证研究结果的普适性，这里所使用的评价指标数据均从公开渠道获取。因此，京津冀协同创新指标体系的构建需要遵循可得性原则。

二、构建逻辑

京津冀协同创新系统是北京市、天津市、河北省三地的高等学校与科研机构、政府、企业等创新主体在一定的经济、社会、生态等创新环境下，通过一定的人力、资本等创新投入而实现一定规模的知识、技术、经济等创新产出的过程。区域、环境、主体、投入、产出是京津冀协同创新系统的五大要素。其中，京津冀三地是创新的根植空间，高等学校与科研机构、政府、企业等是创新的执行主体，经济、社会、生态等是创新的现实环境基础，人力、资本等资源要素投入是创新的必要源泉，知识、技术等产出是创新的必然结果。

郑艳民等（2012）认为，虽然已有文献对区域创新能力的衡量方法和测度指标存在诸多差异，但大多从环境、投入、产出和绩效四个方面来构建指标体系。基于这种共识，考虑京津冀协同发展的背景及京津冀三地打造协同创新共同体的发展目标，并遵循系统性、协同性和可得性的指标构建原则，在此增加主体间联系和区域间联系两个指标，构建了含有六个二级指标的京津冀协同创新系统评价指标体系。

1. 创新环境——创新的现实基础

1）创新环境的概念及内涵

学术界尚且对于创新环境的概念莫衷一是，一般学者对其往往根据自身研究的需要给出自己的定义。虽然如此，几乎没有学者否定创新环境对区域创新能力和绩效的影响。国外研究机构及学者对区域创新环境的研究相对较早。欧洲创新环境研究小组（Groupe de Recherche Européen sur les Milieux Innovateurs，GREMI）认为，创新环境是在有限区域内，主要行为主体通过相互之间的协同作用和集体学习过程建立非正式的复杂社会关系。实际上，欧洲创新环境研究小组所指的创新环境更多的是社会人文环境。Cooke 等（1997）对区域创新的系统性界定本身就突出了创新环境的重要性。

王缉慈（1999）认为，创新是行为主体通过相互协同作用而创造（生产）技术的过程，因此有必要高度重视创新环境的营建。易成栋（2001）认为，区域创新环境是区域内与技术创新扩散行为相关并影响创新效果的各种条件的总和。李国平和杨柏林（2002）认为，区域创新环境由硬环境和软环境共同组成，硬环境主要为交通、通信和信息网络等区域基础设施、教育与培训机构、研究机构、各种商业协会及中介机构等，而软环境包括区域的制度、文化及组织机构。盖文启（2002）则将区域创新环境划分为静态创新环境（即促进区域内企业等行为主体不断创新的区域环境）和动态创新环境（即进一步促进区域内创新活动的发生和创新绩效的提高，区域环境自身随客观条件的变化，随时进行的自我创新和改善的过程）。薛捷（2015）则认为，区域创新系统中的制度结构和生产结构形成了区域的创新环境，即创新过程本身就是创新环境。

创新环境对创新能力和绩效的作用不言而喻。创新环境是京津冀协同创新系统的现实基础，是创新主体赖以进行创新活动的经济、社会、生态环境。创新环境不仅通过直接影响创新主体的规模、结构等来影响区域创新能力，还通过影响创新投入来间接影响区域创新绩效。

2）创新环境的构成要素

在创新环境具有重要作用的共识下，识别创新环境的构成要素是有效改进创新环境的必要前提，因此诸多学者对创新环境的构成要素进行了探究。易成栋（2001）指出，区域创新环境包括制度、社会文化、资源环境等各种因素，对技术创新具有重要影响，是创新主体的外部环境和创新过程发生的条件，并决定技术创新的激励机制。李习保（2007）认为，创新参与者、产业集群、地方财政对科技的支持及对外开放度构成了地区特有的创新氛围和环境。郑艳民等（2012）认为，创新离不开良好的环境，并指出创新环境不仅包括政府提供的服务，还包括民间自发形成的社会环境（非正式制度）；不仅包括基础设施、法律环境、政策环境、融资环境和市场环境，还包括创新氛围。薛捷（2015）认为，创新环境体现在三个方面，一是非正式的制度，由区域文化环境来衡量；二是正式的制度环境，由区域内与创新相关的政策、规章来衡量；三是由区域创新系统中的生产体系和创新支持基础设施构成的区域主体要素环境。

综上所述，京津冀区域创新系统中的创新环境包括经济环境、社会环境、生态环境、政策环境和基础设施五个方面。其中，经济环境是创新活动的经济基础，社会环境为创新活动提供人力资本和知识积累，生态环境为创新活动提供良好的生态空间，政策环境为创新提供制度保障，基础设施有助于降低创新的交易成本。

2. 创新投入——创新的必要源泉

创新是生产和创造新知识、新技术、新产品等新事物的过程，必然需要一定的投入。实际上，创新投入是已有相关研究文献中构建创新能力指标体系时必不可少的要素。陈红川（2010）在高新技术产业技术创新能力评价指标体系中,将投入能力量化为技术优化升级经费总支出、R&D 经费内部支出、R&D 经费强度、科技活动经费筹集额中企业资金、新产品开发经费支出、R&D 活动人员折合全时当量、科技活动人员中科学家和工程师数量、科技活动人员数量、科技机构数、科技机构科技活动人员数量、科技机构科技活动经费内部支出 11 个指标,但并没有对投入指标进行分类。郑艳民等(2012)将创新投入分为人力资源投入和 R&D 投入,其中人力资源投入包括科技活动人员总量、科技活动人员投入强度、科学家和工程师人数,R&D 投入包括人均 R&D 经费支出、科技机构科技活动人员人均活动经费、固定资产投资效果系数和 R&D 经费总量。

创新投入是京津冀协同创新的必要源泉。结合已有文献,依据创新活动过程的逻辑和可测度性,将创新投入分为人力投入和财力投入两大类。

1)人力投入

人力投入是创新投入的必要基础,它既包括规模含义,也包括质量取向。以科学家、工程师为代表的科技人员是科技创新活动的主要群体,也是区域创新活动的主要人力投入。只有具备一定的人力投入并且达到一定规模后,创新活动才能进行,创新能力才能发挥,创新绩效才能实现。该指标不仅涉及高等学校和科研机构及科研人员的数量、高新企业的数量等投入数量指标,同时还包括 R&D 人员全时当量、投入程度、政府部门 R&D 项目等投入质量指标。

2)财力投入

财力投入是创新投入的重要条件。与经济活动类似,创新活动作为一个创造、生产的过程,必然需要投入大量的财力来支付土地(空间)成本、购置精密仪器、必要设备、实验器材等,也必然需要 R&D 经费投入。先进的、前沿的创新活动往往需要定制创新工具和产品,更加需要大量资本和资金的投入。

3. 创新产出——创新的必然结果

创新活动往往是结果导向的,即创新活动是一个旨在创造新知识、新技术、新产品等新事物的过程,因此创新活动必然伴随着创新产出。经济学家熊彼特将创新定义为"创造性破坏",并进一步指出发现新的原材料、引进新技术、实现新的组织形式(管理方式)、引入新产品、开辟新市场都是企业层面创新的体现和产出。实际上,具体到区域层面,创新产出是已有研究中区域创新能力指标体系必不可少的构成指标。例如,陈红川(2010)构建的高新技术产业技术创新能力评价指标体系中，将创新产出能力量化为新产品价值、新产品产值占总产值比重、新产品销售收入、新产品出口销售收入、专利申请数、拥有发明专利数六个指标，但并没有对创新产出进行分类。郑艳民等（2012）则将创新产出分为新产品产出和知识产权产出两个方面。其中，新产品产出包括新产品产值、新产品销售收入、专利申请数，而知识产权产出包括专利授权数、人均专利授权数、技术市场成交额、科技论文检索总量。

创新产出是京津冀协同创新的必然结果。结合已有文献，依据创新活动过程的逻辑与分类，将创新产出分为知识产出、技术产出和经济产出三大类。如果将创新分为基础创新、应用创新、产品创新，那么知识产出是基础创新的主要成果，技术产出是应用创新的主要成果，经济产出是产品创新的主要成果。

1）知识产出

知识产出是基础创新的主要成果。基础创新是指通过科学研究发现、获取新的基础科学和技术科学知识的过程，旨在追求新发现、探索新规律、创立新学说、创造新方法、积累新知识。知识创新和知识产出是技术创新与技术产出的基础，是新技术和新发明的源泉，是促进科技进步和经济增长的革命性力量。它为人类认识世界、改造世界提供新理论和新方法，为人类文明进步和社会发展提供不竭动力。因为基础创新、基础研发和知识创新需要大规模的人力、物力，所以往往需要以政府为主导开展此类创新活动。

2）技术产出

技术产出是应用创新的主要成果。根据内生增长理论，在经济发展到一定阶段后，以技术进步为核心的全要素生产率将取代劳动力、资本成为经济增长的主要源泉。应用创新和技术产出已经成为创新产出的重要取向，是衡量区域创新产出和创新能力的重要内容。因为生产技术由企业掌握并利用，所以技术创新、技术产出往往由企业实现。

3）经济产出

经济产出是产品创新的主要成果，也是区域创新的最终目的。所有的创新产出均为促进生产的标准化、规模化和多样化提供服务。

4. 创新绩效——创新的经济社会影响

区域创新绩效是一个复杂而广泛的概念，目前还没有比较一致的说法。国内外的一些研究人员从不同的角度和需要出发，对区域创新绩效及其相关概念进行了解释说明。美国是最早开展创新绩效指标体系研究的国家；经济合作与发展组织提出了关于收集和解释创新绩效数据的指导原则；欧盟从科技投入和科技绩效两方面对成员国的创新能力进行评价，该指标体系中突出了人力资源在创新能力中的重要作用（杨志江，2007）。国内并没有一个比较统一、规范的指标评价体系。例如，谢科范等（2011）选取年末科技人员总数、科研机构数、地方生产总值（地方 GDP）和 R&D 经费支出额四项指标来描述城市的区域创新能力，选取科研成果数量、年专利授权量和高科技产业年产值三项指标来描述城市的区域创新效果。除了较为直接的指标，越来越多的学者通过测算研发创新的效率来反映创新的绩效水平（Li，2009；白俊红和蒋伏心，2015）。

一般来说，区域创新绩效的内涵包括区域创新效率和区域创新效果两个方面。区域创新活动的投入产出效率要高，即投入资源要得到有效利用；区域创新活动能够促进区域经济和社会发展，即产出成果在经济和社会发展中得到有效利用。相比于企业，区域创新绩效更加强调带动地区发展的创新成果。在此选取人均 GDP、第三产业增加值、高技术产业新产品收入占工业增加值的比重、高技术产品出口额及全员劳动生产率来衡量区域协同创新绩效。

5. 主体间联系——创新的执行主体

Todtling（1992）通过对区域资源相同地区的创新能力进行研究发现，即便在区域资源相同的地区，其创新能力也表现出显著的差异。因此，区域创新能力不仅与资源因素有关，也与其他因素有关，如行为主体能力、主体之间的互动能力等。京津冀区域创新主体涉及高等学校与科研机构、企业、政府及其互动关系。

1）高等学校与科研机构：人才资源、知识资源与科技资源的供给方

高等学校与科研机构所具备的人才资源、知识资源与科技资源及其科研环境，能与生产企业形成优势互补；而高等学校与科研机构所寻求的是科技成果的市场转化，恰与生产企业形成供需关系。若生产企业获取科研资源的交易成本小于自身开发，而高等学校与科研机构能够获取多于自身转化的额外效益，区域协同创新就能顺利持续进行。区域协同创新的各主体只有达成共同的利益基础，充分实现优势互补、风险共担与效益共享，才能打破组织界限与地域限制。

2）企业：科技创新的知识与技术的需求方

企业是科技创新的知识与技术的需求方，是区域协同创新的主体。首先，企业存在的目的是以市场售卖商品获取预期利润，对区域科技创新的诉求就是获取科学信息、高端人才或前沿科技以有效弥补生产企业的研发劣势。其次，生产企业的创新优势在于对市场动向与商品需求的信息把握，具备一定规模的营销渠道与资金资源，拥有良好的市场开发能力与渠道拓展能力，反过来这也决定了在区域协同创新的科技创新中占据主导地位的必然是生产企业。

借助当地政府的调控引导及与中介服务机构的支持参与，生产企业应积极建立其与高等学校和科研机构的利益共享、风险共担的长期持续合作方式。作为区域协同创新的主导者，生产企业应利用自身独有的资金资源优势、设备设施优势与市场渠道优势等，尽可能地开拓市场空间、提升商品价值，谋求区域协同创新的最大效益。

3）政府：区域协同创新中的调控引导方

科技创新本身源于生产企业进行市场竞争的微观行为，不过随着经济全球化与区域一体化的不断加强，科技创新已经成为一个国家或地区的核心竞争力，政府作为科技创新协同主体的作用越发凸显。政府不能取代企业成为市场开拓与商品开发的创新主体，也不能取代高等学校和科研机构成为基础研究与应用研究的创新主体，而是应该对区域协同创新进行调控引导的补充与推动。在区域协同创新过程中，地方政府所行使的职能在于通过制定政策制度与法律法规、构建金融服务平台等手段引导外部环境，通过积极推动项目引领、实施平台构建、扫除协同障碍、创建创新机制等手段弥补市场调控难以克服的缺陷和劣势。更为重要的是，政府是生产企业、高等学校、科研机构、中介服务机构等创新主体之间的协调者与裁决者，是区域协同创新得以持续有序进行的保障。

6. 区域间联系——创新的根植空间

京津冀协同创新系统包括北京、天津、河北两市一省。从三省市功能定位来看，《京津冀协同发展规划纲要》要求三省市坚持"一盘棋"思想，科学确定三省市的功能定位，增强整体性。其中，北京市是全国政治中心、文化中心、国际交往中心和科技创新中心，天津市是全国先进制造研发基地、北方国际航运核心区、金融创新运营示范区、改革开放先行区，河北省是全国现代商贸物流重要基地、产业转型升级试验区、新型城镇化与城乡统筹示范区和京津冀生态环境支撑区。

《京津冀协同发展规划纲要》指出要以构建区域协同创新体系为目标导向，充分利用北京市科技创新资源丰富、天津市研发转化能力突出、河北省转型发展势头良好的优势，明确京津冀三地科技创新功能定位，强化分工与协作。其中，北京市重点提升原始创新和技术服务能力，打造技术创新总部集聚地、科技成果交易核心区、全球高端创新中心及创新型人才聚集中心，发挥龙头带动作用；天津市重点提高应用研究与工程技术研发转化能力，打造产业创新中心、高水平现代制造业研发转化基地和科技型中小企业创新创业示范区；河北省重点强化科技创新成果应用和示范推广能力，建设科技成果孵化转化中心、重点产业技术研发基地、科技支撑产业结构调整和转型升级试验区。

京津冀地区是全国已批复的八个全面创新改革试验区中唯一跨省级行政区的试验区。《京津冀系统推进全面创新改革试验方案》要求以促进创新资源合理配置、开放共享、高效利用为主线，以深化科技体制改革为动力，充分发挥北京市全国科技创新中心的辐射带动作用，依托中关村国家自主创新示范区、北京市服务业扩大开放综合试点、天津国家自主创新示范区、中国（天津）自由贸易试验区和石（家庄）保（定）廊（坊）地区的国家级高新技术产业开发区及国家级经济技术开发区发展基础和政策先行先试经验，进一步促进京津冀三地创新链、产业链、资金链、政策链深度融合，建立健全区域创新体系，推动形成京津冀协同创新共同体，打造中国经济发展新的支撑带。

第二节　指标选取

京津冀协同创新包含两方面的含义：第一，在京津冀三地的创新水平都保持增长的前提下，三地间的创新差距不断缩小，区域创新结构更加协调；第二，京津冀协同创新是一种跨地区、跨组织的创新协作活动，要求知识、技术、人才等创新资源在不同地区、不同组织之间充分流动，形成分工合理、协同合作、融合发展的区域创新系统。这两方面缺一不可，协同创新的目的是使京津冀区域更好地实现创新发展，如果只强调三地间的合作而最终没有实现区域创新水平提高和地区经济社会发展，就是一种无效的协同；如果仅注重区域整体创新水平的增长，但内部缺乏协同合作，就是一种低效率、不均衡的增长。在此参考国内外学者对区域协同创新的指标研究成果，构建京津冀协同创新水平的测度与评价指标体系（表 8-1）。该指标体系包含创新能力和创新联系两个一级指标。

表 8-1　京津冀协同创新水平测度的各级指标及其含义

一级指标	二级指标	三级指标	指标含义	数据来源
创新能力	创新投入	R&D 经费支出占 GDP 比重(%)	衡量地区 R&D 经费支出状况	中国科技统计年鉴、中国统计年鉴
		R&D 人员占常住人口比重(%)	衡量地区 R&D 人员投入状况	中国科技统计年鉴、中国统计年鉴
		R&D 人员全时当量（人年）	衡量地区科技人力投入状况	中国科技统计年鉴
		高新技术产业投资额（亿元）	衡量地区高新技术产业投入状况	中国科技统计年鉴
	创新产出	SCI、SSCI 和 A&HCI 论文数（篇）	衡量地区高水平论文产出状况	WOS 数据库
		科技论文发表数（篇）	衡量地区科技论文产出状况	中国科技统计年鉴
		发明专利授权数（件）	衡量地区发明专利认可状况	中国科技统计年鉴
		国内专利申请数（件）	衡量地区发明专利产出状况	中国科技统计年鉴
		高技术产业主营业务收入（亿元）	衡量地区高技术产业营业状况	中国科技统计年鉴
	创新环境	互联网普及率（%）	衡量信息基础设施条件	中国统计年鉴
		互联网上网人数（万人）	衡量信息基础设施条件	中国统计年鉴
		政府 R&D 经费内部支出（万元）	衡量地方政府对创新的支持水平	中国科技统计年鉴
		科技服务业从业人员数（万人）	衡量地区科技服务水平	中国科技统计年鉴
		教育经费支出（亿元）	衡量地区对人才培养的重视程度	中国统计年鉴

续表

一级指标	二级指标	三级指标	指标含义	数据来源
创新能力	创新绩效	人均 GDP（元）	衡量地区经济发展水平	中国统计年鉴
		第三产业增加值（亿元）	衡量地区产业结构	中国统计年鉴
		高技术产业新产品收入占工业增加值的比重（%）	衡量高技术产业对工业经济的贡献	中国科技统计年鉴、中国统计年鉴
		高技术产品出口额（10^6 美元）	衡量地区高技术产业的国际竞争力	中国统计年鉴
		全员劳动生产率（万元/人）	衡量地区劳动生产效率	中国统计年鉴
创新联系	主体间联系	机构合作 SCI、SSCI 和 A&HCI 论文数（篇）	衡量地区不同创新主体的论文合作状况	WOS 数据库
		高等学校专利所有权转让及许可收入（万元）	衡量高等学校与企业的专利合作状况	中国科技统计年鉴
		科研机构专利所有权转让及许可收入（万元）	衡量科研机构与企业的专利合作状况	中国科技统计年鉴
		高等学校 R&D 经费内部支出中企业投入占比（%）	衡量高等学校与企业的 R&D 合作状况	中国科技统计年鉴
		科研机构 R&D 经费内部支出中企业投入占比（%）	衡量科研机构与企业的 R&D 合作状况	中国科技统计年鉴
		外商投资企业年底注册资金中外资部分（亿美元）	衡量地区企业引用外资状况	中国统计年鉴
	区域间联系	北京-天津合作 SCI、SSCI 和 A&HCI 论文数（篇）	衡量区域间的论文合作状况	WOS 数据库
		北京-河北合作 SCI、SSCI 和 A&HCI 论文数（篇）	衡量区域间的论文合作状况	WOS 数据库
		天津-河北 SCI、SSCI 和 A&HCI 论文数（篇）	衡量区域间的论文合作状况	WOS 数据库
		北京-天津合作专利申请数（件）	衡量区域间的专利合作状况	壹专利数据库
		北京-河北合作专利申请数（件）	衡量区域间的专利合作状况	壹专利数据库
		天津-河北合作专利申请数（件）	衡量区域间的专利合作状况	壹专利数据库

创新能力一级指标包含创新投入、创新产出、创新环境、创新绩效四个二级指标，用来衡量京津冀地区的创新能力。四个二级指标的选取参考了国

内外关于创新能力的影响因素研究。第一，根据知识生产函数的定义，一个地区的创新产出主要受其创新投入的影响，因而创新最活跃的地区往往是那些创新投入最密集的地区（Jaffe et al.，1993）。选取 R&D 经费支出占 GDP 比重、R&D 人员占常住人口比重、R&D 人员全时当量、高新技术产业投资额四个指标代表物质资本投入、人力资本投入和产业资本投入。第二，创新产出是衡量区域创新水平的主要指标，它反映了区域最终将技术优势转化为新知识、新技术和新产品的程度，在绝大部分区域创新水平评价研究中都要引入该指标。选取 SCI、SSCI 和 A&HCI 论文数，科技论文发表数，发明专利授权数，国内专利申请数及高技术产业主营业务收入五个三级指标来代表科技创新产出和产业创新产出。第三，创新环境对区域创新具有重要影响。Maillat（1998）指出，创新环境不仅指企业内部要素的组合，还包括企业外部的文化氛围、劳动力市场、组织制度等社会文化因子。Huggins 和 Thompson（2014）提出，本地的社会人文环境对创新网络的形成具有决定性的作用，是影响地区创新与增长的重要因素。在测度京津冀创新环境时，综合考虑政府政策、公共服务、文化氛围等软环境因素和交通设施、通信设施等硬环境因素，选择互联网普及率、互联网上网人数、政府 R&D 经费内部支出、科技服务业从业人员数、教育经费支出五个三级指标。第四，创新绩效反映创新活动对区域经济社会发展产生的影响，选取人均 GDP、第三产业增加值、高技术产业新产品收入占工业增加值的比重、高技术产品出口额、全员劳动生产率五个三级指标。

创新联系一级指标包含主体间联系和区域间联系两个二级指标，用来衡量不同地区、不同创新主体间进行创新活动时的联系程度。两个二级指标的选取主要参考了区域创新系统理论中关于协同创新的研究。区域创新系统理论认为，不同地区、不同主体依托特有的经济、制度和文化网络所形成的联系密切、分工合作的区域性组织体系，能促进知识快速扩散和创新的不断产生（Cooke，1992）。

在三级指标选择上，主体间联系主要选取了高等学校专利所有权转让及许可收入等六个指标，以反映高等学校、科研机构向企业提供专利或接受企业研发资助的情况，进而体现主体间的创新关联性。另外，以企业网络为主要形式的企业间创新合作也是能够反映创新主体相互关联的重要指标，但目前由于缺乏该类数据的统计支撑，无法将反映企业创新合作的指标纳入指标体系中。而区域间联系主要选择区域间在专利和高水平论文上的合作来表征，以反映不同地区间在共同创新产出上的联系。

随着京津冀协同发展战略的实施，京津冀区域协同创新水平变化很快，因此要着重考虑京津冀协同创新水平在时间维度上的发展变化，从而更好地把握京津冀协同创新的发展态势。基于以上考虑，选取 2010～2016 年的数据进行测度，对比三地在七年间的发展变化。

第三节 数 据 处 理

目前，确定指标体系中各项指标权重的方法主要有专家打分法、层次分析法、熵权法、变异系数法等（贺灵，2013）。其中，专家打分法和层次分析法主观性较强；变异系数法虽然比较客观，但对指标具体含义的反映不够；而熵权法相对比较客观，能够较好地反映指标所包含的信息，已被广泛运用到指标体系的权重确定中。因此，选择熵权法来确定各级指标的权重。

首先，对所选指标进行归一化处理，因为所选指标均为正向指标，所以采用以下公式进行处理：

$$a_{ij} = \frac{D_{ij} - \min(D_{ij})}{\max(D_{ij}) - \min(D_{ij})} \tag{8-1}$$

式中，a_{ij} 为归一化后第 i 个地区的第 j 个指标；D_{ij} 为归一化前的第 i 个地区的第 j 个指标。

其次，得到归一化矩阵后，计算各个指标的熵值 H_j：

$$H_j = -e \sum_1^n \ln b_{ij} \tag{8-2}$$

式中，$e = \frac{1}{\ln n}$，$b_{ij} = \frac{a_{ij}}{\sum_1^n a_{ij}}$，$n$ 为地区个数。

再次，计算出各个指标的熵权 w_j，公式如下：

$$w_j = \frac{1 - H_j}{m - \sum_1^n H_j} \tag{8-3}$$

式中，m 为指标个数。

最后，计算出某个子系统的得分 P_i，计算公式如下：

$$P_i = \sum_1^q a_{ij} w_j \qquad (8\text{-}4)$$

式中，q 为某子系统中指标的个数。

按照该方法依次计算出二级指标和一级指标的权重与得分，并对一级指标加权求和得到京津冀协同创新水平指数。

在此利用 2010～2016 年数据，分别测度京津冀地区协同创新水平，以及北京市、天津市、河北省三地各自的协同创新水平。为有效区分考察期内北京市、天津市、河北省三地的协同创新水平，在标准化过程中将衡量指标按照时间顺序进行统一标准化，即某一地区、某一年份指标的标准化值是通过这一指标与考察期内的所有地区、所有年份的相同指标进行相互比较产生的，不仅可以在时间序列上进行比较，同时也能体现地区差异。京津冀整体协同创新水平仅在时间序列上进行标准化处理，以反映其在时间维度上创新水平的高低。

在权重选择上，京津冀地区协同创新水平使用自身所计算出的熵权结果进行赋权。在比较北京市、天津市、河北省三地之间的协同创新水平时，认为协同创新水平标准应向最优地区看齐，即使用北京市的权重对三地协同创新指标进行统一赋权，由此真实体现北京市、天津市、河北省三地的协同创新水平及其差距。

第四节　本章小结

京津冀协同创新系统是京津冀两市一省、十三个城市的高等学校与科研机构、政府、企业等创新主体，在社会整体创新环境下借助人力、资本、技术等创新投入因素，实现新知识、新技术、经济产量等产出的过程。其中，京津冀地区内十三个城市的区域环境是协同创新的根植空间，高等学校与科研机构、政府、企业等主体协同是区域协同创新的重要支撑，持续、源源不断的人力、资本、技术等资源要素投入是协同创新的必要源泉。区域协同创新不仅意味着京津冀三地创新水平的提高和差距缩小，还应包括知识、技术、人才等创新资源在不同地区和组织间的充分流动,形成分工合理、协同合作、融合发展的区域创新系统。

为测度区域协同创新水平,本章通过梳理国内外学者对区域协同创新的研究,明晰了区域协同创新水平评价指标体系的构建原则和构建逻辑。构建京津冀协同创新水平测度的指标体系应遵循系统性、协同性、可得性的基本原则,同时创新的环境、投入、产出、绩效及主体间、区域间的创新联系,这些指标都与协同创新水平息息相关。基于此,本章构建了京津冀协同创新水平的测度与评价指标体系,这一评价指标体系包括对创新能力和创新联系两方面的测度,即指标体系中存在以上两个一级指标。其中,创新能力包含创新环境、创新投入、创新产出、创新绩效四个二级指标,创新联系包含主体间联系和区域间联系两个二级指标,总体形成了两个一级指标、六个二级指标、31 个三级指标的综合评价指标体系。

在评价过程中,首先按照时间顺序对各个指标数据进行了无量纲化处理,有效解决了各指标在时间与空间维度上的可比较问题。随后使用熵权法来确定各级指标的权重,进而测算出各个指标的相对得分,以此来代表京津冀协同创新各个方面的发展水平。研究测度结果及其变化情况能够较好地衡量京津冀协同创新发展状况,而且能够真实地反映出京津冀协同发展过程中存在的不足和问题,通过对京津冀协同创新水平的测度与分析,可以为制定京津冀协同发展相关政策建议提供决策依据和参考。

第九章
京津冀协同创新水平的分析与评价

在建立京津冀协同创新指标体系的基础上，本章围绕京津冀协同创新指数各级指标的动态变化展开讨论，分析京津冀三地协同创新水平的变化情况，并对三地协同创新水平的发展程度与突出问题进行评价。通过对京津冀整体协同创新水平和北京市、天津市、河北省各自协同创新水平的测度发现，考察期内京津冀地区协同创新水平及北京市、天津市、河北省三地协同创新水平普遍提高，2014 年京津冀协同发展战略实施后，创新主体间与区域间的联系更加频繁，北京、天津两地对该政策的响应显著。

第一节　京津冀协同创新水平变化态势与分析

2010～2016 年，京津冀协同创新水平呈现逐年上升的趋势，2016 年协同创新指数为 0.900，相比 2010 年的 0.108 上升了 0.792，年均增长率达 42.39%（表 9-1）。2014 年京津冀协同发展战略实施以来，各创新主体（政府、企业、高等学校等）间及区域间的联系程度有了显著提升，尤其是主体间联系指数上升趋势明显，其中 2014～2015 年创新主体间联系指数上升了 55.84%，

2015～2016 年创新主体间联系指数上升了 75.00%（图 9-1）。

表 9-1　2010～2016 年京津冀协同创新指数

指标	2010 年	2011 年	2012 年	2013 年	2014 年	2015 年	2016 年
创新能力指数	0.021	0.087	0.187	0.299	0.362	0.423	0.467
创新投入	0.002	0.020	0.042	0.058	0.072	0.091	0.094
创新产出	0.000	0.018	0.045	0.079	0.104	0.131	0.155
创新环境	0.000	0.023	0.052	0.080	0.089	0.109	0.125
创新绩效	0.020	0.027	0.048	0.082	0.097	0.091	0.093
创新联系指数	0.087	0.060	0.087	0.159	0.176	0.255	0.432
主体间联系	0.087	0.032	0.038	0.071	0.077	0.120	0.210
区域间联系	0.000	0.028	0.048	0.088	0.099	0.135	0.222
协同创新指数	0.108	0.147	0.274	0.458	0.538	0.678	0.900

创新能力与创新联系是构成京津冀协同创新指数的两个维度，2010～2016 年，创新能力指数与创新联系指数均呈现上升趋势，其中创新能力指数由 0.021 上升至 0.467，年均增长率为 67.69%；创新联系指数由 0.087 上升至 0.432，年均增长率为 30.62%。由图 9-1 可以看出，创新能力指数在考察期内持续上升，创新联系指数在期初略有下降，随后持续上升。

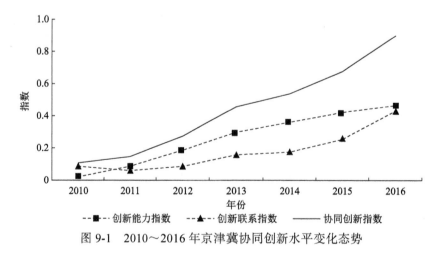

图 9-1　2010～2016 年京津冀协同创新水平变化态势

京津冀创新能力的提高来源于四个方面，分别为创新投入、创新产出、创新环境及创新绩效。由图 9-2 可以看出，除创新绩效指数在考察期内先升高后有所降低外，创新投入指数、创新产出指数、创新环境指数均逐年升高。

需要说明的是，创新产出指数与创新环境指数的起点为 0，只是说明该指标在基期 2010 年最低，并不代表京津冀地区不存在创新产出和创新环境。2016年，在衡量创新能力的四个维度中，创新产出对创新能力的贡献最高，其次为创新环境，创新投入与创新绩效的贡献程度相近。这说明京津冀创新能力的提高主要是由创新成果增加及创新环境改善拉动的。

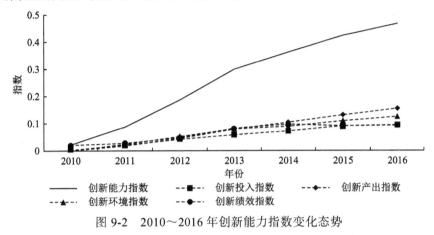

图 9-2 2010～2016 年创新能力指数变化态势

京津冀创新联系的增强来源于主体间联系与区域间联系。由图 9-3 可以看出，主体间联系指数在期初下降，此后持续上升，区域间联系指数逐年上升。区域间联系指数起点为 0，仅代表此指标在基期 2010 年水平最低。可以看出，创新主体间联系指数与区域间联系指数在 2015 年和 2016 年有显著提高。因此，京津冀协同发展战略的实施对地域间创新合作及政府、企业、高等学校间的创新合作有明显的促进作用。

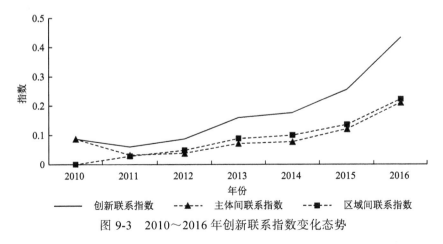

图 9-3 2010～2016 年创新联系指数变化态势

从北京市、天津市、河北省三地各自的协同创新指数来看，根据表 9-2，三地的协同创新水平总体均呈现上升趋势。2010～2016 年，河北省协同创新指数增长幅度最大，由初期的 0.144 增长至 0.595，年均增长率为 26.68%。北京市、天津市两地的协同创新指数年均增长率分别为 15.36% 和 24.42%。需要说明的是，北京市、天津市、河北省各自的协同创新指数是通过三地区间指标的相互比较而得出的，衡量的是三地区各自协同创新水平的相对大小，并不是京津冀地区整体协同创新指数的简单分解。三地区各自的协同创新指数体现了考察期内北京市、天津市、河北省协同创新水平的相对高低，而非绝对水平，因此也无法和全国其他地区直接比较。

表 9-2 2010～2016 年北京市、天津市、河北省协同创新指数

地区	指数	2010 年	2011 年	2012 年	2013 年	2014 年	2015 年	2016 年
北京市	创新能力指数	0.087	0.132	0.123	0.146	0.155	0.178	0.213
	创新联系指数	0.202	0.112	0.146	0.165	0.187	0.261	0.468
	协同创新指数	0.289	0.244	0.269	0.312	0.343	0.438	0.681
天津市	创新能力指数	0.049	0.091	0.094	0.107	0.116	0.148	0.158
	创新联系指数	0.065	0.083	0.096	0.110	0.125	0.132	0.265
	协同创新指数	0.114	0.174	0.190	0.217	0.241	0.280	0.423
河北省	创新能力指数	0.040	0.066	0.116	0.145	0.182	0.231	0.266
	创新联系指数	0.032	0.043	0.037	0.042	0.046	0.050	0.056
	协同创新指数	0.144	0.211	0.290	0.345	0.428	0.523	0.595

图 9-4 反映了 2010～2016 年北京市、天津市、河北省三地各自的协同创新水平的变化态势。可以看出，三地的协同创新指数变化各有特点，北京市经历了期初的下降后平稳增长，2014 年快速增长；天津市期初有明显增长，之后增长幅度较平稳，2015 年后明显加速。河北省保持了稳定的高增长态势，在 2012～2015 年，协同创新水平甚至超过北京市和天津市，但在京津冀协同发展战略实施后，河北省协同创新水平明显低于北京市和天津市。

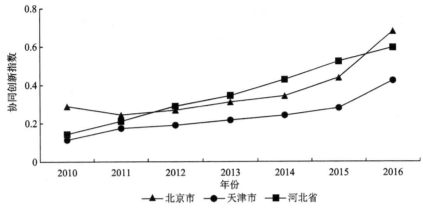

图 9-4　北京市、天津市、河北省三地协同创新指数变化态势

第二节　京津冀创新能力的测度与分析

2010～2016 年，京津冀地区在创新能力不断提高的同时，地区间差距也在逐渐拉大。首先，三地创新投入的差距主要表现在 R&D 经费和 R&D 人员的绝对数值上，2010 年北京市 R&D 经费支出比天津市和河北省多 592.26 亿元和 666.37 亿元，2016 年则分别多 947.26 亿元和 1101.15 亿元。同时，北京市和天津市创新投入地区较为集中，河北省较为分散，同样不利于缩小地区差距。其次，在创新产出方面，尽管天津市和河北省的增长速度较快，但与北京市之间的绝对差距仍在扩大。例如，2010 年天津市和河北省的国内专利申请数分别比北京市少 3.1 万件和 4.5 万件，2014 年则分别少 8.3 万件和 13.5 万件。同时，京津两地的创新成果多为企业创造，具有很高的经济价值，而河北省的创新成果则多为卫生和社会工作类公共服务部门创新，创造的价值远远低于企业。最后，在创新环境和创新绩效方面，80%的一流高等学校集中于北京市，北京市专任教师的质量和人均馆藏数目均远高于天津市和河北省各城市；京津两地人均 GDP 和全员生产率位于全国前列，遥遥领先于河北省，2016 年京津两地高新技术出口额均是河北省的 5 倍多，京津冀地区间创新能力的差距极为明显。

一、创新投入水平：总量不断上升，地区间差异较大

1. 三地创新投入逐年增强，但河北省的创新投入仍然过低

根据 Jaffe 等（1993）对知识生产函数的定义，一个地区的创新产出主要受其创新投入的影响，而创新投入主要分为物质资本投入和人力资本投入。在物质资本投入方面，北京市的优势更加明显。2016 年，北京市的 R&D 经费支出为 1484.58 亿元，是天津市的 2.76 倍、河北省的 3.87 倍；从投入强度来看，北京市 R&D 经费支出占 GDP 比重达到 5.50%，天津市与河北省只有 2.37% 和 0.78%。近些年来，天津市与河北省的创新投入增长很快。2010～2016 年，天津市与河北省的 R&D 经费支出年均增长率分别达到 15.23% 和 16.24%，高于北京市的 10.36%（表 9-3）。

表 9-3　2010～2016 年京津冀三地创新投入情况

年份	地区	R&D 经费支出/亿元	R&D 经费支出占 GDP 比重/%	科研机构 R&D 人员/万人	高等学校 R&D 人员/万人	R&D 人员占常住人口比重/%	高新技术产业投资额/亿元
2016	北京市	1484.58	5.50	11.37	7.74	8.79	193.90
	天津市	537.32	2.37	1.09	2.34	2.20	429.80
	河北省	383.43	0.78	1.01	3.04	0.05	979.40
2014	北京市	1268.80	5.95	10.94	7.73	8.67	105.89
	天津市	464.69	2.96	1.02	2.34	2.22	323.46
	河北省	313.09	1.06	0.88	1.41	0.03	710.02
2012	北京市	1063.40	5.95	10.30	6.96	8.34	136.60
	天津市	360.50	2.80	0.85	2.00	2.18	314.10
	河北省	245.80	0.92	0.76	1.99	0.04	454.20
2010	北京市	821.82	5.82	9.20	6.20	7.85	136.94
	天津市	229.56	2.49	0.72	1.81	0.19	215.93
	河北省	155.45	0.76	0.66	1.68	0.03	214.12

数据来源：《中国科技统计年鉴》（2011 年、2013 年、2015 年、2017 年）

相对于物质资本，人力资本的积累是一个地区保持创新活力和竞争力的核心要素，人力资本通过提高全要素生产率和对新技术的吸收速度来促进经济增长（Benhabib and Spiegel，1994）。但很多研究表明，人力资本对创新产出的影响具有明显的门槛效应，只有当人力资本的数量跨过一定的"门槛"

之后，人力资本的投入才会显著影响创新产出。近十几年来，随着城市化进程的加快，北京市吸引了大量的人才流入。2016年，北京市的科研机构R&D人员与高等学校R&D人员达19.11万人，是天津市的5.57倍、河北省的4.72倍。这些高层次人才主要集中在国有科研机构，受制度政策的影响很难在北京市和天津市、河北省之间自由流动。与此同时，河北省的高层次人才流失严重。2016年，河北省的本、专科在校学生数位居全国第8位，超过北京市和天津市，但反映整个社会人才储备的万人大专以上学历人数仅位居第21位[①]。

2. 北京市依托高新技术产业园推动工业创新投入

从北京市内部来看，北京市的创新投入主要集中在海淀区、北京经济技术开发区、昌平区、顺义区、朝阳区五地（图9-5），主要依靠中关村科技园的高技术企业R&D投入实现创新集聚。2016年，五区规模以上工业企业R&D经费内部支出分别为75亿元、56亿元、26亿元、25亿元和17亿元，占北京市全市的比重总计达78%。怀柔区在远郊区中规模以上工业企业R&D经费内部支出最多，与怀柔科学城的建设有很大关系。

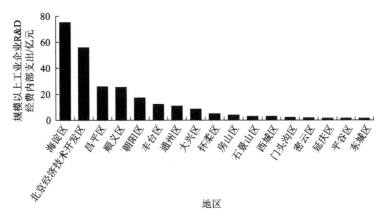

图9-5 2016年北京市各区规模以上工业企业R&D经费内部支出

数据来源：《北京区域统计年鉴2017》

3. 天津市创新投入主要集中在滨海新区

从天津市内部来看，政府的创新投入分布和企业并不完全一致。政府的创新投入主要集中在滨海新区、近郊区和中心城区；而企业的创新投入主要

---

① 《中国统计年鉴2017》。

集中在滨海新区、近郊区和远郊区，中心城区的企业创新投入很少。从各区政府的财政科技支出来看，滨海新区由于是国家级新区，有来自国家和地方的大量投资，科技财政支出达到 495 937 万元，占天津市的 62.03%，远高于其他区；该支出占财政一般预算支出比重达到 5.48%，高于其他区。东丽区、和平区、西青区、河西区、北辰区、津南区、南开区、武清区的财政科技支出分别位居第 2~9 位，数额在 18 000 万~38 000 万元，剩余各区低于 16 000 万元。从财政科技支出占财政一般预算支出比重来看，滨海新区最高达到 5.48%，依次是东丽区达到 3.64%、河西区 3.52%，和平区、北辰区、西青区、津南区、南开区在 2%~3%，剩余各区低于 2%（表 9-4）。

表 9-4　2016 年天津市各区创新投入情况

辖区	财政科技支出/万元	财政科技支出占财政一般预算支出比重/%	综合位次（以财政科技支出计）	规模以上工业企业 R&D 经费内部支出/亿元	规模以上工业企业 R&D 经费内部支出占主营业务收入比重/%	综合位次（以规模以上工业企业 R&D 经费内部支出计）
和平区	34 851	2.95	3	0.13	0.66	15
河东区	12 222	1.31	13	8.16	4.67	9
河西区	30 474	3.52	5	2.55	1.87	12
南开区	19 443	2.01	8	3.07	1.38	11
河北区	10 309	1.19	14	1.06	0.26	13
红桥区	8 210	1.57	15	0.45	2.82	14
东丽区	37 124	3.64	2	35.10	1.04	5
西青区	32 348	2.06	4	43.57	1.32	2
津南区	22 090	2.02	7	49.14	3.40	1
北辰区	25 531	2.22	6	40.09	1.55	4
武清区	18 987	1.08	9	26.07	1.06	6
宝坻区	15 734	1.43	10	40.73	3.93	3
滨海新区	495 937	5.48	1	—	—	—
宁河区	7 443	1.33	16	12.22	1.94	8
静海区	15 377	1.53	11	18.96	0.90	7
蓟州区	13 494	1.42	12	4.12	1.52	10

数据来源：《2017 天津科技统计年鉴》

在企业创新投入方面，从规模以上工业企业 R&D 经费内部支出来看，滨海新区在 2016 年没有统计数据，但 2014 年达到 152 亿元，占整个天津市的 44.4%，远高于其他区。2016 年，津南区、西青区、宝坻区、北辰区、东丽区、武清区的规模以上工业企业 R&D 经费内部支出都在 20 亿~50 亿元，静海区为 18.96 亿元，剩余各区低于 15 亿元。其中，和平区和红桥区的规模以上工业企业 R&D 经费内部支出均不到 1 亿元，与当地高技术制造业企业少有关。从规模以上工业企业 R&D 经费内部支出占主营业务收入比重来看，滨海新区在 2014 年只有 0.83%，说明当时滨海新区集聚的具有自主创新能力的制造业企业比例还较低。2016 年，河东区、宝坻区、津南区的规模以上工业企业 R&D 经费内部支出占主营业务收入比重都在 3% 以上，其他区则在 3% 以下。

4. 河北省创新投入主要集中在石家庄市、唐山市和保定市

从河北省内部来看，创新投入主要集中在石家庄市、唐山市和保定市，2016 年三市 R&D 经费内部支出分别为 71.56 亿元、66.35 亿元、58.32 亿元，分别占河北省的 23.18%、21.50%、18.89%。邯郸市、邢台市、沧州市、廊坊市、秦皇岛市、衡水市六个市的 R&D 经费内部支出占河北省的比重共计 32.51%。承德市和张家口市的 R&D 经费内部支出为 7.48 亿元和 4.59 亿元，是河北省 R&D 经费内部支出最低的两市。从 R&D 经费投入强度来看，保定市、石家庄市、唐山市分别为 1.68%、1.21% 和 1.04%，是河北省 R&D 经费投入强度排名在前的三个地区；邢台市和秦皇岛市等于或接近全省平均水平；其余地级市低于 0.9%（表 9-5）。

表 9-5　2016 年河北省各地区 R&D 经费情况

地区	R&D 经费内部支出/亿元	R&D 经费投入强度/%
石家庄市	71.56	1.21
唐山市	66.35	1.04
秦皇岛市	12.48	0.92
邯郸市	25.99	0.77
邢台市	19.02	0.96
保定市	58.32	1.68
张家口市	4.59	0.31

续表

地区	R&D 经费内部支出/亿元	R&D 经费投入强度/%
承德市	7.48	0.52
沧州市	17.27	0.49
廊坊市	15.42	0.57
衡水市	10.18	0.72
全省	308.66	0.96

数据来源：《河北经济年鉴 2017》

二、创新产出水平：河北省与京津两地差异较大

根据创新价值链理论的定义（Roper et al.，2008），创新产出可分为以专利、科技论文等为代表的科技创新产出和以高技术产业主营业务收入、工业企业新产品销售收入为代表的产业创新产出两种类型。

1. 北京市科技创新产出遥遥领先，津冀产业创新产出增长较快

从创新产出的内部结构来看，京津冀三地的创新产出表现出不同的特点。

第一，北京市以科技创新为主，产出大量新知识。2016 年，北京市高等学校与科研机构科技论文发表数总计 175 891 篇，是天津市的 5.37 倍、河北省的 4.54 倍；国内专利申请受理数达到 189 129 件，是天津市的 1.78 倍、河北省的 3.45 倍（表 9-6）。一方面得益于北京市大量高等学校和科研机构的基础研究为知识创新奠定的坚实基础；另一方面得益于市场规模的扩大带来的创新成本降低，企业更愿意进行冒险型新产品创新。以新知识和新产品为成果的科技创新更有利于企业获得技术上的垄断优势，增强核心竞争力，促进全要素生产率的提高和产业结构的高端化。

表 9-6　2010～2016 年京津冀三地创新产出情况

年份	地区	国内专利申请受理数/件	科研机构科技论文发表数/篇	高等学校科技论文发表数/篇	高技术产业主营业务收入/亿元	工业企业新产品销售收入/亿元
2016	北京市	189 129	57 698	118 193	4 309	4 086
	天津市	106 514	2 757	29 977	3 762	5 643
	河北省	54 838	2 568	36 187	1 836	3 923
2014	北京市	138 111	56 277	115 143	4 152	4 247
	天津市	63 422	3 085	28 769	4 282	5 665
	河北省	30 000	2 304	29 222	1 509	3 334

续表

年份	地区	国内专利申请受理数/件	科研机构科技论文发表数/篇	高等学校科技论文发表数/篇	高技术产业主营业务收入/亿元	工业企业新产品销售收入/亿元
	北京市	92 305	50 563	112 949	3 570	3 318
2012	天津市	41 009	2 628	23 155	3 527	4 460
	河北省	23 241	2 166	32 503	1 205	2 458
	北京市	57 296	44 537	104 784	3 334	2 496
2010	天津市	25 973	2 447	22 861	2 291	3 170
	河北省	12 295	1 935	30 426	883	1 306

数据来源：《中国科技统计年鉴》（2011 年、2013 年、2015 年、2017 年）

此外，北京市的科技服务业发展迅猛。"十三五"前半期，北京市科技服务业增加值年均增长 11.45%，比 GDP 同期年均增速高出 3.28 个百分点；2016 年其增加值达到 2512 亿元，同比增长 12.84%，比 GDP 同期增速高出 4.47 个百分点。北京市科技服务业占 GDP 比重从 2010 年的 6.52%提升到 2016 年的 9.79%[①]。2010 年以来，北京市生物医药、软件信息、集成电路、新材料等服务领域技术创新活跃，研发服务、科技咨询、检验检测等领域的收入增长两倍以上，工程技术服务、设计服务领域的收入实现翻番。中关村 2016 年科技服务业收入超过 7580.4 亿元，对首都经济发展的贡献进一步增强[①]。

第二，天津市在产业创新产出方面不断追赶北京市。从高技术产业主营业务收入来看，2010 年天津市高技术产业主营业务收入为 2291 亿元，是北京市高技术产业主营业务收入的 69%；2016 年为 3762 亿元，是北京市高技术产业主营业务收入的 87%，与北京市的差距进一步缩小。从工业企业新产品销售收入来看，2010 年，天津市工业企业新产品销售收入达到 3170 亿元，是北京市的 1.27 倍；2016 年为 5643 亿元，是北京市的 1.38 倍（表 9-6）。天津市高科技产业的快速发展得益于其坚实的制造业基础、大量优质的技术人才、充裕的工业用地和先进的物流体系。天津国家自主创新示范区建设的推进，加快了天津市成为全国先进制造研发基地的步伐。

第三，河北省虽然在科技创新产出方面发展滞后，但在产业创新产出方面有较大的进步。从国内专利申请受理数与授权数来看，其创新空间分布不

---

① 《北京统计年鉴 2017》。

均衡现象非常突出。北京市作为我国科技创新中心，2016 年国内专利申请受理数与授权数分别占京津冀地区的 54%和 58%，天津市分别占京津冀地区的 30%和 23%。同年，河北省仅占京津冀地区的 16%和 18%，其中，石家庄市、保定市、秦皇岛市、唐山市四市的贡献较高（表 9-7）。2010～2016 年，河北省的工业企业新产品销售收入和高技术产业主营业收入年均增速分别达到 20.12%和 12.98%，均高于京津冀地区的平均水平（表 9-6）。河北省内部的高新技术企业主要集中在石家庄市、保定市、唐山市、邯郸市、廊坊市、沧州市六个城市，这六个城市的高新技术企业数量占到全省的 84%[1]。

表 9-7　2016 年京津冀地级以上城市国内专利申请受理与授权数　（单位：件）

地区	国内专利申请受理数	国内专利申请授权数
北京市	189 129	100 578
天津市	106 514	39 734
石家庄市	12 189	6 994
保定市	7 818	4 783
秦皇岛市	5 637	3 217
唐山市	5 566	3 282
廊坊市	4 936	3 057
沧州市	4 648	2 690
邢台市	4 481	2 630
邯郸市	4 064	2 107
衡水市	2 857	1 634
张家口市	1 464	837
承德市	1 178	595

数据来源：《北京统计年鉴 2017》、《天津统计年鉴 2017》和《河北经济年鉴 2017》

2. 高新技术企业和高等学校科研机构为北京市创新产出奠定坚实基础

在科技创新产出方面，2016 年北京市的专利申请主要集中在海淀区、朝阳区和西城区三个区，三区专利申请量占全市的 66.4%。其中，海淀区不仅分布有大量的高新技术企业特别是互联网企业，也拥有众多高等学校和科研

---

[1] 《河北经济年鉴 2017》。

机构，是专利申请的重要主体。西城区集聚了一批大型国有企业总部和研究
机构，朝阳区则拥有望京高科技企业集群（图 9-6）。

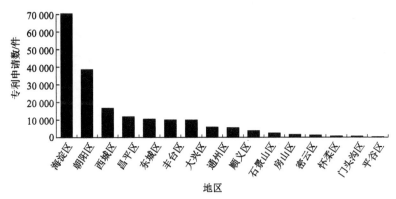

图 9-6　2016 年北京市各区专利申请数
数据来源：《北京统计年鉴 2017》

在产业创新产出方面，北京市的高新技术产业主要集中在中关村国家
自主创新示范区、金融街、北京商务中心区（CBD）、北京经济技术开发
区、北京新机场临空经济区、奥林匹克中心区六大高端产业功能区。这六
大高端产业功能区以全市 7% 的平原面积和 20% 的能耗，集聚了全市 90% 以
上的高技术产业、80% 左右的现代制造业、70% 左右的金融业、50% 以上的
生产性服务业和文化创意产业。其中，中关村国家自主创新示范区集聚效
应明显，发展势头迅猛，政策覆盖范围不断扩大，"一区十六园"的格局
已经形成。

3. 天津市各区创新产出差异较大，滨海新区为创新产出高地

在科技创新产出方面，2016 年滨海新区专利申请授权数为 12 113 件，
远超其他各区，但由于滨海新区的相关指标数据暂未取得，在此仅比较
除滨海新区之外其他各区的情况。2016 年，天津市发明专利申请数最高
的区域依次是武清区、西青区、南开区，发明专利申请数共占全市的 48%。
从发明专利申请数增长率上来看，河西区和红桥区增长速度最快，分别达
到 367.17% 和 101.94%。从新产品销售收入来看，东丽区和西青区新产品
销售收入远超其他各区，和平区、河北区、红桥区新产品销售收入非常低
（表 9-8）。

表 9-8 2016 年天津各区科技创新产出情况

辖区	发明专利申请数/件	发明专利申请数占专利申请数比重/%	发明专利申请数增长率/%	综合位次（以专利申请数计）	新产品销售收入/亿元	新产品销售收入占主营业务收入比重/%	新产品销售收入增长率/%	综合位次（以新产品销售收入计）
和平区	1203	45.50	24.41	9	1.42	7.16	—	15
河东区	439	22.91	−24.44	12	82.99	47.47	−40.18	9
河西区	2761	40.44	367.17	5	27.09	19.90	−62.91	12
南开区	3633	59.18	30.82	3	35.01	15.75	−9.30	11
河北区	710	25.92	−0.84	10	1.96	0.48	−69.38	14
红桥区	624	41.32	101.94	11	3.51	21.96	49.36	13
东丽区	1281	34.99	−17.41	8	918.87	27.20	−4.45	1
西青区	4686	36.89	10.52	2	876.42	26.61	−21.54	2
津南区	2789	36.19	31.49	4	502.82	34.82	11.12	4
北辰区	2671	36.09	87.04	6	571.36	22.04	14.00	3
武清区	5189	33.13	92.90	1	146.41	5.93	53.42	8
宝坻区	1840	39.11	−3.26	7	418.72	40.39	26.98	6
宁河区	113	17.99	13.00	15	176.48	27.57	−0.75	7
静海区	346	16.20	57.27	13	471.92	22.35	24.89	5
蓟州区	144	19.41	−35.71	14	57.74	21.27	42.11	10

数据来源：《2017 天津科技统计年鉴》

在产业创新产出方面,天津市的高技术产业大部分集中在滨海新区。2016 年,滨海新区的高技术产业产值达到 2373.87 亿元,占天津市的近 60%。北辰区、武清区的高技术产业产值分别达到 308.32 亿元、275.77 亿元,也是高技术产业相对重要的集聚地。从高技术产业产值占 GDP 比重来看,河北区、北辰区、静海区达到了 25% 以上,明显高于其他区。从高技术产业产值增长率来看,河北区 2016 年比 2015 年增长了 10 余倍,蓟州区增长了两倍多;河东区、河西区、津南区、北辰区高技术产业产值下降,其中河东区下降幅度较大,下降了 87.31%。从高技术产业新产品产值来看,2016 年,滨海新区高技术产业新产品产值达到 1248.00 亿元,占天津市的 53%。此外,东丽区、津南区、北辰区、静海区的高技术产业新产品产值也都在 100 亿元以上,尤其是北辰区达到 217.50 亿元（表 9-9）。

表 9-9　2016 年天津市各区产业创新产出情况

辖区	高技术产业产值/亿元	高技术产业产值占 GDP 比重/%	高技术产业产值增长率/%	综合位次（以高技术产业产值计）	高技术产业新产品产值/亿元	高技术产业新产品产值占 GDP 比重/%	综合位次（以高技术产业新产品产值计）
和平区	0.27	0.03	24.56	16	0.62	0.08	16
河东区	9.13	3.14	-87.31	15	53.89	18.52	11
河西区	11.48	1.40	-10.50	14	27.07	3.30	13
南开区	65.05	9.98	26.16	11	31.91	4.89	12
河北区	113.95	27.41	1202.19	7	77.28	18.59	9
红桥区	21.09	10.13	78.94	13	6.16	2.96	15
东丽区	161.02	17.37	25.28	6	101.51	10.95	5
西青区	170.01	16.34	34.96	4	86.94	8.36	7
津南区	102.03	12.59	-7.22	8	132.82	16.39	3
北辰区	308.32	29.14	-32.46	2	217.50	20.55	2
武清区	275.77	23.95	25.85	3	92.21	8.01	6
宝坻区	89.75	13.12	32.52	9	63.52	9.29	10
宁河区	86.39	16.44	32.45	10	81.96	15.60	8
静海区	167.65	25.10	41.00	5	128.76	19.28	4
蓟州区	43.76	11.15	206.53	12	23.13	5.89	14
滨海新区	2373.87	□	9.90	1	1248.00	□	1

数据来源：《2017 天津科技统计年鉴》

4. 河北省内部的创新产出以卫生和社会工作为主，各地级市差异不大

根据《2017 年河北省科学技术成果统计公报》，2016 年河北省机构成果登记情况中，医疗机构登记产出 2009 项，比重高达 67.85%；大专院校 404 项，企业 300 项，独立科研机构 99 项，其他性质单位 149 项。全省共有专利权成果 1638 项，其中发明专利 1094 项，实用新型专利 453 项，外观设计专利 23 项，软件著作权 68 项；涉及各类标准 74 项，其中国家标准 14 项，行业标准 26 项，地方标准 33 项，企业标准 1 项。

2016 年，河北省各行业的科技成果共有 2961 项，略少于 2015 年的 3031 项。河北省的创新产出以卫生和社会工作为主，卫生和社会工作共登记成果 2289 项，占总数的 77.31%。其次为农、林、牧、渔业和制造业，成果数分别占 6.38% 和 4.56%（表 9-10）。

表 9-10　2016 年河北省各行业创新成果情况

行业类别	登记成果数/项			
	应用技术	软科学	基础理论	合计
卫生和社会工作	2176	5	108	2289
农、林、牧、渔业	184	0	5	189
制造业	132	2	1	135
交通运输、仓储和邮政业	111	6	1	118
科学研究和技术服务业	46	4	5	55
电力、热力、燃气及水的生产和供应业	39	1	1	41
建筑业	39	0	1	40
水利、环境和公共设施管理业	33	1	0	34
信息传输、软件和信息服务业	20	2	0	22
公共管理和社会组织	11	5	2	18
采矿业	5	0	0	5
文化、体育和娱乐业	3	1	0	4
教育	1	2	0	3
房地产业	2	1	0	3
住宿和餐饮业	2	0	0	2
金融业	1	0	0	1
居民服务和其他服务业	1	0	0	1
批发和零售业	1	0	0	1
国际组织	0	0	0	0
合计	2807	30	124	2961

数据来源：《2017 年河北省科学技术成果统计公报》

注：因本表行业类别引自《2017 年河北省科学技术成果统计公报》，与原文保持一致，因此与本书其他同类行业类别有所差别

在河北省内部，各地级市的创新产出差异不大。2016 年，邢台市的科技创新成果数（主要包括专利和科研计划成果）为 218 项，占整个河北省的13.78%；秦皇岛市、沧州市、石家庄市、保定市的科技创新成果数比较接近，都在 150～200 项；张家口市、承德市、邯郸市、唐山市的科技创新成果数在 100～150 项；而廊坊市和衡水市的创新成果产出较少，均在 100 项以下（图 9-7）。

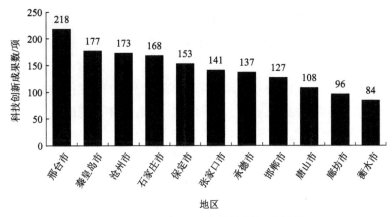

图 9-7　2016 年河北省科技创新成果数

数据来源：《2017 年河北省科学技术成果统计公报》

三、创新环境与创新绩效水平：北京市优势明显，津冀软环境建设仍差距较大

创新环境是区域创新系统理论的核心概念，通常指能够促进区域内行为主体不断创新的环境因素，包括硬环境（如通信设施、交通设施、公共服务设施等）和软环境（如文化氛围、政策制度、人际关系等）（Cooke，1992）。从创新环境来看，京津冀三地表现出不同的特点。

北京市作为首都和国际化大都市，在创新的软环境和硬环境方面都具有显著优势。这些优势主要体现在公共服务和就业机会方面，优质的教育、医疗、文化资源，良好的创业氛围，发达的金融和中介服务，使得北京市对人才和高端创新资源的"虹吸效应"十分明显。根据清华大学启迪创新研究院发布的《中国城市创新创业环境排行榜》和《中国城市创新创业环境评价研究报告》，北京市的总成绩排名连续七年位居第一，上海市、深圳市、广州市、重庆市、天津市、杭州市、武汉市、南京市和成都市等城市位居其后。

天津市虽然在整体的创新环境方面与北京市有较明显差距。但近年来，天津市借力滨海新区的开发建设，在政策和制度环境方面进步很大。特别是紧跟国家战略和创新政策的实施，着重加强国家层面政策的本地化和执行落实，并结合天津市的需求，推进创新生态环境的不断进步。例如，为解决企业创新发展方面的政策和服务问题，天津市针对知识产权、新三板挂牌、初创服务等核心工作，推出"创新创业通票"等政策制度，解决了困扰企业的融资和政策兑现两大难题,推动了科技企业的蓬勃发展。但目前天津市在公共服务、文化氛围等方面都与北京市有较大差距,仍需继续完善。

河北省整体的创新环境水平远远落后于北京市和天津市。但是随着京津冀协同发展的大力推进,近年来河北省在交通、信息等硬件设施方面进步很大,接受北京市创新溢出的成本大大降低。虽然硬件设施的改善带来了产业的迅速发展,但在公共服务等软环境方面仍与北京市存在很大差距。2016年,河北省的人均GDP分别为北京市和天津市的36%和37%,大专以上学历人口分别为北京市和天津市的22%和38%,医疗和教育的投入水平和服务质量都远低于北京市。公共服务方面的巨大差距导致目前河北省既留不住本地人才,又引不来外地人才,成为当地创新水平提高的最大制约因素(表9-11)。

表 9-11 京津冀创新环境主要指标情况

年份	地区	互联网普及率/%	财政科技支出/亿元	人均GDP/万元	大专以上学历人口比重/%	人均拥有公共图书馆藏量/册
2016	北京市	77.77	285.78	11.81	0.45	1.19
	天津市	63.96	125.18	11.45	0.26	1.16
	河北省	52.96	73.18	4.29	0.10	0.31
2014	北京市	85.21	282.71	9.99	45.46	1.03
	天津市	75.32	109.00	10.37	25.61	1.05
	河北省	63.04	51.32	3.98	10.31	0.29
2012	北京市	70.47	199.94	8.31	38.15	1.01
	天津市	56.12	76.45	8.50	22.85	1.04
	河北省	41.27	44.74	3.60	7.94	0.27
2010	北京市	70.30	178.92	7.19	37.35	0.95
	天津市	55.60	43.25	7.10	22.85	1.00
	河北省	36.10	29.65	2.84	5.79	0.24

数据来源:《中国统计年鉴》(2011年、2013年、2015年、2017年)

京津冀创新环境的差异,是由多方面原因造成的,但经济发展水平差异过大,教育资源分布过度集中,文化资源分布过于集中,劳动生产率与高技术产业生产差距过大是不可忽视的重要原因。

1. 经济发展水平差异过大阻碍了协同创新

对京津冀13个地级以上城市人均GDP进行分析,北京市和天津市一直处于高位，2016 年两地的人均 GDP 均高于 8 万元；除唐山市外，河北省其他各市人均 GDP 均不足 6 万元，尤其是保定市和邢台市均低于 3 万元。从 2016 年人均 GDP 增幅来看，河北省邢台市和衡水市增长较快，唐山市、保定市和承德市增长缓慢（表 9-12）。良好的经济环境能够支撑创新环境的建设，激励创新活动。京津两市与河北省经济差距显著，人均 GDP 的差距反映了人民生活水平的差异和对人才的吸引能力，河北省较低的人均 GDP 不利于吸引人才，经济发展的非均衡是阻碍创新协同的原因之一。

表 9-12　2016 年京津冀地级以上城市人均 GDP 及其增幅

地区	人均 GDP/元	人均 GDP 增幅/%
北京市	118 198	7.84
天津市	115 053	4.67
唐山市	81 020	3.56
廊坊市	58 948	8.73
石家庄市	54 965	8.12
沧州市	47 228	5.86
秦皇岛市	43 603	7.16
承德市	40 732	5.83
邯郸市	35 407	6.18
张家口市	33 129	7.43
衡水市	31 892	15.94
保定市	29 886	4.61
邢台市	26 991	11.57

数据来源：《北京统计年鉴 2017》、《天津统计年鉴 2017》和《河北经济年鉴 2017》

2. 教育资源分布过度集中导致创新环境差异较大

教育是人才的摇篮，教育资源是地区创新环境的重要组成部分。京津冀创新环境差异在很大程度上是由于教育资源分布的不均衡所造成的。2010 年以来，北京市、天津市、河北省三地教育水平均有所提高，但三地间教育资源与教育质量的差距反而越来越大。从 2016 年京津冀三地不同阶段教育的在校生数可以看出，北京市和天津市在高等教育方面具有绝对优势，河北省的教育资源则更多地集中在基础教育上（图 9-8）。在师资方面，2016 年北京市专任教职人员数占京津冀地区的 17.54%，且教师平均素质远远高于其他地区

（表 9-13）。

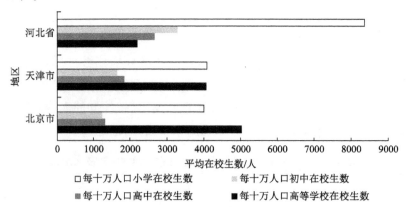

图 9-8　2016 年京津冀每十万人口各级学校平均在校生数
数据来源：《中国统计年鉴 2016》

表 9-13　2016 年京津冀地级以上城市专任教职人员数及其占比

地区	专任教职人员数/人	占京津冀地区比重/%
北京市	231 251	17.54
天津市	122 897	9.32
石家庄市	149 984	11.37
保定市	142 633	10.82
邯郸市	129 277	9.80
唐山市	99 974	7.58
沧州市	90 220	6.84
邢台市	89 552	6.79
衡水市	60 347	4.58
廊坊市	55 762	4.23
张家口市	54 944	4.17
秦皇岛市	46 265	3.51
承德市	45 517	3.45

数据来源：《中国统计年鉴 2017》、《北京统计年鉴 2017》、《天津统计年鉴 2017》和《河北经济年鉴 2017》

　　高等学校是创新人才的主要来源，也是吸引人才、留住人才最有效的场所与途径。河北省与京津两地高等教育资源的差距是导致缺乏人才、留不住人才的直接原因，也是河北省无法跟上京津创新脚步、难以并肩协同创新发展的问题根源（表9-14）。在京津冀地区，高等教育资源高度集中分布在北京市，其拥有的普通高等学校数远高于天津市和河北省省会石家庄市，更不用说河北省其他地级市了。在世界一流大学建设高等学校中，北京市占据 8 所，天津市占据 2 所，河北省暂无。高等教育资源特别是优质高等教育资源在北京市的集中度过高，适当地将高等教育资源向北京市周边城市疏解，增强外围城市的吸引力，是推进教育资源布局深度优化的重要手段之一。

表 9-14　2016 年京津冀地级以上城市普通高等学校数及其占比

地区	普通高等学校数/所	占京津冀地区比重/%
北京市	91	34.34
天津市	55	20.75
保定市	16	6.04
唐山市	10	3.77
廊坊市	2	0.75
张家口市	4	1.51
承德市	5	1.89
沧州市	8	3.02
石家庄市	49	18.49
秦皇岛市	13	4.91
衡水市	2	0.75
邢台市	5	1.89
邯郸市	5	1.89

数据来源：《中国城市统计年鉴 2017》

3. 文化资源分布过于集中影响了创新环境建设

京津冀文化资源分布差异极大。截至 2016 年，北京市每百人拥有图书馆馆藏书数为 287 册，是天津市的近 2.5 倍，河北省仅有石家庄市和廊坊市的每百人拥有图书馆馆藏书数超过 50 册，分别达到 62 册和 52 册（图 9-9）。在馆藏书目的质量方面，北京市也远远高于区域内其他地区。因此，缩小地区间文化资源数量与质量差距，着重提高河北省的创新文化环境，有利于增进三地间的协同创新发展，从而进一步推动京津冀区域内文化资源的流通共享，提高文化资源利用的便利性，力争人才资源与文化资源的均衡匹配。

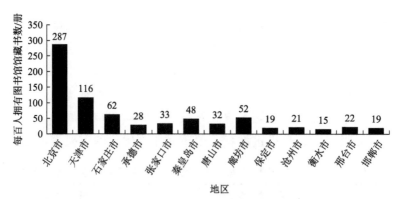

图 9-9　2016 年京津冀地级以上城市每百人拥有图书馆馆藏书数

数据来源：《中国城市统计年鉴 2017》

4. 劳动生产率与高技术产业生产差距过大限制了创新效率的整体提高

从劳动生产率角度来看，考察期内北京市、天津市两地相近，且两地全员劳动生产率始终是河北省的 2.5 倍左右，2016 年北京市全员劳动生产率已突破 20 万元/人，天津市为 19.82 万元/人，河北省还不到 10 万元/人，在生产能力上远低于北京市和天津市（表 9-15）。

表 9-15　京津冀全员劳动生产率与高技术产业生产水平情况

年份	地区	全员劳动生产率/（万元/人）	高技术产业新产品收入占工业增加值比重/%	高技术产品出口额/10⁶ 美元
2016	北京市	21.04	43.92	11 319
	天津市	19.82	23.50	15 344
	河北省	7.59	2.91	1 894
2014	北京市	18.44	49.78	18 750
	天津市	17.93	26.55	19 942
	河北省	7.00	2.03	2 754
2012	北京市	16.15	39.93	19 020
	天津市	16.05	18.89	18 977
	河北省	6.50	1.23	3 106
2010	北京市	13.68	49.23	15 156
	天津市	12.66	19.23	14 689
	河北省	5.28	0.73	3 643

数据来源：《中国统计年鉴》（2010 年、2012 年、2014 年、2016 年）、《中国科技统计年鉴》（2011 年、2013 年、2015 年、2017 年）

　　生产能力在一定程度上代表着创新能力，尤其是高技术产业的生产能力与创新能力直接相关，由表 9-15 可知，北京市高技术产业新产品收入占工业增加值比重在 2010～2016 年虽有波动，但始终维持在 40%左右，天津市则在 2014 年后开始超过 20%，河北省在 2016 年还不到 3%、2010 年不足 1%，京津冀地区内部在高技术产业生产水平上存在天壤之别。在高技术产品出口方面，虽然京津冀三地出口额有不同程度的波动，但在产品出口能力上依旧存在显著差异，从 2011 年开始北京市和天津市的高技术产品出口额几乎是河北省的 5 倍以上，2016 年河北省高技术产品出口额已经不足 20 亿美元，比2010 年下降了 48%。

第三节　京津冀创新联系的测度与分析

　　2010～2016 年，京津冀地区创新联系有所改善，但存在的问题也不容乐观。创新主体过分依赖企业主体，官产学研结合程度较低，甚至天津市、河北省两地企业与高等学校的合作出现了减弱的趋势，两地 R&D 经费内部支出中企业投入占比期初较期末分别下降 8.10%和 38.93%。此外，京津冀地区间创新联系还处于一个较低的水平。例如，2016 年北京市专利申请数超 10 万件，与津冀两地合作只有 1279 件；2016 年北京市科技论文发表数就有 5 万余篇，而区域间合作论文发表数仅有 3194 篇[①]。通过对京津冀创新联系的具体分析可知，区域创新活动的关联、合作程度需要进一步提高。

一、主体间联系仍比较欠缺

　　区域协同创新的效果如何，取决于区域创新系统中各主体能否耦合互动、充分发挥各自优势。在区域创新体系中，创新主体是具有创新能力和进行创新活动的组织，包括政府、企业、高等学校、科研机构等。主体间联系是指官产学研不同主体之间的协同合作。2010～2016 年，京津冀主体间联系指数逐渐上升，但北京市、天津市、河北省各自的主体间联系存在较大差异。具体来看，京津冀的主体间联系主要表现出以下三个特点。

　　第一，企业的创新能力日渐增强，但政府对企业创新的支持力度有待加

[①]《中国科技统计年鉴 2017》。

强。2010～2016 年，京津冀三地规模以上工业企业 R&D 经费支出、R&D 人员数量等指标都有较大提升，企业的创新能力不断提高。2016 年，京津冀三地规模以上工业企业 R&D 经费内部支出结构中企业资金占比为 93%，政府资金仅占 3.6%，可见企业 R&D 经费主要还是依靠企业自身承担[①]。政府资金对企业研发的支持，势必会提高企业创新的积极性，降低企业在研发环节中的成本，这有利于增强企业经营活力，提高企业的生产效率。

第二，各主体研发投入高度依赖自身，产学研一体化进程缓慢。虽然自 2010 年以来，京津冀三地的高等学校、科研机构和规模以上工业企业 R&D 经费内部支出都保持着较快速度的增长，但高等学校和科研机构依旧高度依赖政府拨款，企业高度依赖自身投入。2010～2016 年，津冀两地高等学校 R&D 经费内部支出中企业投入占比有不同程度的下降，而科研机构 R&D 经费内部支出中企业投入占比普遍上升，但上升幅度较小（表 9-16）。企业对高等学校科研的支撑力度在逐渐减小，与科研机构之间的合作有所增加。

表 9-16　2010～2016 年京津冀创新主体间联系主要指标情况

年份	地区	高等学校专利所有权转让及许可收入/万元	科研机构专利所有权转让及许可收入/万元	高等学校 R&D 经费内部支出中企业投入占比/%	科研机构 R&D 经费内部支出中企业投入占比/%
2016	北京市	51 870	35 769	29.50	3.27
	天津市	347	2 993	32.06	3.38
	河北省	575	479	24.02	0.17
2014	北京市	13 991	19 698	29.36	1.94
	天津市	1 358	1 581	43.70	0.72
	河北省	1 667	151	29.92	0.07
2012	北京市	13 378	19 297	27.61	1.54
	天津市	1 010	—	40.70	2.80
	河北省	1 727	1 024	32.57	0.05
2010	北京市	5 924	110 816	24.80	2.02
	天津市	4 109	702	34.87	3.02
	河北省	1 354	150	39.33	0.02

数据来源：《中国科技统计年鉴》（2011 年、2013 年、2015 年、2017 年）

---

① 《中国科技统计年鉴 2017》。

第三，高等学校和科研机构的知识创新产出丰富，但产业化程度较低。北京市和天津市拥有北京大学、清华大学、中国科学院、天津大学、南开大学等顶尖高等学校和科研机构，在知识生产和人才储备上要优于长三角和珠三角地区。2010～2016 年，京津冀三地的高等学校和科研机构的论文及专利产出都有较高的增长率。但从转化效果来看，仅北京市的高等学校和科研机构专利所有权转让及许可收入是逐年递增的，天津市与河北省各高等学校专利所有权转让及许可收入有较大幅度的下降，知识成果的产业化程度亦出现下降。

京津冀创新主体间的合作程度不断加深，合作领域范围扩大，但创新主体间的合作以高等学校与科研机构合作、政府间合作为主。高等学校与政府、高等学校与企业、政府与企业、企业间的协同创新还需不断增强（表 9-17）。

表 9-17 京津冀创新主体间联系所取得的成就

参与主体	时间	成果
高等学校与科研机构	2014 年 12 月	北京大学、中央财经大学等 50 多所高等学校、信用研究机构及相关经济实体联合成立信用教育联盟
	2015 年 5 月	北京市农林科学院、天津市农业科学院、河北省农林科学院共同成立京津冀农业科技协同创新中心
	2015 年 6 月	北京工业大学、天津工业大学、河北工业大学联合成立京津冀协同创新联盟
	2015 年 9 月	北京大学联合南开大学、河北经贸大学等五所高等学校成立京津冀协同发展联合创新中心
	2015 年 10 月	北京大学、南开大学、河北大学三所高等学校联合组建京津冀信息服务协同创新共同体
	2015 年 12 月	河北农业大学联合中国农业大学、北京林业大学、天津农学院等九所高等学校成立京津冀农林高校协同创新联盟
	2016 年 4 月	北京工商大学、天津科技大学、河北科技大学联合成立京津冀轻工类高校协同创新联盟
	2017 年 2 月	清华大学、天津理工大学、河北工业大学等联合组建京津冀高端制造共性关键技术协同创新中心
高等学校与企业	2013 年 5 月	天津中医药大学、中国中医科学院及京津冀大型中药制药企业成立中药共建共享药材基地、中药注射剂产业合作组织、现代中药产业研究院
	2015 年 12 月	中关村华清石墨烯产业技术创新联盟、东旭光电科技股份有限公司、清华大学、中国科学院、天津大学等联合成立京津冀石墨烯产业发展联盟
	2016 年 12 月	北京大学与河北大学等多家三地高等学校、大数据产业联盟、企业等发起成立京津冀大数据产业协同创新平台

续表

参与主体	时间	成果
高等学校与政府	2013 年 5 月	秦皇岛（中科院）技术创新成果转化基地正式揭牌启动，由中国科学院北京分院与秦皇岛经济技术开发区共同负责运营管理
	2014 年 5 月	河北省人民政府与清华大学联合共建清华大学重大科技项目，（固安）中试孵化基地举行开工奠基仪式
	2015 年 3 月	中国技术交易所有限公司与河北省科学技术厅共同成立京津冀技术交易河北中心
	2015 年 6 月	河北省与科学技术部、招商局集团合作建立了首期规模为 10 亿元的科技成果转化引导基金，与京津科学技术部门共同设立规模为 10 亿元的京津冀科技成果转化创业投资基金
	2015 年 9 月	中关村发展集团联合河北省保定市等 14 个地级市地方政府和金融机构共同发起设立中关村协同创新投资基金
	2015 年 12 月	北京大学科技开发部、北方技术交易市场、河北省科技成果转化服务中心等 26 家单位共同成立京津冀技术转移协同创新联盟
	2017 年 5 月	廊坊市经济技术开发区管理委员会、北京市虚拟仿真与可视化工程技术研究中心、廊坊邦创虚拟现实科技有限公司、廊坊麦迈科技有限公司和北京协同创新研究院共同创建京津冀虚拟现实协同创新研究院
企业间	2014 年 10 月	河北省机械行业协会、天津市滨海新区智能制造产业技术创新战略联盟等 10 个产业协会（联盟）共同组建京津冀智能制造协作一体化发展大联盟
	2015 年 4 月	北京首都农业集团有限公司与滦县新绿洲生态农业发展有限公司合作，建设北京滦州农业科技产业园，三期项目落户河北省唐山市
	2015 年 7 月	北京首都农业集团有限公司与天津港集团有限公司签订协议，就天津港首都农业食品进出口项目达成合作共识
	2015 年 11 月	京津冀中医药企业共同设立京津冀中医药产业创新战略联盟
政府间	2014 年 5 月	中关村海淀园秦皇岛分园在秦皇岛经济技术开发区揭牌成立，是中关村海淀园在全国建立的首个分园
	2014 年 8 月	北京市和天津市人民政府共同签署《共建滨海-中关村科技园合作框架协议》，"中国硅谷"正式开建
	2014 年 8 月	京津两市政府签署《关于共同推进天津未来科技城京津合作示范区建设的合作框架协议》，示范区成为两市合作的重要载体
	2014 年 8 月	天津市与河北省签署《加强生态环境建设合作框架协议》、《推进教育协同发展合作框架协议》、《共同打造冀津（涉县·天铁）循环经济产业示范区合作框架协议》、《推进区域市场一体化合作框架协议》和《交通一体化合作备忘录》
	2014 年 8 月	北京市科学技术委员会、天津市科学技术委员会、河北省科学技术厅共同签署《京津冀协同创新发展战略研究和基础研究合作框架协议》
	2015 年 1 月	北京、沧州两地共建的北京·沧州渤海新区生物医药产业园正式落地河北省沧州市

续表

参与主体	时间	成果
政府间	2015 年 4 月	中关村科技园区管理委员会和保定市高新区成立保定·中关村创新中心，中关村国内首个创新中心正式落户保定市
	2015 年 4 月	京津冀三地科学技术部门发起成立京津冀钢铁行业节能减排产业技术创新联盟
	2015 年 7 月	京津冀三地 12 家国家级经济技术开发区共同成立京津冀开发区创新发展联盟
	2015 年 8 月	天津市人力资源和社会保障局与北京市人力资源和社会保障局签署《加强人才工作合作协议（2014 年-2017 年）》，加快人才工作合作交流，促进区域人才一体化
	2016 年 8 月	北京市出台《中关村国家自主创新示范区京津冀协同创新共同体建设行动计划（2016-2018 年）》
	2017 年 8 月	北京市、天津市与河北省共同签署《关于共同推进河北雄安新区规划建设战略合作协议》

二、区域间联系效果不明显

京津冀协同创新需要知识、技术、信息、人才、资金等多种创新要素在三地间充分流动，实现跨区域创新主体和创新资源的耦合，提升资源的协调能力和配置效率，达到"1+1+1>3"的效应。从区域间联系指数来看，京津冀三地呈现明的梯度分布特点。北京市对外创新联系比较活跃，但天津市与河北省并没有充分参与到北京市的创新活动中，特别是河北省并没有发挥自身临近京津的区位优势，承接北京市的创新输入规模很小。具体来看，京津冀的区域间联系主要表现出以下三个特点。

第一，北京市作为全国技术交易中心的地位凸显，天津市技术交易市场发展迅猛，河北省技术交易规模很小。北京市 2016 年技术输出地域合同金额、技术流入地域合同金额总计 5694 亿元，为 2010 年的 2.74 倍，总合同金额占全国比重近 50%，是我国的核心创新枢纽。天津市的创新交易也增长迅猛，2010～2016 年，天津市的技术输出地域合同金额、技术流入地域合同金额总额年均增长率分别达到 29.18%、24.59%，明显高于北京市和河北省。河北省则在技术交易方面十分滞后，2016 年河北省的技术市场交易金额只有北京市的 4%、天津市的 26%。与此同时，河北省对技术的引进和吸收情况也不理想。2010～2016 年，河北省的技术流入地域合同金额年均增长率只有 6.10%，低于北京市的 23.34% 和天津市的 24.59%（表 9-18）。自 2014 年京津冀协同发展上升为国家战略之后，国家采取了多项措施推动创新成果在京津冀三地的流动，随着三地间产业园区的共建、技术转移机构的增加，河北省与京津间技术交易情况有望得到改善。

表 9-18　2010～2016 年京津冀地区间协同创新主要指标情况

年份	地区	技术输出地域合同金额/亿元	技术流入地域合同金额/亿元	区域间合作专利申请授权数/件	区域间合作论文发表数/篇
2016	北京市	3941	1753	1279	3194
	天津市	553	389	1188	2814
	河北省	59	184	185	1876
2014	北京市	3137	1235	678	2488
	天津市	389	341	546	2114
	河北省	29	153	310	1524
2012	北京市	2459	974	260	1761
	天津市	205	232	239	1422
	河北省	38	115	98	976
2010	北京市	1580	498	336	1105
	天津市	119	104	269	1422
	河北省	19	129	179	693

数据来源：《中国科技统计年鉴》（2011 年、2013 年、2015 年、2017 年）

第二，从北京市技术输出来看，北京市的技术转移在全国范围内呈现"跳跃式"传播特征，对津冀主要产业的技术带动贡献不大。2016 年，北京市 69% 的技术合同流向外省市，向津冀输出的技术只占很小的比重，绝大部分流入广东省、上海市、江苏省等沿海发达省份。从技术分类来看，北京市向津冀输出技术集中在城市建设与社会发展、电子信息、新能源与高效节能、现代交通和新材料等领域，与天津市、河北省的主导产业并不相符，对当地的产业发展和技术进步并没有明显的创新支持作用。北京市的技术创新成果并未实现就近转化，其主要原因在于京津冀三地的发展阶段和产业结构存在较大差异。目前，北京市已经步入后工业化阶段，服务业占比突破 80%，工业中的主导产业为汽车制造业，以及计算机、通信和其他电子设备制造业等高端制造业；而天津市工业的主导产业为黑色金属冶炼和压延加工工业、专用设备制造业、化学原料和化学制品制造业等行业，河北省工业的主导产业为黑色金属冶炼和压延加工业、非金属矿物制品业、黑色金属矿采选业等行业。北京市与津冀产业结构相似度较低，导致较难形成基于产业链的创新流动和技术合作。另外，市场障碍与制度壁垒也是造成三地技术流动不足的重要原因。由于京津冀三地间的政府管理方式、产业规划定位、科技金融政策自成体系，造成创新要素市场的割裂，使得三地未能形成创新发展新合力。

第三，京津冀三地间科技创新联系进程更加滞后。北京市作为中国技术交易的中心地，对天津市与河北省的对外技术交易活动无明显的带动作用。同时，京津冀三地之间的科技创新合作较少。2016 年，北京市、天津市、河北省国内专利申请授权数分别为 100 578 件、39 734 件、31 826 件，与京津冀内部其他地区合作申请的专利授权数比重分别仅为 1.3%、3.0%、0.6%[①]。2016 年，北京市、天津市、河北省地区发表 SCI、SSCI、A&HCI 论文数分别为 80 174 篇、12 711 篇、4857 篇，科技论文发表数分别为 52 946 篇、9629 篇、4030 篇[②]，区域间合作论文发表数分别为 3194 篇、2814 篇、1876 篇，区域间合作发表论文比重非常小（表 9-18）。

三、京津冀创新联系需要进一步增强

在京津冀协同创新水平逐年提高的同时，京津冀协同创新联系也有较大提升。2010～2016 年，北京市、天津市、河北省的区域间创新合作越来越频繁，区域间创新联系更加密切，三地的技术输出地域合同金额由 1718 亿元增加至 4553 亿元，技术流入地域合同金额由 731 亿元增加至 2326 亿元，技术交易合同金额显著升高。虽然京津冀三地的区域协作水平不断提高，但内部差异越来越明显，北京市的经济交易合同金额遥遥领先，2016 年技术合同成交额约是天津市的 6 倍、河北省的 24 倍。同时，根据国家知识产权局网站数据，2010～2016 年北京市与天津市合作申请专利 2231 次，远高于北京市与河北省的 661 次[③]。

随着国家对科技创新的重视及创新政策的不断利好，京津冀将迎来前所

---

① 比重由区域间合作专利申请授权数与专利申请授权总数相比而得，区域间合作专利申请授权数来源于国家知识产权局网站，专利检索功能：http://www.pss-system.gov.cn/sipopublicsearch/portal/app/home/declare.jsp[2018-11-10].

② 《中国科技统计年鉴 2017》。

③ 数据整理自专利检索与分析，参见 http://www.pss-system.gov.cn/sipopublicsearch/portal/uiIndex.shtml[2018-10-10]。

未有的创新机遇。京津冀一体化进程的不断深入,将继续促进三地科技创新的深层次合作。从 2010 年以来三地政府、企业与高等学校间的合作可以看出,科技创新平台不断设立,创新投入稳步增加,创新能力持续增强。京津冀协同创新发展已经取得一定进展,但短板依然存在,扬长补短,加快协同创新共同体建设仍然任重道远。

第四节　本　章　小　结

从京津冀协同创新水平测度结果来看,2014 年京津冀协同发展战略实施以来,各区域主体间的协同程度有了显著提升,京津冀协同创新水平逐年上升。从三大地区分别来看,三地的创新投入水平均有大幅度上升,但各城市间的差距仍较大,河北省的创新产出与北京市和天津市存在巨大差异。北京市具有全国最优质的科技资源和高等学校、科研机构,创新环境优异,天津市水平一般,河北省则相对较差。

近年来,随着京津冀协同发展战略的不断深入,三地为促进区域间协同创新,不断出台各种政策措施来加强创新投入和要素流动。但从京津冀协同创新水平测度的各级指标来看,区域间的协同创新水平仍有待进一步提升,主要表现在:主体间联系较为欠缺、区域间联系效果不明显、京津冀创新能力需要全面提升。以上突出问题已经成为京津冀协同创新共同体建设过程中的制约因素和短板,有必要基于三地创新资源、创新能力、创新环境特征,进行针对性优化和改善,以全面提升京津冀区域协同创新水平。

专题二

打造京津冀"一体两翼"协同创新模式

10 第十章
京津冀"一体两翼"协同创新现状与问题

  协同创新是京津冀协同发展进程中的重要议题,而随着城市副中心建设与雄安新区建设的不断深入,京津冀区域"一体两翼"的协同创新格局日益凸显。党的十九大报告进一步明确了京津冀协同发展与雄安新区建设作为国家战略的重要地位。《北京城市总体规划(2016年-2035年)》也提出北京市建设全国科技创新中心,成为以三城一区为重点的全球科技创新引领者;并强调建设北京城市副中心和支持河北雄安新区建设,形成"一体两翼"的发展格局。在此背景下,京津冀协同创新的发展目标和空间格局已经基本明确,但如何统筹"一体"与"两翼"的关系,寻找合适的协同创新模式成为当下面临的紧迫问题。本章将分析京津冀"一体两翼"协同创新的外部环境,明确"一体两翼"的内涵,总结"一体两翼"协同创新现状,指出"一体两翼"协同创新过程中需要重点解决的问题与提升的领域。

第一节　京津冀"一体两翼"协同创新的外部环境分析

一、党的十九大进一步明确了京津冀协同发展这一重大国家战略

十九大报告明确提出："以疏解北京非首都功能为'牛鼻子'推动京津冀协同发展，高起点规划、高标准建设雄安新区。"[①]这是党中央在中国特色社会主义进入新时代做出的重大决策部署，也是在新的历史起点上深入推进京津冀协同发展的动员令。构建京津冀协同创新共同体是京津冀协同发展的重要目标和路径，也是支撑北京市建设具有全球影响力的全国科技创新中心的重要策略。然而京津冀地区现有的科技创新资源高度集聚在北京市中心城区，对北京城市副中心和雄安新区的带动并不充分。因此，如何探索出一种适合京津冀地区协同创新的模式，推动形成"一体两翼"创新发展格局，是构建京津冀协同创新共同体、建设具有国际影响力的创新发展区面临的重要问题。

二、雄安新区将成为京津冀协同创新的重要一翼

设立雄安新区，是以习近平同志为核心的党中央深入推进京津冀协同发展做出的一项重大决策部署，是继深圳市经济特区和上海市浦东新区之后又一具有全国意义的新区。雄安新区的设立，是为了解决北京市的"大城市病"，促进京津冀协同发展，形成以首都为核心的世界级大城市群。雄安新区的定位被确定为集中承接北京非首都功能，采用现代信息、环保技术，建成绿色低碳、智能高效、环保宜居且具备优质公共服务的现代化新区。

雄安新区的设立，对于整个京津冀协同创新发展的意义也非常重大。从京津冀区域来看，北京市集聚了强大的创新资源，但并没有有效带动周边天津市和河北省科技创新事业的发展，这也是导致河北省产业转型困难、经济发展滞后的重要原因之一。随着全国经济发展进入新常态，河北省所长期依赖的钢铁、能源等传统产业将难以持续，寻求新的产业发展是必然趋势。借力北京市这一全国创新能力最强的城市，雄安新区无疑可以成为北京市创新

---

① 习近平在中国共产党第十九次全国代表大会上的报告[OL]. http://cpc.people.com.cn/n1/2017/1028/c64094-29613660.html[2018-09-10].

辐射京津冀的桥头堡,其规划建设意义重大、影响深远。雄安新区作为北京非首都功能疏解集中承载地和首都功能的拓展区,必将与北京城市副中心形成北京市发展新的"两翼",成长为新的区域增长极。未来应将雄安新区建设成为世界领先的科技新城,争取各类科技创新政策先试先行,打造贯彻落实新发展理念的创新发展示范区,成为科技驱动创新发展的全国样板。

三、《北京城市总体规划（2016 年-2035 年）》明确了"一体两翼"的发展格局

《北京城市总体规划（2016 年-2035 年）》指出,京津冀协同发展的目标是建设以首都为核心的世界级城市群,而支撑京津冀形成世界级城市群的空间格局就是"一体两翼"。北京城市副中心与雄安新区共同构成北京市新的"两翼",必须整体谋划、深化合作、取长补短、错位发展,努力形成北京城市副中心与雄安新区比翼齐飞的新格局。从科技创新角度来看,京津冀要打造协同创新共同体,也要从"一体两翼"的格局出发。因此,探索如何从"一体两翼"的角度推动科技资源在京津冀地区的合理布局,充分发挥北京市作为科技创新中心的辐射带动作用,形成分工合理、多链融合、共同繁荣的协同创新发展态势,对于探索京津冀协同发展的新模式、推动形成京津冀协同创新共同体具有重要意义。

第二节 京津冀协同创新格局中 "一体两翼"的界定

区域创新体系是国家参与全球竞争的重要支撑,区域协同创新是区域一体化的关键（王志宝等,2013）。京津冀协同创新格局的打造实质上是对京津冀区域创新体系协同性的提升。《北京城市总体规划（2016 年-2035 年）》首次明确了"一体两翼"的说法,提出雄安新区与北京城市副中心形成北京市新的"两翼",形成北京市中心城区、城市副中心与雄安新区功能分工、错位发展的新格局[1]。类似地,京津冀协同创新的格局也呈现出"一体两翼"的发展格局,其中的含义可以理解如下。

---

[1] 第七章 深入推进京津冀协同发展,建设以首都为核心的世界级城市群[OL]. http://www.bjghw.gov.cn/web/ztgh/ztgh008.html[2018-10-01].

一、一体：以中关村为核心的北京市中心城区

"一体两翼"中的"一体"，即以中关村为核心的北京市中心城区。作为全国的科技创新中心，北京市集聚了大量的高等学校、科研机构、高新技术企业和高端人才。但从北京市内部来看，北京市的创新活动呈现明显的"中心-外围"结构，各类创新资源高度集聚在包含海淀区、朝阳区、东城区、西城区、丰台区、石景山区的中心城区范围内。2016 年，北京市中心城区的专利申请数占到全市的 79.1%，是北京市创新活动的主要承载区。在中心城六区中，海淀区是中关村国家自主创新示范区核心区和中关村科学城所在地，是引领北京市乃至全国创新发展的重要区域。2016 年，海淀区专利申请数为70 327 件，占到了整个中心城区的 46.9%（图 10-1）。拥有国家级高新技术企业 6157 家，占全市的 50%[1]。2016 年，海淀区域内有两院院士 586 名，占全市总数近八成[2]。由此可见，中心城区是整个北京市创新的主要承载区，而海淀区就是整个创新承载区的核心区。

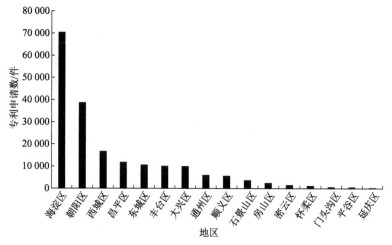

图 10-1　2016 年北京市各区专利申请数
数据来源：《北京区域统计年鉴 2017》

从中心城区内部来看，位于海淀区的中关村是北京市历史最悠久、规模

① 对话北京海淀区委常委、常务副区长孟景伟：打造全国科技创新创业的"海淀"名片[OL]. http://bj.people.com.cn/n2/2016/0522/c376288-28379992.html[2018-10-01].

② 海淀区域内有两院院士 586 名 占全市总数近八成[OL]. http://www.bjhd.gov.cn/xinwendongtai/haidianyaowen/201606/t20160613_1274183.htm[2018-10-01].

最大、最具活力和影响力的创新集群，是北京市真正的创新核心区。中关村拥有北京大学、清华大学等 40 多所高等学校，中国科学院等国家（市）级科研机构 206 所，国家级重点实验室 112 个，国家工程研究中心 38 个，国家工程技术研究中心 57 个，拥有"千人计划"人才 874 人，占北京市的近八成（李国平，2017）。2013 年，中关村地区的专利申请数占整个北京市的 34.82%，是北京市最主要的创新产出地。另外，中关村的高技术产业和高技术企业的发展也十分迅猛。2017 年，中关村海淀园总收入超过 2 万亿元，同比增长 10% 以上，占中关村国家自主创新示范区的 40%。国家级高新技术企业保有量超过 8980 家，同比增长约 18.5%。独角兽企业数量达 37 家，占全国总量的 1/4，总估值近 1500 亿美元。在规模以上高新技术企业中，符合新经济特征的企业占比高达 73%，新经济企业总收入占中关村海淀园纳统企业总收入的 76%，远高于全国平均水平 33%[①]。作为我国第一个国家自主创新示范区的核心区，30 年来，中关村核心区从创新政策先行先试到原始创新策源地，从链接全球创新资源到大力培育新动能，从腾笼换鸟加速产业转型升级到构建"高精尖"经济结构，已经成为我国创新发展的一面旗帜，成为具有全球影响力的原始创新策源地和自主创新主阵地。

二、两翼：北京城市副中心与雄安新区

1. 北京城市副中心

"一体两翼"中的一翼是指北京城市副中心。根据《北京城市总体规划（2016 年-2035 年）》，北京城市副中心规划范围为原通州新城规划建设区，约 155 平方公里，外围控制区即通州全区约 906 平方公里，进而辐射带动廊坊市北三县地区协同发展[②]。北京城市副中心将通过有序推动市级党政机关和市属行政事业单位搬迁，带动北京市中心城区其他相关功能和人口疏解，建设国际一流的和谐宜居现代化城区。北京城市副中心作为京津冀协同创新格局的重要一翼，应发挥科技在北京城市副中心建设中的引领支持作用，引

---

① 【中关村双创季】未来中关村：突破创新"无人区" [OL]. http://www.sohu.com/a/258670429_672503 [2018-10-10].

② 北京城市副中心的规划区为 155 平方公里，控制区为 906 平方公里。鉴于数据获取及分析比较原因，本专题将北京城市副中心按控制区范围来处理，即 906 平方公里。作者的研究团队也一直认为北京城市副中心应该等同于通州区，现在的 155 平方公里可以认为是北京城市副中心的核心区。

导创新要素汇集，推动构建"高精尖"经济结构，助力城市生态建设与精细化管理，建设全国科技创新中心创新驱动新高地。

2. 雄安新区

"一体两翼"中的另一翼是指雄安新区。2017 年 4 月 1 日，中共中央、国务院决定设立河北雄安新区。雄安新区地处北京市、天津市、保定市腹地，距北京市、天津市均为 105 公里，距石家庄市 155 公里，距保定市 30 公里，距北京新机场 55 公里，区位优势明显。根据《河北雄安新区规划纲要》，"本次新区规划范围包括雄县、容城、安新三县行政辖区（含白洋淀水域），任丘市鄚州镇、苟各庄镇、七间房乡和高阳县龙化乡，规划面积 1770 平方公里。"雄安新区将重点承接北京非首都功能疏解，突出创新特色，提供优质公共服务，集聚一批互联网、大数据、人工智能、生物技术、现代金融等创新型、示范性重点项目，发挥引领带动作用；加强生态环境建设，打造韧性、安全的城市基础设施，精心塑造城市特色，形成宜居宜业现代化城市风貌。

第三节　京津冀"一体两翼"协同创新发展现状

一、中关村已成为引领首都创新发展的中坚力量

《北京城市总体规划（2016 年-2035 年）》指出，北京市四大城市定位之一是全国科技创新中心，中心城区是科技创新中心的主要承载地区，特别是海淀区要建设成为具有全球影响力的科技创新中心核心区。中关村又是海淀区科技创新的主要空间载体，是引领首都创新发展的中坚力量。《北京城市总体规划（2016 年-2035 年）》中将中关村的发展定位为"通过集聚全球高端创新要素，提升基础研究和战略前沿高技术研发能力，形成一批具有全球影响力的原创成果、国际标准、技术创新中心和创新型领军企业集群，建设原始创新策源地、自主创新主阵地。"

中关村集聚了高端化、年轻化、国际化的创新人才。中关村人才结构持

续向高端化、年轻化、国际化转变，为构建"高精尖"经济结构提供智力支撑。首先，中关村人才高端高智特征凸显。2016 年，中关村拥有本科及以上学历人员占从业人员的比重为 53.2%，拥有硕士和博士学历的从业人员达 26.3 万人和 2.5 万人，占比分别达到 10.6%和 1.0%。其次，中青年已经成为中关村创新创业的中流砥柱。2016 年中关村创业者平均年龄为 39.1 岁，其中 30 岁及以下创业者占 22.4%。最后，中关村海外人才吸引力不断提升。中关村拥有外籍人才和留学归国人才约 4 万人，其中拥有国家"千人计划"人才 1188 人，占北京市的 4/5、全国的 1/5；入选北京市"海聚工程"累计 590 人，占全市的 65.6%；入选中关村"高聚工程"292 人[①]。

中关村已经成为创新创业最活跃的地区。根据北京市统计局公布的"大众创业、万众创新"统计监测指标，2016 年北京市双创整体水平继续提升，双创综合指数为 108.4，较上年提高 8.4 个百分点；双创资源、双创环境、双创活力和双创成效四项分指数均较上年提高。其中，中关村示范区继续成为全市创业投资最为活跃的地区，股权投资案例数和股权投资总额分别占全市的 38.7%和 20.8%。中关村专利与人才资源更加充足，2016 年万人发明专利拥有量达 76.7 件，同比增长 25.1%；万名 R&D 人员技术合同成交总额为 105.5 亿元，同比增长 4.9%。中关村拥有 37 家海外人才创业园并吸纳海外留学归国人才 4 万余名[②]。

中关村形成了竞争力极强的高技术产业集群，科技服务业发展尤其迅速。科技服务业是中关村核心区最具特色和优势的产业，在创业服务、科技金融、技术转移等领域已经形成一批商业模式新、市场化运作能力强、国际知名度高的机构，成为推动区域创新创业与服务我国高科技产业发展的重要支撑。2016 年，中关村专业技术服务业、科技推广和应用服务业及研究与试验发展的总收入分别为 3397.0 亿元、1546.6 亿元及 944.3 亿元，新产品销售收入占总收入比重分别为 2.2%、7.1%和 7.7%，技术收入占总收入比重分别为 31.2%、29.8%和 45.1%，专业技术服务业成为仅次于软件和信息技术服务业的第二大支柱产业（表 10-1）。

---

① 聚焦前沿科技 创新体制机制 中关村为实施创新驱动发展战略发挥示范引领作用[OL]. http://kw.beijing.gov.cn/art/2017/9/22/art_362_40452.html[2018-09-15].

② 北京市双创指数综合排名居全国第一 [OL]. http://bj.zhaoshang.net/2017-09-27/593512.html [2018-09-27].

表 10-1　中关村第三产业分行业经济指标[①]

行业类别	企业数量/家	总收入/亿元	新产品销售收入占总收入比重/%	技术收入占总收入比重/%
软件和信息技术服务业	4505	4631.0	8.0	43.2
专业技术服务业	1055	3397.0	2.2	31.2
商务服务业	1095	2113.8	1.8	17.2
科技推广和应用服务业	4923	1546.6	7.1	29.8
互联网和相关服务	356	1345.3	0.3	66.4
研究与试验发展	498	944.3	7.7	45.1
电信、广播电视和卫星传输服务	216	781.2	0.3	41.1

二、北京城市副中心创新发展态势正持续增强

近年来，北京城市副中心大力实施创新驱动发展战略，积极构建完善区域创新体系，着力提高自主创新能力和产业竞争力，科技支撑经济社会发展进入快速跃升期。特别是 2018 年以来，北京城市副中心的"行政办公、商务服务、文化旅游、科技创新"四大功能进一步明确。北京城市副中心在科技创新环境、创新驱动力、两新产业三个方面有较大进步，具备了创新发展的一定条件。

特别值得一提的是，北京城市副中心的文化创意产业发展势态良好，文化创意产业已经成为全区经济发展新增长点之一，逐渐成为现代制造业、生产性服务业之外的主导产业。2018 年 1～3 月，在文化创意产业九大领域中，文化用品设备生产销售及其他辅助服务收入为 371 593.4 万元，同比增长 22.6%，占文化创意产业总收入比重最大，为 73.84%；广告和会展服务收入达到 84 357.9 万元，同比增长 57.7%，是文化创意产业九大领域中增长最快的领域，占文化创意产业总收入比重为 16.76%；文化休闲娱乐服务增长也较快，实现收入 9037.3 万元，同比增长 51.3%，占文化创意产业总收入比重为 1.80%，具有较大的发展空间；文化艺术服务、广播电视电影服务的收入分别为 3178.3 万元和 6464.9 万元，同比增长 22.9% 和 17.4%，占文化创意产业总收入比重为 0.63% 和 1.28%；新闻出版及发行服务、软件和信息技术服务、

[①] 《中关村国家自主创新示范区十大行业主要经济指标（2016 年）》[OL]. http://zgcgw.beijing.gov.cn/zgc/tjxx/cysj/index.html[2018-10-01].

艺术品生产与销售服务、设计服务四个行业在不同程度上有所下降，分别同比下降 30.8%、12.7%、22.7%、11.3%（表 10-2）。

表 10-2　通州区 2018 年 1~3 月规模以上文化创意产业情况[①]

产业类别	收入合计/万元	同比增长/%	占文化创意产业总收入比重/%
文化艺术服务	3 178.3	22.9	0.63
新闻出版及发行服务	10 955.9	−30.8	2.18
广播电视电影服务	6 464.9	17.4	1.28
软件和信息技术服务	13 728.0	−12.7	2.73
广告和会展服务	84 357.9	57.7	16.76
艺术品生产与销售服务	2 841.3	−22.7	0.56
设计服务	1 058.9	−11.3	0.21
文化休闲娱乐服务	9 037.3	51.3	1.80
文化用品设备生产销售及其他辅助服务	371 593.4	22.6	73.84
合计	503 215.9	23.7	100.00

三、雄安新区建设取得积极进展

自 2017 年中共中央、国务院决定设立河北雄安新区以来，雄安新区就肩负着建设贯彻新发展理念的创新发展示范区的重要使命，从而受到广泛关注。目前，雄安新区三县开发程度较低，发展空间充裕。2016 年，雄县生产总值完成 101.14 亿元，总人口约 38 万人；安新县生产总值完成 40.01 亿元，总人口为 39.3 万人；容城县生产总值完成 59.4 亿元，总人口为 27 万人。雄县、容城县、安新县三地人均 GDP 为 19 228 元，低于 2016 年京津冀地区的平均水平[②]。雄安新区未来发展空间巨大，随着建设持续推进，经济必将实现跨越式发展。

新区规划顺利推进。雄安新区的规划体系经历了一个从"1+N"到"4个总规划+N 个专项规划"的演变过程。4 个总规划即新区总体规划、起步区控制性规划、启动区控制性详细规划、白洋淀生态环境保护和治理规划，"N

---

① 通州区 2018 年 1-3 月规模以上文化创意产业情况[OL]. http://zfxxgk.beijing.gov.cn/tzq11L024/jdsj53/2018-05/08/content_bb4e367c605e4f9f87476ce8293b8f64.shtml[2018-10-03].

② 雄安崛起将改变中国区域经济发展版图[OL]. https://news.china.com/finance/11155042/20170405/30389782_1.html[2018-10-03].

个专项规划"按照此前的布置为 46 个专项规划,包括建筑标准、环境治理、交通等多个方面。雄安新区规划编制已经取得重要成果。2018 年 4 月 20 日,中共中央、国务院批复《河北雄安新区规划纲要》。纲要进一步强调,雄安新区要建设成为创新驱动发展引领区,坚持把创新作为高质量发展的第一动力,实施创新驱动发展战略,推进以科技创新为核心的全面创新,积极吸纳和集聚京津及国内外创新要素资源,发展高端高新产业,推动产学研深度融合,建设创新发展引领区和综合改革试验区,布局一批国家级创新平台,打造体制机制新高地和京津冀协同创新重要平台,建设现代化经济体系。

部分高端、高新企业落户雄安新区,为产业发展注入创新活力。阿里巴巴、腾讯、百度、京东金融、奇虎 360、深圳光启高等理工研究院、国家开发投资集团有限公司、中国电信集团有限公司、中国人民保险集团股份有限公司等公司在雄安新区设立 48 家企业,获批落户的 48 家企业全部为高端、高新企业。其中,包括前沿信息技术类企业 14 家,现代金融服务业企业 15 家,高端技术研究院 7 家,绿色生态企业 5 家,其他高端服务企业 7 家[①]。

众多高等学校积极支持雄安新区建设。教育部正在积极统筹整合教育资源,加大首都高等学校疏解力度和支持雄安新区建设。在此背景下,雄安新区积极承接高等学校的分校、分院、研究生院等,着力建设大学园区。2017 年,近百所在京高等学校中已有北京大学、清华大学、中国人民大学等学校相继表态,将积极参与雄安新区建设。

四、三地间正积极谋划推动协同创新发展

中关村、北京城市副中心和雄安新区三地具有科技创新协同发展潜在优势。中关村创新能力最为突出,基础研究和原始创新能力强,知识型和服务型产业发展具有优势。北京城市副中心区位好、距离近,吸纳北京市中心城区尤其是中关村科技资源转移优势明显。雄安新区现有创新资源和创新能力较弱,但具有较强的政策优势和后发优势,承接潜力明显。整体来看,三地处在不同的创新层次上,形成了一定的垂直分工体系,为区域科技创新跨越式发展提供了可能条件,也为推动形成优势互补、互利共赢的区域创新发展格局奠定了良好基础。

---

① BAT 三巨头"落子"雄安新区 容城写字楼租金疯涨[OL]. https://news.china.com/finance/11155042/20170929/31528123.html[2018-09-29].

在《京津冀协同发展规划纲要》、《北京城市总体规划（2016 年-2035年）》和《河北雄安新区规划纲要》等一系列重要规划的指引下，在三地政府共同协作和引导下，三地相关企业、高等学校和科研机构广泛开展合作。2017 年 12 月 29 日，中关村科技园区管理委员会与河北雄安新区管理委员会正式签署共建雄安新区中关村科技园协议①，合作打造布局超前、体系完备、宜业宜创、引领未来的科技新城。与此同时，阿里巴巴、腾讯、百度等公司纷纷在雄安新区设立分支机构，北京大学、清华大学、中国人民大学等北京市高等学校也积极表态支持雄安新区建设。

第四节　京津冀 "一体两翼" 协同创新主要问题

一、创新活动高度集聚在中关村，溢出与带动作用不明显

从创新投入来看，中关村 R&D 经费内部支出水平远远高于北京城市副中心和雄安新区。北京市规模以上工业企业 R&D 经费内部支出主要集中在海淀区，其规模以上工业企业 R&D 经费内部支出为 752 200 万元，占北京市总支出的比重达到 29.52%（图 10-2）。海淀区主要依靠中关村科技园的高技

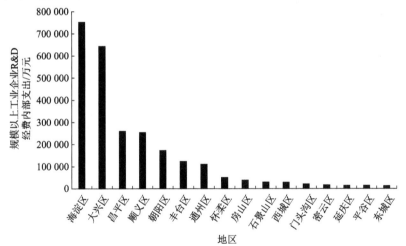

图 10-2　2016 年北京市各区规模以上工业企业 R&D 经费内部支出

数据来源：《北京区域统计年鉴 2017》

---

① 中关村与雄安签约　共建雄安新区中关村科技园 [OL] http://www.he.xinhuanet.com/xinwen/2017-12/30/c_1122189166.htm[2018-09-29].

术企业的 R&D 投入实现创新集聚，而通州区规模以上工业企业 R&D 经费内部支出为 110 600 万元，占北京市总支出的比重仅为 4.34%，远远小于海淀区支出比重。雄安新区虽然有一系列创新企业入驻，但是其创新投入处于起步阶段，现有资金投入相对不足。

从创新产出来看，中关村专利申请数在三地中占据绝对优势。中关村依托北京大学、清华大学和中国科学院等高等学校及科研机构的科研资金与人才，在中关村地区形成了创新集群。2013 年，"中关村-上地"地区的专利申请数占整个北京市的 41.3%，高等学校、科研机构和企业的创新产出比重分别为 25.14%、30.12% 和 44.74%，产学研一体化程度较高；专利中计算机、通信和其他电子设备制造业等多个行业的占比达到北京市的四成以上[①]。与中关村相比，通州区专利申请数相对较低，创新资源相对较少。雄安新区目前产业结构以农业和劳动密集型工业为主，低端化特征突出。虽然雄安新区将建设成为创新驱动发展引领区，也在积极吸引创新企业入驻，但目前创新资源仍然缺乏，已入驻创新企业还未形成创新能力。

从中关村创新溢出情况来看，对北京城市副中心、雄安新区的创新溢出作用并不充分。统计数据显示，中关村科技成果转化中，96%不在天津市和河北省，中关村所有转化落地成果中河北省和天津市只占其中的 2% 和 1.8%[②]。中关村科技人才、资本、技术、产权等创新要素过于集中，创新资源在北京城市副中心、雄安新区的跨地区流动和开放共享程度偏低，尤其是雄安新区设立不久，技术承接能力不强，导致科技成果大多流向区域外地区。目前，中关村、北京城市副中心和雄安新区三地之间的产业层次及资源禀赋差距较大，创新链、产业链、功能链对接融合不够充分，区域产业协作配套水平有待提高，高效的产业和技术梯度转移对接路径尚未形成，不利于地区间科技创新的深入合作。

总的来看，"一体两翼"的现有创新资源高度集聚在中关村，对北京城市副中心、雄安新区的溢出与带动作用不明显。中关村现有发展空间不足，正处于腾笼换鸟、转型升级的阵痛期。一方面，京津冀协同发展进入加速阶段，北京市产业疏解任务更加繁重，海淀区特别是中关村的部分产业和功能

---

① 根据国家知识产权局的专利统计数据计算得到，http://www.sipo.gov.cn/zhfwpt/zljs/ [2018-11-10]。
② 京津冀产业转移：中关村、滨海等五区为核心[OL]. http://www.sohu.com/a/105921646_348498 [2018-07-14].

正在加快退出。中关村作为北京市海淀区腾笼换鸟、转型升级的一个地标，积极配合产业疏解任务，同时集约利用疏解腾退空间资源，发展新兴产业。另一方面，随着中关村住房成本、创新成本变高，很多企业开始向京外转移，这为其他地区的承接创造了机会。2017年，中关村企业在天津市和河北省设立的分支机构超过6100家，输出技术合同成交额470多亿元①。

二、三地发展定位衔接不够，未形成创新产业链的分工和合作

三地创新定位与发展方向不够清晰，部分职能重复。中关村要打造成为全球高端创新资源配置中心、自主创新重要源头和原始创新主要策源地、科技创业首选地、新经济引领地、制度创新示范地、创新思想文化发源地；北京城市副中心致力于发展公共行政、商务服务、文化旅游和科技创新四大功能；雄安新区要建设成为创新驱动发展引领区（表10-3）。三地定位都聚焦于创新发展，都提出要发展高技术产业，但是没有从京津冀区域整体角度对三地进行差异化定位，没有形成创新产业链的分工和合作，也没有明确中关村研发、北京城市副中心成果转化、雄安生产的创新分工格局。

表10-3　中关村、北京城市副中心和雄安新区三地创新定位

地区	规划	定位
中关村	《中关村国家自主创新示范区发展建设规划（2016-2020年）》	强化中关村作为全球高端创新资源配置中心、自主创新重要源头和原始创新主要策源地、科技创业首选地、新经济引领地、制度创新示范地、创新思想文化发源地的战略功能定位，着力深化全面创新改革、着力提升创新驱动发展能力、着力加强一区多园统筹协同发展、着力深化开放合作创新，构建跨层级跨区域创新创业生态系统，在更大范围内促进创新链、产业链、服务链、资金链和园区链深度融合，打造中关村升级版，引领大众创业、万众创新新潮流，率先建成具有全球影响力的科技创新中心
北京城市副中心	《北京城市副中心控制性详细规划（草案）》	北京城市副中心致力于发展公共行政、商务服务、文化旅游和科技创新四大功能，搭建科技创新平台，推动高端资源要素布局，构建"高精尖"经济结构，成为现代化经济体系的重要支点
雄安新区	《河北雄安新区规划纲要》	雄安新区要建设成为创新驱动发展引领区。坚持把创新作为高质量发展的第一动力，实施创新驱动发展战略，推进以科技创新为核心的全面创新，积极吸纳和集聚京津及国内外创新要素资源，发展高端高新产业，推动产学研深度融合，建设创新发展引领区和综合改革试验区，布局一批国家级创新平台，打造体制机制新高地和京津冀协同创新重要平台，建设现代化经济体系

① 中关村企业在津冀设立分支机构突破6100家[OL]. http://finance.ifeng.com/a/20180127/15952292_0.shtml[2018-09-27].

三地创新合作体系还比较薄弱，在制度、资金、人才等多方面存在障碍。虽然中关村、北京城市副中心和雄安新区三地之间已经签署了一些合作协议，但是多限于低层次的技术合作，三地之间的创新合作交流仍然不够深入，科技成果在区域内流动不畅，科技项目合作不足。中关村、北京城市副中心和雄安新区三地之间发展规划、科技政策和重大项目等沟通协调程度较低，支持科技创新合作的政策体系尚不健全，科技创新制度环境尚不完善，同时科技支撑引领经济社会协同发展的能力未得到有效发挥，三地创新协同发展的机制性仍有待完善。

三、北京城市副中心创新资源对经济发展的推动作用不足

北京城市副中心的创新要素集聚能力还相当薄弱，距离中关村、望京、亦庄等成熟创新集聚区还有较大差距。从创新投入来看，2016年通州区规模以上工业企业R&D经费内部支出为110 593.8万元，占北京市的比重为4.34%，在北京市16区中排名第七；从创新产出来看，2016年通州区专利申请数为5922件，占北京市专利申请总数量的3.13%，在北京市16区中排名第八（表10-4）；通州区目前的创新资源集聚能力远远没有达到北京城市副中心的建设要求。未来产业发展需要由一般要素驱动逐渐向以技术与知识为主的创新驱动转化。一般要素驱动型经济增长方式最终会由于物质资本的边际收益递减而不能持续，而创新驱动不仅可以通过激发创新能力来拉动经济增长，实现经济发展方式的转型升级，还可能由于各地区创新能力不同而影响到经济发展的速度与后劲，进而对地区间的经济发展差距产生影响。由此看来，北京城市副中心还需增强创新资源集聚，实现创新驱动型经济增长。

表 10-4　2016 年北京市各区规模以上工业企业 R&D 经费内部支出和专利申请数量

地区	规模以上工业企业 R&D 经费内部支出/万元	排名	专利申请数/件	排名
东城区	13 723.9	16	10 490	5
西城区	29 710.3	11	16 636	3
朝阳区	172 030.8	5	38 611	2
丰台区	123 725.5	6	10 002	6
石景山区	30 294.9	10	3 605	10
海淀区	752 211.3	1	70 327	1
房山区	38 897.6	9	2 367	11

续表

地区	规模以上工业企业 R&D 经费内部支出/万元	排名	专利申请数/件	排名
通州区	110 593.8	7	5 922	8
顺义区	253 539.2	4	5 584	9
昌平区	259 469.5	3	11 732	4
大兴区	643 386.8	2	9 879	7
门头沟区	21 594.7	12	604	14
怀柔区	51 491.1	8	1 130	13
平谷区	15 365.4	15	530	15
密云区	16 942.1	13	1 433	12
延庆区	15 456.4	14	234	16

数据来源：《北京区域统计年鉴 2017》

　　同时，北京城市副中心缺乏科研机构、重点高等学校和相关创新人才的支撑。在高等学校和科研机构方面，北京城市副中心范围内缺少高层次的大学和科研机构，现有大学多是一些专科学校。虽然北京城市副中心区教育委员会积极引进多所高等学校和科研机构，并签署了相关协议，但是真正完成搬迁和设立分校的高等学校数量有限。在创新人才方面，北京城市副中心缺乏专业管理人才与高层次产业人才，加之目前配套服务设施水平较低，难以吸引高层次人才入驻。科研机构、大型高等学校和高端人才等创新要素的稀缺，导致北京城市副中心区域内创新基础相对薄弱，同时这也制约了产业的创新发展和高端发展。北京城市副中心要实现产业升级，要走高端产业路线，亟须补上创新资源和创新要素匮乏的短板。

四、雄安新区经济总量小、产业层次低、创新水平低

　　雄安新区经济总量小。雄安新区所辖三县总面积为 1576.6 平方公里，人口为 112 万人，GDP 为 218.29 亿元，在河北省所占比重为 3.02%。从发展效率来看，雄安新区人均 GDP 为 1.95 万元，是河北省平均水平的 45.74%；地均 GDP 为 1384.56 万元/公里^2，是河北省平均水平的 82.15%[1]。如果与北京市和天津市相比，差距会更加显著。显然目前雄安新区的经济发展水平在京

---

[1] 雄安新区产业发展要认清自己的强与弱 [OL]. http://www.sohu.com/a/207808779_378413 [2018-10-01].

津冀地区仍然相对落后。

从产业结构来看,雄安新区产业结构以农业和劳动密集型工业为主,低端化特征突出。在农业方面,作为传统的农业地区,雄安新区农业占比较大。雄县 2015 年第一产业增加值完成 10.52 亿元,占全县 GDP 比重为 11.2%;农业人口达 26 万人,占全县总人口比重为 66.7%;分别高出全国平均水平 2.2 个百分点和 22.8 个百分点。在工业方面,雄县主要产业是塑料包装、制革、电器电缆和乳胶制品,产业水平较为低端。容城县号称"中国北方服装之城",拥有服装企业 900 多家,年生产能力达 4.5 亿多件[①];在机械制造、汽车零部件、箱包、毛绒玩具、食品加工等领域,也形成了一定的产业基础。安新县主要产业为制鞋业,羽绒制品有一定的规模,但主要为贴牌生产,缺乏标准和规范;同时,也是华北地区最大的废旧有色金属集散地。由此来看,与京津冀其他地区相比,雄安新区目前的产业层次和创新水平还比较低,亟须通过技术创新促进产业转型升级。

第五节 本 章 小 结

京津冀作为区域整体协同发展改革引领区,全国创新驱动经济增长新引擎,加快区域协同创新发展已是大势所趋。党中央、国务院从国家战略高度推进京津冀协同发展,为京津冀协同创新发展提供了难得的历史机遇。"一体两翼"是京津冀区域创新发展的重点地区,从"一体两翼"协同创新发展现状来看,中关村集聚了高端化、年轻化、国际化的创新人才,形成了竞争力极强的高技术产业集群,创新创业十分活跃,已成为引领京津冀创新发展的核心力量。近年来,北京城市副中心大力实施创新驱动发展战略,将"科技创新"确定为四大城市功能之一,特别是文化创意产业发展势态良好,已经成为全区经济发展新增长点之一。雄安新区建设也取得积极进展,《河北雄安新区规划纲要》进一步明确,雄安新区要建设成为创新驱动发展引领区,坚持把创新作为高质量发展的第一动力。目前,新区规划顺利推进,部分高端、高新企业落户雄安新区,众多高等学校积极支持雄安新区建设,各项事业迎来良好开端。除此之外,三地间正积极谋划推动协同创新发展,在三地

---

① 雄安新区"集聚性、共生性、永续性"创新产业[OL]. http://cn.sonhoo.com/info/1185697.html [2018-09-10].

政府共同协作和引导下，签署了一批三地合作的协议文件，相关企业、高等学校和科研机构也通过各种方式广泛开展合作，雄安新区中关村科技园建设顺利推进，为京津冀协同创新发展奠定良好基础。

与此同时，京津冀"一体两翼"协同创新还面临一些问题。创新资源高度集聚在中关村，溢出与带动作用不明显，中关村科技成果转化绝大部分不在津冀，创新资源在北京城市副中心、雄安新区的跨地区流动和开放共享程度偏低。北京城市副中心的创新要素集聚能力还相当薄弱，距离中关村、望京、亦庄等成熟创新集聚区还有较大差距。高端服务业和高技术制造业发展还很不充分，对经济发展的推动作用不足。雄安新区当前经济总量小、产业层次低，创新水平低，亟须通过技术创新促进产业转型升级。

11

第十一章
京津冀"一体两翼"协同创新模式
与支撑体系

本章通过分析京津冀总体创新格局，明确"一体两翼"的定位与分工，提出三地差异化的发展策略。根据对区域创新现状的分析，目前"一体"与"两翼"之间的定位与分工不清晰，中关村对北京城市副中心和雄安新区的辐射带动作用还很不充分。本章首先明确三地的创新基础和未来发展方向，然后确定各自在京津冀创新格局中的地位与重点发展内容，最终明确以中关村为原始创新策源地，以北京城市副中心为北京市科技创新次中心和"设计之都"新平台，以雄安新区为现代科技新城和京津冀科技成果转化基地的协作体系和空间格局。此外，本章还将讨论三地在协同创新过程中的互动模式，将中关村的创新资源与优势辐射到"两翼"，从而带动整个京津冀区域协同创新发展的具体模式和路径。

第一节 "一体两翼"协同创新定位与分工

一、"一体两翼"共同构建京津冀总体创新格局

从整个京津冀区域的尺度来看，以中关村为核心的北京市中心城区集聚了京津冀地区大部分的人才、信息、高科技企业等科技创新资源，是京津冀总体创新格局的核心。但一方面北京市中心城区的资源过于集中，带来了各种"大城市病"，需要通过疏解非首都核心功能来实现自身的转型升级。另一方面，中国区域经济增长存在显著的空间溢出效应，创新资源协同空间联系对区域经济增长表现出显著的促进效应（吕海萍等，2017）。需要充分发挥北京市中心城区作为创新策源地的溢出和带动作用，带动北京市其他各区和整个京津冀地区的科技创新及经济发展，缩小地区间的差异。为全面支撑京津冀产业协同发展，需要优化京津冀区域科技创新格局（李国平，2016a）。北京城市副中心和雄安新区的建设恰好为实现在京津冀地区统筹科技创新资源，以及优化空间结构提供了抓手和契机。

中央对北京城市副中心和雄安新区的定位都是"千年大计、国家大事"。千年大计，就是要顺应历史发展潮流，经得起历史考验；国家大事，就是要符合国家核心利益，助力实现"中国梦"。中央对北京城市副中心和雄安新区的建设要求都是"世界眼光、国际标准、中国特色、高点定位"。同时，从北京城市副中心与雄安新区的创新功能作用来看，二者都是首都科技创新功能的拓展地，也是增强对环渤海地区和北方腹地辐射带动能力及推动区域协同发展的重要增长极。

但"两翼"在创新定位、功能作用和协同发展模式上存在一定程度的区别。北京城市副中心将更加侧重拓展首都科技创新核心功能，在北京市域内优化科技资源布局，支撑北京市建设具有国际影响力的全国科技创新中心；雄安新区则更加强调面向京津冀区域，承接北京市创新资源的转移，建设相对独立的科技创新城市，带动整个京津冀地区的创新发展。从京津冀协同发展的层面来看，北京市中心城区将与北京城市副中心形成"同城化"的协同模式，重点承接中心城区，特别是中关村地区科技创新企业的外溢，发展互联网、文化创意、金融、科技服务等功能。这些业态对人才、信息等要求较高，需要依托大城市的集聚效应保持效率与活力。北京城市副中心则具有承

接这些业态的天然优势,既能在一定的距离内保持与中关村地区的高效互动,享受北京市作为全国科技创新中心和国际化大都市的便利,又能有较为充足的空间承载这些功能;而北京市中心城区与雄安新区将探索"一体化"的协同模式,重点承接一些相对独立的创新主体,如大学和科研机构、大型国有企业及其研发部门、高技术企业等,培育产业创新功能。最终实现"两翼"错位发展、分工协作。

二、"一体"引领京津冀协同创新发展

以中关村为核心的中心城区,要充分发挥丰富科技资源的优势,建设具有全球影响力的原始创新策源地,打造中国高科技创业和投资的热土及中国科技体制改革的先行试验区,成长为全球高端人才聚集的首选地和全球高技术企业总部集聚地,并充分发挥创新溢出对北京城市副中心和雄安新区的带动作用,成为京津冀协同创新发展的"领头羊"。

具有全球影响力的原始创新策源地。聚焦国家重大战略和产业发展共性需求,强化技术创新,突破制约行业发展的关键核心技术。不断提高自主创新能力,在基础研究和战略高技术领域抢占全球科技制高点,形成一批具有全球影响力的原创成果、国际标准、技术创新中心。始终把增强配置全球创新资源能力、提升在全球创新版图中的话语权作为主攻方向,打造全球创新网络的核心枢纽。

中国高科技创业和投资的热土。推动大众创业、万众创新,让全社会的创新智慧在中关村充分涌流,打通创意、创新、创造、创业到创富的通道,厚植创新的社会土壤。统筹考虑和综合运用国内国际两种资源、两个市场、两类规则,推动创新资源配置全球化,加深创新创业活动全球化,促进创新创业服务全球化,全面提升创新创业国际化水平,成为全球原创思想、品牌和创新创业模式的重要输出地。

中国科技体制改革的先行试验区。把破解制约创新驱动发展的突出问题、激发创新创业活力作为出发点和落脚点,用好用足国家层面先行先试政策,紧密对接市级层面重大改革部署,加快推进区级层面体制机制创新,强化科技同经济对接、创新成果同产业对接、创新项目同现实生产力对接、R&D人员创新劳动同其利益收入对接,优化大众创业、万众创新的政策和制度环境。

全球高端人才聚集的首选地。完善各类人才政策和公共服务，吸引和培育一批具有国际视野的科学家、企业家、创新创业人才和团队。实现具有多元文化背景的国际化高端创新创业人才比例显著提高，人才多样性进一步丰富。

全球高技术企业总部集聚地。做大做强一批具有全球影响力的创新型企业，培育一批国际知名品牌。到2020年，在海淀区培育具有核心竞争力的国家级高新技术企业超过7000家，打造面向前沿技术的企业研发机构1100家左右，聚集各类金融机构2800家，上市企业总数达700家，打造一批具有全球影响力的千亿元企业、产业带动力强的百亿元企业和高成长的十亿元企业[①]。

京津冀协同创新发展的"领头羊"。中关村是整个北京市"三城一区"创新空间布局的核心区域，也是整个京津冀协同创新发展的策源地和发动机。一方面，在北京市域内，通过发挥中关村科学城的创新引领辐射作用，规划建设好中关村科学城、怀柔科学城、未来科学城、创新型产业集群和"中国制造2025"创新引领示范区，形成以"三城一区"为重点，辐射带动多园优化发展的科技创新中心空间格局。另一方面，在京津冀区域，发挥中关村创新溢出对北京城市副中心和雄安新区的带动作用，形成分工明确、协同合作、共同繁荣的"一体两翼"发展新格局。

三、"两翼"共同支撑区域协同创新发展

1. 北京城市副中心

北京城市副中心为北京市"新两翼"中的"一翼"，应当坚持"世界眼光、国际标准、中国特色、高点定位"，以最先进的理念、最高的标准、最好的质量推进北京城市副中心规划建设。紧紧围绕对接北京市中心城区功能拓展和人口转移，大力引进科技创新资源，促进形成北京市科技创新次中心。同时，立足自身已有基础，建设具有全球影响力的"设计之都"。依托北京城市副中心建设，打造国际科技服务高地。积极吸引国内外人才入驻，成为新兴的创新创业中心。

---

① 北京市海淀区人民政府关于印发本区"十三五"时期加强全国科技创新中心核心区建设规划的通知[OL]. http://www.bjhd.gov.cn/xinxigongkai/tongzhigonggao_1/201612/t20161207_1324626.htm[2018-10-01].

北京市科技创新次中心。发挥作为首都和国际化大都市的城市副中心的平台优势,对接北京市中心城区功能拓展和人口转移,吸引集聚大量创新人才与企业,形成与中关村科学城相呼应的北京市科技创新次中心。积极发展新一代信息技术、新能源与节能技术、文化创意、科技服务等产业的研发与服务环节,构建与北京城市副中心功能定位相适应的"高精尖"产业结构和布局。

国际知名"设计之都"。建设具有全球影响力的"设计之都",打响"设计之都"新平台的品牌。促进文化与科技融合发展,发展与互联网相关的智慧设计等创新链环节。依托台湖"设计之都"新平台核心区建设,集聚一批设计人才、科技人才、艺术家、行业管理人才,吸引国内外著名设计企业入驻,设计产业链不断丰富。

国际科技服务高地。利用推进北京城市副中心建设的契机,将北京市作为全国科技创新中心和国际交往中心的很多科技服务与国际交往环节放到北京城市副中心,积极引进跨国公司的总部与研发机构,发展国际科技交易与商务服务。引进国内外金融巨头和天使投资机构,发展科技金融和绿色金融。引进国内外知名研究机构、咨询机构和智库,打造首都智库集聚地。不断完善知识产权交易、法律、信息等服务,创建国家知识产权试点城区。

新兴的创新创业中心。发挥自身的政策优势、空间优势和成本优势,大力发展众创空间,吸引具有成长潜力的科技型小微企业,打造创新创业新基地。完善公共服务体系,进一步优化创新创业环境,激励创新创业,促进成果转化。

2. 雄安新区

雄安新区作为北京非首都功能疏解集中承载地,京津冀协同创新格局的重要"一翼",要建设成为高水平的现代科技新城,打造具有全球影响力的创新高地,探索成为创新发展引领区和综合改革试验区,与北京市建立基于产业链和创新链的联系,发展成为京津冀科技成果研发与转化基地。

现代科技新城。瞄准世界科技前沿,面向国家重大战略需求,积极吸纳和集聚创新要素资源。承接北京市科技创新资源转移,成为京津冀科技创新的重要一极。承接著名高等学校、国家重点实验室、工程研究中心等国家级科研机构、创新平台、创新中心。引进国有企业、中央企业的总部与科技研发部门。完善科技服务配套设施。到2035年,基本建成绿色低碳、信息智能、宜居宜业、具有较强竞争力和影响力、人与自然和谐共生的高水平社会主义现代化城市。

全球创新高地。利用自身作为国家战略的政策高度，打造面向全球的科技创新平台。建设国际一流的科技教育基础设施。加强重大科技基础设施建设，实施一批国家科教创新工程，集中资源建设若干开放型重大科研设施、科技创新平台，建设世界一流研究型大学，培育一批优势学科，建设一批特色学院和"高精尖"研究中心。

创新发展引领区和综合改革试验区。坚持深化改革、扩大开放，制定出台支持政策，打造创新体制机制新高地，为雄安新区科技创新发展创造良好条件，发挥雄安新区对全国全面深化改革扩大开放的引领示范作用。围绕如何释放创新活力，积极探索全球领先的金融、行政、人事、企业管理体制，实现创新事业管理能力的现代化。

京津冀科技成果转化基地。面向产业发展推动产学研协同创新，打通科技到产业的通道。发展高端高新产业，推动产学研深度融合，发挥对河北省乃至京津冀地区的辐射带动作用，重点承接新一代信息技术、生物医药和生命健康、节能环保、高端新材料等领域的中央企业及创新型民营企业、高成长性科技企业。支持中关村科技园在雄安新区设立分园区。加快培育科技型中小企业，构建全链条孵化服务体系。

第二节　中关村与北京城市副中心："同城化"协同创新模式

作为北京市的城市副中心，能充分享受北京市作为全国科技创新中心和国际化大都市在创新资源、信息、人才等方面的便利，也能充分吸引中关村科学城的创新型企业、人才、服务机构的知识溢出。随着中关村地区创新集群的饱和与功能升级，北京城市副中心可凭借自身的政策优势、空间优势、成本优势等，采取"同城化"的协同模式，吸引更多的创新资源在北京城市副中心集聚，形成北京市科技创新次中心，围绕引导创新要素汇集、推动构建"高精尖"经济结构、助力城市生态建设与精细化管理、促进创新成果惠及民生四个方面，发挥科技在北京城市副中心建设中的引领支持作用，共同建设全国科技创新中心创新驱动新高地。

一、加入科技元素,推动文化科技产业融合发展

近年来,北京城市副中心的文化创意产业发展势头迅猛,并被确定为未来重点发展的支柱产业之一。但目前北京城市副中心的文化创意产业主要依托文化艺术创作和文化艺术品交易等产业,产业业态较为传统,科技含量较低,并没有形成独特的产业特色和技术优势。从全球文化创意产业发展的普遍趋势来看,文化与科技融合发展是文化产业未来发展的主要方向。从产业创新视野来看,文化与科技深度融合可以从三个维度考量:①文化是提升科技产业竞争力和价值追求的重要引擎;②科技在深度改变文化产业的价值链和供需关系;③文化和科技将成为当代产业创新的"两翼"及内在驱动力量。北京城市副中心应抓住这一机会,积极引进科技要素,推动文化创意产业与相关行业的多向交互融合发展,进一步提升文化产业的高端化、科技化水平。

促进文化与科技融合发展。随着互联网、云计算、大数据、虚拟现实、人工智能等新兴技术的变革发展,人类的文化生产、传播、接受和消费方式正在发生深刻的变革。作为方兴未艾的文化创意产业,其产业形态、商业模式也在发生根本性的变革,科技与文化的融合发展已经成为大势所趋。因此,应推动北京城市副中心传统文化创意产业与大数据、云计算、人工智能等现代高新技术的深度融合,推动文化产业转型升级,发展动漫制作、网络游戏、智慧旅游、数字出版、艺术品网络交易等文化科技融合新业态,开拓新的产业发展模式和商业模式。争取建立国家级文化科技融合示范基地,在基地中发展众创空间、文化科技企业孵化器等,实施一批文化科技融合重点工程,加强行业间的交流。

发展"互联网+"文化创意新业态。随着互联网的快速发展对文化生产、消费和服务方式的颠覆式影响,基于互联网的文化创意产业营业收入占文化创意产业总营业收入的比重不断增加。北京城市副中心的文化创意产业发展应积极对接中关村的互联网产业集群,引入互联网科技资源,重点发展软件信息服务、互联网社交、大数据设计等以"互联网+"为特征的新兴文化产业形态。大力推动互联网文化消费,打造互联网文化创意生态系统。推动互联网技术对传统文化传媒产业的改造提升,培育一批在细分领域具有增长潜力的互联网文化企业,打造一批数字化、网络化和智能化的文化服务平台,形成北京市互联网文化产业的重要集群。

积极引进新媒体产业。对接中关村国家新媒体产业基地等新媒体产业较

为发达的地区，重点发展数字出版、网络视听、文化电商、设计制作、运营、版权交易及衍生品授权等附加值高、市场增长快、发展潜力大的新媒体业态。推动动漫网游创业、动漫展示交易及交互体验等细分行业和功能的发展。大力发展移动音频视频内容产业，与中关村新媒体企业合作，从全球范围内引进移动音频视频内容企业，形成具有规模和特色的新媒体产业集群。

以台湖镇为核心，承接北京市中心城区设计和创意资源，形成"设计之都"新平台。发挥台湖镇已有的文创产业优势，引进北京市中心城区相关产业链的高端环节，将台湖镇打造为亚洲最大的出版物集散中心、交易中心、信息交流中心和版权贸易中心。着力健全图书出版的全产业链，完善提升图书出版信息的发布、现采、订货、结算、配送等服务环节，吸引国内外出版社、出版物发布等向该地区的集聚，打造以图书出版为主体的国际会展贸易中心。主动迎接数字出版的挑战，积极谋求战略转型，在保持传统渠道优势的基础上，占领出版发行产业链的上游，前瞻性地开拓数字出版业务。

二、对接海淀区，吸引科技创新型企业形成新的创新集群

海淀区是首都创新活动的主要集聚地，以科技创新支持北京城市副中心建设、为全市经济社会发展增加能量动力，也是海淀区应承担的责任。北京城市副中心具有承接海淀区，特别是中关村创新资源的政策优势和区位优势。目前，北京城市副中心引进的巨头多为金融业，而对于互联网及相关创新企业引进并不多，未来应大力引进以互联网为代表的高新技术企业，带动北京城市副中心数字经济的发展。

建设国家网络安全产业园区，打造网络安全生态产业链。北京市一直是全国网络安全企业的主要集聚地，国内主要网络安全企业有一半以上在北京市。为了全面促进网络安全产业的发展，工业和信息化部、北京市决定共同在北京城市副中心建设 3000 亿元级别的国家网络安全产业园区①。目前，百度、腾讯、滴滴、神州数码、软通动力等互联网巨头已准备入驻。北京城市副中心应以国家网络安全产业园区建设为抓手，围绕"高精尖"产业规划打造网络安全生态产业链和企业聚集区，将北京城市副中心建成国内领先、世界一流的网络安全产业集聚中心和技术创新高地。打造数家年收入超过 100

---

① 北京将建设国家网络安全产业园区 [OL]. http://epaper.ynet.com/html/2017-12/13/content_272516. htm?div=-1[2018-10-01].

亿元的骨干企业，成立多个网络安全技术创新研发机构，将产业园区建成国家安全战略支撑基地、国际领先的网络安全研发基地、网络安全高端产业集聚示范基地、网络安全领军人才培育基地和网络安全产业制度创新基地。出台一系列政策吸引网络安全相关的行业龙头企业、科研机构和教育机构入驻，推动国家级和省部级网络安全实验室建设，形成互动良好的产学研一体化创新系统。带动周边地区网络安全产业发展，形成大规模的网络安全上下游产业集群。

对接中关村大数据产业集群，大力发展数字经济。互联网、云计算、大数据等新兴科技创造出新经济形态——数字经济，根据波士顿咨询公司发布的《数字经济下的就业与人才研究报告》，预计 2035 年中国整体数字经济规模接近 16 万亿美元，总就业容量 4.15 亿人。这表明数字经济将成为未来中国各行各业发展的重要动力。北京市作为全国信息资源网络的中心枢纽，在数据信息技术和产业发展中始终保持着引领地位。中关村率先布局大数据产业，采取一系列措施，力图打造全球大数据产业创新中心。根据中关村科技园区管理委员会发布的大数据产业发展路线图，到 2020 年，中关村将集聚600 家大数据创新企业，培育 6000 家具有大数据应用能力的企业，带动形成3 万亿元产业规模和完整产业链的大数据产业集群[①]。北京城市副中心应积极对接中关村的大数据产业集群，把发展数字经济作为北京城市副中心重点发展的方向，吸引更多业内知名企业入驻，为北京城市副中心注入新技术，带动北京城市副中心产业经济发展，同时利用互联网产业带动北京城市副中心经济结构的转型升级，大力推动数字经济的发展。加入中关村大数据产业联盟，吸引中关村大数据企业布局。

大力吸引互联网人才入驻。海淀区是中国创新创业的发源地，这里聚集了以北京大学、清华大学、中国科学院为代表的众多知名大学、科研机构和联想、百度、小米等一批知名科技企业，汇聚了众多优秀的互联网人才。随着中关村创新功能的过度集聚，创业和生活成本都明显上升，一些企业和创业者开始在北京市的其他地区寻找工作空间，昌平、望京、亦庄等地目前已经吸引了不少来自中关村的企业和人才。根据《北京城市副中心控制性详细规划（街区层面）》，北京城市副中心将有序承接市级党政机关和市属行政

---

① 中关村发布大数据产业发展路线图[OL]. http://www.xinhuanet.com//tech/2015-12/15/c_128530600.htm[2018-10-02].

事业单位整体或部分转移，带动中心城区其他相关功能和人口疏解，2035 年北京城市副中心将承接中心城区 40 万～50 万常住人口疏解[①]。在此过程中，北京城市副中心应该把吸引互联网及其相关高技术企业和人才作为工作重点，发挥自身的政策优势、空间优势、产业优势，完善创新创业环境，出台人才吸引政策，完善住房和公共服务，提升自身吸引力。创办产业互联网学院，进行产业互联网人才培养，解决目前产业互联网遇到的人才难题。支持建设国际人才港，面向海内外吸引互联网产业人才和项目入驻。

三、发展科技服务业，成为北京市科技创新次中心

从国际上科技服务业的发展规律来看，为了追求技术、资本和人才的集聚效率，科技服务业往往聚集在大城市中。科技服务业作为现代服务业的重要组成部分，具有巨大的经济效益和快速增长的发展空间，是目前全球大都市产业转型的主要方向，北京市要建设全球创新中心城市，科技服务业必然要成为未来城市的重要支柱产业，拥有广阔的发展前景。

虽然目前北京市的科技服务业主要集中在海淀区的中关村地区，但随着非首都功能疏解和北京城市副中心建设的推进，北京城市副中心具有发展科技服务业的独特优势。一是随着中关村地区产业空间的饱和，出现土地、人力、居住成本上升等问题，一些科技企业开始向郊区扩散，并在郊区重新集聚形成新的集群，北京城市副中心具有发展科技服务业的政策和成本优势，可以吸引中关村地区的金融、商务、咨询等科技服务企业入驻或设立分公司，成为北京市科技服务次中心。二是目前北京市的科技服务业处于发展的初期阶段，很多业态和内容还很不完备，北京城市副中心可以抓住机会抢占一些高端环节，吸引海内外相关企业和人才集聚，培育形成自己的产业特色。

大力发展科技金融服务业。在运河商务区板块打造创新金融和高端总部集聚区，引入一流的资本运营团队，着力吸引国内外顶尖的优质民营企业、跨国企业，具有较高成长潜力的投资与资产管理机构和传统、大体量的银证保信机构入驻。进一步促进科技和金融结合。在依法合规、风险可控的前提下，支持结构性、复合性金融新产品开发，加大对企业创新活动的金融支持力度。研究制定相关法规和优惠政策，规范和支持天使投资、外商投资和保

---

① 北京城市副中心首次划分 36 个家园街区[OL]. http://www.xinhuanet.com/local/2018-06-26/c_1123035018.htm?baike[2018-10-03].

险资金等投资创新创业。

打造高端智库集群，发展科技咨询服务。在行政办公区板块打造政务服务功能产业集群，紧密围绕政务服务需求，发展智力经济，着力吸引中心城区疏解出来的研究咨询、规划设计、行业协会等智库机构和会计师事务所、律师事务所、决策咨询机构等专业机构入驻。持续加大对现代服务业综合研究机构的支持力度。支持一批有条件的综合研究机构建设成为现代服务业新型智库。

做精做深设计服务业。将台马区域打造成为具有国际影响力的设计产业集聚区和示范区，全力打响其成为北京市"设计之都"的品牌，促使其成为北京城市副中心重要的城市名片。立足已有的设计产业基础，大力拓展设计产业链，发展工业设计、产品设计、建筑设计、演艺文创设计、时尚设计等多种设计业态，拓展服务设计、集成设计、流程设计等新领域，加快京内各类设计龙头产业从中心城区向城市副中心转移。加大推动中央和市属各设计领域先导性、优势单位落地。推动"互联网+设计"的产业融合，创新开拓数字智能设计、多媒体艺术设计、广告及会展设计等领域，推动新技术在设计行业的运用，引领国内外设计行业的发展潮流。鼓励设计企业开展全球设计合作，吸引国际一流的设计组织和机构入驻北京城市副中心。引进国际知名的设计展览、会议、赛事等活动，提高北京城市副中心在国际设计圈的影响力。

加快培育知识产权服务业。北京城市副中心应以创建国家知识产权试点城区为目标，不断完善知识产权代理、评估、交易、运营、信息等多种服务，形成知识产权的全产业链。发挥自身毗邻亦庄经济开发区的优势，为企业提供相关的知识产权服务，打造专利展示交易中心、知识产权金融创新中心、专利孵化中心。以台湖设计小镇、环球影城建设为契机，发展高端艺术品交易市场，推动国内、国际原创艺术作品展示、交易和拍卖活动的集聚，促进形成"创意-创作-交易"的原创艺术产业链。争取将京津冀知识产权服务平台和数据库落在北京城市副中心，提升对京津冀知识产权市场的影响力。

四、大力发展众创空间，打造创新创业新基地

近年来，通州区出台了《通州区支持科技创新暂行办法》、《通州区扶持科技创新人才实施办法》和《北京市通州区人民政府办公室关于加快众创空间发展服务实体经济转型升级的实施意见》等一系列科技创新政策，未来应

进一步优化创新创业环境,激励创新创业,促进成果转化,推动区域经济发展。

吸引中关村的创客群体来北京城市副中心创业。中关村是目前中国创新创业最活跃的地区,这里集聚着北京市规模最大的创业群体、服务机构、天使投资人、创客空间等,成为全国创新创业的风向标和策源地。但是近年来,随着中关村创新集群的饱和,带来了创业和生活成本的高涨,而大量老牌互联网公司的存在也导致很少有能容纳快速增长的创业公司的空间。因此,大量初创期的小微企业开始由中关村地区向望京、CBD、亚运村乃至亦庄、沙河等外围区域迁移。在这一趋势下,北京城市副中心应积极发挥自身的两大优势积极吸引中关村的创客资源:一是作为城市副中心,将规划建设高端的商务、科技、金融等创新创业必需的服务资源,并能争取更为高层的政策支持;二是位于郊区,相较中心城区拥有更低的创业成本和生活成本。北京城市副中心一方面应对接中关村创客群体的实际需求,加快创客空间的建设,通过多种方式降低创业成本,特别是房租成本。另一方面要完善相关的配套服务,如加快现代化的娱乐、休闲、社交、教育、医疗等公共服务设施的建设,满足年轻创客群体对时尚现代生活的需求,建设低租金的创客公寓,提高行政服务效率,营造良好的创业氛围,使得北京城市副中心成为最具吸引力的北京市创客集聚地。

聚焦新兴产业领域打造众创空间。"众创空间"是创新 2.0 时代创新创业服务机构的集合式概念,是由创客空间、孵化器、加速器等组成的创新新创业服务生态系统(解学芳和刘芹良,2018)。针对北京城市副中心未来产业发展方向,应重点围绕互联网、文化创意、科技金融、文化旅游、国际商务等重点产业环节的细分领域,推广创客空间、创客咖啡、创新工场等新型孵化模式,大力建设众创空间。针对不同类型创业人群的特点,提供满足个性化需求的服务。保持众创空间的开放性和低成本,通过举办行业沙龙、训练营及各类比赛等方式,增强创业群体间的交流和知识溢出,形成良好的创业氛围。加强小微企业、高等学校、科研机构和各类创客群体的协同创新,形成基于创新链的多主体共同参与的创新创业生态群落(刘志迎和武琳,2018)。

结合园区建设一批服务业众创空间。依托宋庄文化创意集聚区建设,引入互联网、大数据等现代科技工具,大力发展创意设计、展示交易、新媒体、互联网等新型文化业态众创空间,形成一批科技文化领域的创业团队和具有潜力的成长企业。抓住建设光机电一体化产业基地的契机,吸引一批光机电领域的研发中心、实验室和创业团队,完善科技孵化体系,培育一批具有成长潜力的科技型中小企业。以环球主题公园为依托，将国际先进的文化创意、旅游休闲、科技创新、生态环保等技术和产业与本土文化元素进行融合，带动一批上下游产业发展。

五、发挥中关村科技园区通州园示范引领作用，构建 "高精尖" 产业结构

未来北京城市副中心在积极发展科技创新功能的同时，必须大力调整产业结构，全力疏解非首都功能，通过整体退出和腾笼换鸟等方式，淘汰落后产能。为构建高端产业结构，必须发挥中关村科技园区通州园示范引领作用，对接亦庄经济开发区建设，大力推进基于新一代信息技术、新能源与节能技术的创新，实现大数据创新园、设计之都、研发中心总部等重点项目落地，鼓励重点领域的跨国公司、行业龙头企业自建或共建研发中心、工程实验室，构建与北京城市副中心功能定位相适应的 "高精尖" 产业结构和布局。

精准构建北京城市副中心产业体系，引领产业园区高端发展。坚持高端化发展方向，依托中关村国家自主创新示范区等政策体系，全方位提升园区建设水平。筹建园区发展专项基金，促进重大高新技术企业引进建设和科技创新，完善项目准入标准，研究制定 "园中园"、"楼宇经济" 和 "孵化器" 的鼓励政策，加快园区特色化升级，推进生态园区建设，运用最先进的城市规划理念打造产城融合、宜业生态的新型园区。发展壮大光机电一体化、汽车零配件、新能源和环保四大产业，引进相关行业的龙头企业总部与研发部门，发展产业链高端环节，科学构建 "高精尖" 产业体系。以中关村机电一体化产业基地为载体，大力培育新一代移动通信、精密数控机床、激光加工技术、机器人及应用系统、智能化仪器仪表和医疗设备等产业，并开发培育有自主知识产权的技术和产品。中关村科技园区金桥科技产业基地应大力培育节能、节水、降耗技术、设备和产品，瞄准环保产业技术前沿、环境监测与运营服务、环保管家、环保产业投融资等热点领域，引进相关企业，加大创新力度，发展环保和新能源产业。依托已有的汽车零配件企业基础，大力引进汽车核心零部件、新能源汽车、智能汽车等高附加值环节，通过加大技术改革投入、引进高端设备、打造智能化生产车间，不断创新研发高新技术产品，向产业链高端攀升。积极对接亦庄经济开发区建设，共同打造创新型产业集群和 "中国制造 2025" 创新引领示范区。中关村科技园区通州园的空

间虽然有限，但其与亦庄经济开发区和高端总部基地连成片的产业空间是很可观的，应与亦庄经济开发区的高端产业资源对接，带动自身的产业发展。

第三节　中关村与雄安新区：
"一体化"协同创新模式

雄安新区的设立对于京津冀协同发展具有重大意义。目前，科技创新是雄安新区的短板，雄安新区规划建设应与京津冀系统推进全面创新改革试验和北京市建设全国科技创新中心紧密结合起来，采取"一体化"的协同模式，引导以中关村科技园区为代表的首都科技创新要素资源到雄安新区落地，促进科技成果在雄安新区孵化转化，支持雄安新区建设开好头、起好步，推动雄安新区和北京城市副中心协同共进，比翼齐飞。

一、吸引高等学校、科研机构来雄安新区发展，增强原始创新能力

创新的源头是知识创造，整个创新链必须建立在知识的传播、转化和应用的基础之上（叶伟巍等，2014）。高等学校是知识创新的主要来源（胡曙虹等，2016）。从世界范围来看，依托高等学校资源发展创新集群，是地区创新发展的常见模式，如美国的硅谷、日本的筑波、法国的巴黎大区等，都是大学支撑地区创新发展的范例。在空间上，新创科技公司大量围绕高等学校、研究院和实验室而建，说明科学研究、技术开放、产品与市场开发高度融合，来往非常密切，以至于在空间上根本不可能相隔太远（汪凡等，2017）。对于雄安新区而言，最大的优势就是距离北京市和天津市等国内高等学校资源密集区只有大约100公里的距离，一些高等学校也在积极地拓展自身的发展空间，这样通过国家层面的引导，推动京津的高等学校入驻雄安新区，是一条重要的带动雄安新区科技创新发展的路径。

未来雄安新区应重点承接著名高等学校在新区设立分校、分院、研究生院等，承接国家重点实验室、工程研究中心等国家级科研机构和创新平台。引进的高等学校和科研机构应与雄安新区的战略定位相一致，与雄安新区的产业布局相匹配。目前，北京大学、清华大学等位于北京市的多所著名高等学校都结合雄安新区的发展需求，提出将生态、健康、医学、文化等学科的

教学与研究资源带到雄安新区（表 11-1）。通过在雄安新区设立分校、科研机构、实习基地等方式，一方面把首都的先进知识和科技创新成果等资源带到雄安新区，并通过与当地的企业进行合作，形成产学研一体化链条，推动高等学校和科研机构的成果产业化，为当地的经济发展带来新的活力；另一方面，这些分校和科研机构还可以为当地带来科研人员、本科生、研究生等人才资源，大大提高当地的人力资本水平；同时，利用这些机构的教育、培育功能，对当地的人员进行培训，培养出更多的技术人才、管理人才和产业工人，带动当地人力资源素质的提高（吴菊珍和谌艳芳，2018）。

表 11-1　京津冀高等学校入驻雄安新区初步计划[①]

高等学校	内容
北京大学	在雄安新区建立学科齐全，集科学研究、人才培养、医疗服务为一体的一流医学中心；在雄安新区建立北京大学光华管理学院高端培训中心。同时，北京大学经济学院将与国家有关部门合作建立 PPP 中心，重点服务雄安新区建设
清华大学	参与多项雄安新区专项规划，如生态、水资源、交通等，下一步清华大学考虑把雄安新区作为学生创业创新联盟基地，联盟由 150 多个学校、50 多家企业组成
中国人民大学	在决策咨询、教育发展、文化产业、科学研究、国医人才培养等方面加强合作，从而实现校地协同发展
北京师范大学	北京师范大学将在教育、文化、生态、健康等领域与河北省开展战略合作，通过校地协同创新发展，助力雄安新区集聚全国优秀人才和吸纳国际人才，服务雄安新区建设
北京理工大学	结合学校"双一流"建设实际，积极参与雄安新区建设，力争在医工融合等方向上取得突破
中国传媒大学	成立中国传媒大学雄安新区发展研究院，并举行首届雄安新区发展研讨会，将研究文化、区域经济、社会管理等六个领域
北京邮电大学	建设与互联网创新科学相关的研究中心，主要负责 5G 网络研究等工作
北京体育大学	将建设运动医学与康复学院，充分发挥其在教育、训练、科研方面的优势，在结合雄安新区在康复医疗方面需求的同时，为雄安新区体育事业的建设发展提供人力、智力上的专业支持
中国医学科学院	通过建设中国医学科学院雄安分院，支持雄安新区医学教育及人才培养
河北大学	设立雄安传统文化研究中心。首批项目包括雄安地区历史文献整理、语言（方言）资源的保护、非物质文化遗产的调查与保护、宋辽语言与文化接触研究、白洋淀文学流派研究和基于传统文化的文化创意产业规划与开发研究

---

① 雄安新区已获多所知名高校青睐：新的"智力高地"有望崛起 [OL]. http://news.163.com/17/0721/10/CPS56KIC000187VE.html[2018-10-01].

二、支持雄安新区中关村科技园建设，推进相关产业在雄安新区布局

2017 年 12 月 29 日，中关村科技园区管理委员会与雄安新区管理委员会签订《共建雄安新区中关村科技园协议》。根据协议，双方将按照"世界眼光、国际标准、中国特色、高点定位"要求，吸引集聚全球科技创新资源，推进各类创新主体、创新要素融合互动，实现创新链、产业链、资金链、政策链深度衔接，共同打造布局超前、体系完备、宜业宜创、引领未来的科技新城。通过共建方式，将中关村先进的理念、政策、管理经验和众多的企业资源转移扩散辐射到雄安新区，推进相关的高技术产业在雄安新区布局。

协同布局重大创新资源。协同创新首先是创新资源在区域间的协同布局与利用（白俊红和蒋伏心，2015）。雄安新区和北京市应共同争取国家重大科研平台、项目在雄安新区中关村科技园和中关村示范区核心区协同布局。推动中国科学院的相关院所、国家重点实验室在雄安新区设立分支机构、研发平台和转化基地。推动中关村的院士、长江学者、优秀的研发团队、创业团队等在雄安新区设立工作室，并带动一批高质量的科技项目和产业项目入驻雄安新区。

加强基于产业链和创新链的转移承接。孙久文和姚鹏（2015）提出，率先在产业发展领域形成京津冀协同创新共同体是实现协同发展的重要途径。本着高端化的原则引进企业，严控雄安新区承接一般性制造业、中低端第三产业，使雄安新区在起步阶段就集中发展高端高新产业。充分利用市场机制，发挥雄安新区的政策优势和要素成本优势，推动中关村的龙头企业在雄安新区设立研发机构与中试、孵化基地。对接中关村重点发展的先进制造、新材料及应用技术、环境保护、新能源、电子信息、生物工程和新医药这六大战略性新兴产业，重点布局这些产业的产业创新和成果转化环节，推动中关村与雄安新区形成"研发-孵化-转化"的产业链合作关系，增强中关村对雄安新区的技术溢出和带动效应（孙瑜康和李国平，2017）。

建设创新孵化体系。推动中关村创新型孵化器、产业加速器、高等学校、科研机构等在雄安新区中关村科技园设立新型孵化载体，共建新型高新技术成果转化服务平台，形成产学研一体化的创新生态体系。探索"孵化+创投"等新型的孵化模式，引进一批高效专业的投资管理团队和机构，提高孵化成功率。通过联合举办高端学术论坛、创新创业大赛、高技术会议会展等活动，

加强两地间的交流与联系，推动创新要素在两地间的自由流动。

支持中关村科技金融机构进驻雄安新区。中关村示范区拥有强大的科技金融产业集群，在雄安新区的建设过程中，应支持中关村示范区天使投资、科技信贷、互联网金融等科技金融机构进驻雄安新区，强化金融服务对战略性新兴产业和高端制造业的支持力度，多形式、多渠道促进存量产业的全产业链转型升级（苏文松和方创琳，2017）。鼓励和引导中关村示范区投资机构投资雄安新区中关村科技园创新创业企业，支持企业、金融机构打造硬科技孵化器，降低企业获得金融服务的成本。

三、明确高科技产业发展重点，推动构建"高精尖"经济结构

雄安新区的产业发展应高标准、高起点，瞄准世界产业发展的前沿，面向国家经济建设重大战略需求，积极吸纳和集聚创新要素资源。北京市集聚了较多的高端产业和创新要素资源，雄安新区非常适合作为北京市科技成果的转化空间（葛全胜等，2018）。在高技术产业方面，应重点承接新一代信息技术、生物医药和生命健康、新材料、高端新材料等领域的高科技企业。

大力发展新一代信息技术产业。近年来，随着互联网技术的突飞猛进，新一代信息技术产业蓬勃发展。新一代信息技术产业是指围绕下一代信息网络、移动互联网、云计算、物联网、人工智能、信息服务等与新一代信息技术相关领域发展的产业，是国家重点扶持的七大战略性新兴产业之一。中关村的新一代信息技术产业发展水平全国领先，雄安新区应积极对接中关村的信息技术企业，重点发展下一代通信网络、物联网、大数据、云计算、人工智能、三网融合等核心领域，寻找适合自己的产业链环节，引进相关企业，将新一代信息技术产业发展成为自身"高精尖"产业体系的重要一环。通过引进百度、阿里、腾讯、京东等互联网巨头企业，带动整个互联网生态体系在雄安新区生根发芽。鼓励这些巨头公司积极在雄安新区布局，分别在雄安新区注册分公司，与雄安新区在大数据、人工智能、云计算、金融科技、无人驾驶等多方面开展合作，并深度参与雄安新区规划建设。支持雄安新区建设互联网信息产业园区，深化与阿里巴巴、腾讯、百度等信息服务商的合作，推动电子商务、数字金融、人工智能等项目在雄安新区落地实施（表 11-2）。

表 11-2　知名互联网企业与雄安新区合作情况①

企业	合作领域	合作内容
阿里巴巴②	云计算、大数据、智慧物流、金融科技和电子商务	在雄安新区全面实施 BASIC（区块链、人工智能、安全、物联网和云计算）科技战略
	区块链、金融云、信用、生物识别、金融智能、风控安全	建立蚂蚁金服雄安金融科技创新中心，以筹办前沿技术实验室为起点，搭建区块链基础设施平台；在雄安新区注册三家子公司，分别为阿里巴巴雄安技术有限公司、蚂蚁金服雄安数字技术有限公司和菜鸟雄安网络科技有限公司
百度③	智能出行、对话式人工智能（artificial intelligence，AI）应用、云基础设施	与雄安新区管理委员会签署战略合作协议，将雄安新区打造为智能城市
	人工智能、大数据、无人车、云计算	以自动驾驶、对话式人工智能为重点，推动包括智能交通、智能家居、智能教育、智能安防、智能医疗等智能产业与服务在雄安新区的试点
腾讯④	金融大数据、金融云、区块链和人工智能	与雄安新区签署"金融科技战略合作协议"，成立腾讯（雄安）金融科技实验室；在雄安新区先行先试云计算、区块链、大数据风控体系、基于腾讯云的区块链即服务（blockchain as a service，BaaS）等金融"黑科技"
	互联网+医疗	与河北省签约全面医疗战略合作协议，与河北省卫生和计划生育委员会、国家中医药管理局、河北医科大学达成全面的互联网+医疗合作；腾讯觅影将在河北医科大学、河北医科大学第一医院等医学院和医疗机构落地，其中河北医科大学第三医院和河北医科大学第一医院将成为腾讯 AI 辅诊的首批医院
京东⑤	金融科技	在雄安新区注册成立子公司——雄安海宜同展信息科技有限公司，参与雄安新区金融基础设施及金融科技等领域的工作
	金融云服务	计划搭建"两个平台、一个实验室"，即金融数据应用云平台、金融数据云平台、人工智能实验室；对人工智能、大数据、新一代物联网技术在金融场景的应用进行研发，服务于雄安新区金融机构和商业企业

　　① 雄安官方：阿里腾讯百度等 48 家企业获批入驻雄安新区[OL]. http://www.sohu.com/a/195208141_118392[2018-10-01].

　　② 阿里巴巴、蚂蚁金服宣布与雄安新区战略合作[OL]. http://www.tmtpost.com/nictation/2901953.html http://www.tmtpost.com/nictation/2901953.html [2018-10-01].

　　③ 百度雄安签署战略合作协议 探索智能城市发展[OL]. https://www.sohu.com/a/211847222_115565 [2018-10-01].

　　④ 腾讯要在雄安新区做什么 马化腾给出了第一个答案[OL]. http://tech.qq.com/a/20171124/021889.htm[2018-10-01].

　　⑤ 京东金融子公司落户雄安，以金融科技助力雄安发展[OL]. http://www.sohu.com/a/209824567_618595[2018-10-01].

发展现代生命科学和生物技术产业。一方面，重点承接高端医疗机构在雄安新区设立分院和研究中心。按照政策指引，未来很多地处北京市的三级甲等医院，要在雄安新区建立分院，甚至将医院整个搬迁到雄安新区。另一方面，重点发展现代生命科学和生物医药产业。率先发展生物前沿技术，培育生物医药和高性能医疗器械产业，建设世界一流的生物技术与生命科学创新示范中心、高端医疗和健康服务中心、生物产业基地。

聚焦新材料产业。围绕新型能源材料、高技术信息材料、生物医学材料等新材料产业重点领域推动京津冀协同布局，支持企业、高等学校、科研机构建立开放合作的新型研发机构和产业技术创新联盟，在雄安新区谋划建设国家级新材料研发机构，鼓励建立或引进新材料制造业创新中心、测试评价及检测认证中心。

发展高端装备制造。主要发展智能装备、节能与新能源汽车和智能网联企业、先进轨道交通装备、先进通用航空装备、先进工程与专用装备。推动人工智能技术在工业领域各环节的应用，在机器人、高档数控机床、关键核心零部件等领域突破一批关键技术，培育一批人工智能与智能装备龙头企业。

发展高端现代服务业。雄安新区要建设现代科技新城，除了发展高端制造业外，还要积极发展高端现代服务业，建设辐射河北地区的高端服务中心（段文斌等，2016）。发展金融、商贸、文创、科技、信息、商务会展等现代服务业环节，促进制造业和服务业深度融合。发展科技孵化、技术转移转化、科技咨询、知识产权、检验检测认证等科技服务业，成为京津冀科技服务的重要一极。

四、建立国际一流创新平台，在全球范围内集聚创新要素资源

雄安新区作为北京市国际交往中心功能的重要拓展区，未来将集聚一大批国际交往机构、跨国企业总部、国际研发机构、金融机构等，吸引国内外的人才，因此，雄安新区的创新事业需要具有全球视野。通过建立国际一流创新平台，在全球范围内集聚创新要素资源（付晔，2015）。

搭建国际一流的科技创新平台。按照国家科技创新基地总体部署，积极布局建设国家实验室、国家重点实验室、工程研究中心等一批国家级创新平台。引进国际知名的研发机构、跨国公司总部及研发部门、国际知名教育机构等创新资源，加大对外开放度，积极参与全球创新网络，成为网络中的高等级枢纽。

建设国际一流的科技教育基础设施。加强重大科技基础设施建设，实施一批国家科教创新工程，集中资源建设若干开放型重大科研设施、科技创新平台，布局一批公共大数据、基础研发支撑、技术验证试验等开放式科技创新支撑平台。引进或建设世界一流大学、学科和"高精尖"研究中心，与科研机构、企业等合作，依托高等学校建设成果转化基地；按照产教深度融合、中高职有效衔接的要求，建设具有国际先进水平的现代职业教育体系（唐震等，2015）；整合各类科教资源，集中力量打造国际人才培训基地，为创新发展提供源头支撑。

大力吸引国际人才。在雄安新区中关村科技园搭建全球科技创新交流的高端平台，吸引外籍科学家、工程师及创新创业人才（团队）进驻。举办多层次多领域学术交流活动，搭建国际科技合作交流平台。与诺贝尔奖获得者科学联盟合作，在雄安新区设立诺贝尔奖获得者科学创新论坛和国际应用科学大奖，建立诺贝尔奖得主中国实验室，建设诺贝尔奖得主科学小镇。

第四节 "一体两翼"协同创新支撑体系

一、交通支撑体系

根据京津冀协同发展国家战略的要求，交通一体化是三个率先突破之一。交通体系的互联互通能够为"一体两翼"地区的产业融合与生产要素流动创造良好的交通条件，为协同创新共同体建设提供有力的支撑（张国华和秦迪，2016）。

加强北京城市副中心与北京市中心城区、雄安新区的交通互联。北京城市副中心是北京市中心城区功能疏解的重要承载地，在城市建设中需要高度重视交通设施建设和合理布局，构建与北京城市副中心定位相匹配的现代化综合交通运输体系。一要发挥轨道交通的作用。完善北京城市副中心与北京市中心城区及周边区域的轨道连接，推动八通线南延、M7线东延、城际铁路联络线（S6线）等轨道交通建设，加快京唐、京滨城际铁路建设，引导城市沿轨道走廊有序发展。二要进一步完善现有的交通体系。进一步优化内部道路网规划布局，研究构建北京城市副中心快速环路，建设广渠路、通怀路、潞苑北大街等主要道路，优化调整东六环路、东部发展带联络线、京哈高速等道路功能，同时推动新北京东站、北苑等客运枢纽建设，努力形成面向京津冀、与城市功能区紧密结合的多层次交通枢纽体系。

加强雄安新区与北京市的交通直通直达。雄安新区和北京市双方应共同争取国家有关单位支持，把交通一体化作为先行领域，推动建设北京市与雄安新区直接连通的高速公路新通道，加快京雄铁路、京石城际、固保城际等线路建设，北京市与雄安新区之间的高速铁路、城际铁路和高速公路全面提速。随着交通网络建设逐步深入，雄安新区将实现与北京市的互联互通，雄安新区将成为京津冀交通一体化体系的重要节点，两地的联系将更加顺畅高效，同城化发展态势也将逐渐形成。

二、人才支撑体系

创新共同体建设依赖于健全的人才流动体系，高端人才资源是创新活动的核心推动力量（刘彭芝等，2013）。推动京津冀"一体两翼"协同创新，应依托重点合作园区，推动人才流动和联合培养，努力实现区域内人才支持政策相互衔接、工作体系相互对接、资源市场相互贯通，增强创新共同体对高端人才的吸引力（李国平，2014）。

加强北京城市副中心与中关村的人才协同。围绕国家科技创新中心和北京城市副中心建设，北京市规划建设"一区两园"人力资源产业园区，"两园"分别指通州园和海淀园，旨在强化两地的人才流动。其中，通州园以政府的人力资源一站式服务为核心，利用政策引导、政府购买等手段，促进北京市的人力资源服务产业及其他生产性服务业向东部扩展。依托两个园区的建设，北京城市副中心应主动加强与海淀园的人才交流，吸引海淀园的人才来北京城市副中心就业创业，同时抓住人力资源区域合作的重要机遇，促进"一体两翼"地区的人才协同发展。

加强雄安新区与中关村的人才协同。抓住在雄安新区设立中关村科技园的重大机遇，建立健全区域协同创新的体制机制，争取将中关村的人才支持政策推广至雄安新区，促进两地的人才交流和联合培养，完善跨区域人才服务网络，加快促进中关村科技成果在雄安新区转化，以成果转化带动人才流动。同时，利用京津冀"双百"互派干部挂职、京津支持雄安新区建设干部交流等机制，建立"一体两翼"地区的专业人才交流平台，拓宽区域交流合作渠道，适时邀请北京市和天津市有关部门领导、专业技术人才到雄安新区挂职，安排雄安新区的管理人员进行培训学习，从而为雄安新区的规划建设提供支撑。

实施京津冀人才圈建设工程。一方面，促进高端人才集聚和跨区域创新就业。在政府规划的综合示范区、产业创新试点项目、创新服务机构试点项目就业的人才，根据地区间收入差距，由北京城市副中心、雄安新区财政统筹资金，给予异地工作津贴，并以开办分校、联合办学、远程教育、教师轮岗等多种方式协同培养各类人才。另一方面，完善跨区域人才服务网络。建立京津冀专家库，与三地的人才服务机构、社会组织合作，积极举办人才招聘、研讨会、论坛等活动，搭建"一体两翼"地区高层次人才交流共享平台，为京津冀区域内的人才流动提供良好的环境。

三、资金支撑体系

"一体两翼"地区应建立由政府资金和民间资本组成的多元创新资金体系。以政府资金为标杆，引导创业投资基金、产业基金参与创新共同体重点项目；以民间资本为重要补充，拓宽信贷、股权、投资等多种参与渠道，充分促进区域内的创新资金流动（邢红萍和卫平，2013）。

中关村是创新资金的核心源头区。中关村聚集了1490家知名创业投资机构，天使投资和创业投资规模占全国的1/3以上[①]，要充分发挥中关村在"一体两翼"协同创新共同体中的核心力量，鼓励和引导中关村的投资机构投资北京城市副中心和雄安新区的创新创业企业，搭建科技金融合作平台，优化园区投资发展环境。将中关村国家自主创新示范区的创新政策推广至北京城市副中心、雄安新区，加大科技成果转化的基金支持力度，推动设立两地的创新创业子基金。同时，支持中关村科技金融机构、中关村示范区科技租赁、科技保险、融资担保、互联网金融等科技金融机构进驻两地，为当地企业参与创新共同体建设提供综合金融服务。

北京城市副中心是创新资金的重要流动枢纽区。北京城市副中心需要发展以金融科技产业为代表的"高精尖"产业，增强服务京津冀协同发展的金融增值功能。为此，北京城市副中心将以北京金融科技国际产业园为载体，促进金融资本与科技创新相结合，使创新资金有效服务于本地的创新要素集聚和创新成果转化。通过打造金融科技发展平台，引入领军金融科技企业，北京城市副中心将逐步形成科技创新产业资金链，从而实现科技、金融、投

---

① 总书记新时代科技强国动员令引发热烈反响[OL]. http://www.sohu.com/a/233951033_119895 [20158-11-10].

资的有机统一和互动发展，促进先进信息技术产业与高效金融资本流动的结合，支撑科创产业发展。

雄安新区是创新资金的新兴活跃区。对于雄安新区来说，应加快银行、保险、证券、期货等各类金融机构集聚，推动银保、银信、银证等方面的协同，尽快形成综合性金融机构服务网络。利用北京市的金融溢出和辐射效应，加强与上海市、深圳市等国内金融中心合作，并尝试与国外金融中心展开协同合作，从而开拓国内外的绿色金融合作平台。在此基础上，鼓励出台绿色金融支持政策，主动集聚绿色金融要素资源，拓宽多种绿色融资渠道，从而建立起有地方特色的绿色金融体系，支持相关创新活动的顺利推进。

四、公共服务支撑体系

良好的公共服务环境是创新活动的重要支撑，"一体两翼"区域内的公共服务水平差异较大，应进一步加强公共服务协同建设，建立健全创新服务支撑体系。

目前，北京城市副中心的教育、医疗、休闲娱乐等公共服务设施还相对比较缺乏，特别是高质量和高端的服务项目还较少，应与北京市中心城区的公共服务积极对接。在教育服务方面，推动优质教育资源向北京城市副中心辐射。通过集团化办学培育本地的优质中小学校，并借力引入区外名校，推动北京市多所优质学校与北京城市副中心中小学建立合作关系，共享课程资源、学科教研等资源。同时，吸引一批区外名校直接在北京城市副中心落户。在医疗服务方面，积极推动中心城区优质的医院在北京城市副中心设立分支机构，吸引高水平医疗人才前来就业，切实提高北京城市副中心整体医疗卫生服务水平。

雄安新区建设尚处于起步阶段，公共服务水平相对薄弱，应进一步推动北京市的优质公共服务资源向雄安新区布局。在教育服务方面，积极引进北京市的优质教育资源，不断创新幼儿园、中小学校的办学模式，创建一批高水平的示范学校。在医疗服务方面，引进京津及国内外优质医疗资源，兴建集临床服务、医学科研和医疗教育为一体的大型医疗综合体，推动北京市优质医疗机构为雄安新区提供对口支持。

五、组织与制度支撑体系

加强组织领导。在京津冀协同发展领导小组下设立办事机构，具体负责落实中央和京津冀关于创新共同体建设的决策,编制"一体两翼"协同创新共同体建设规划,完善协同创新政策体系,推动重大项目建设,协调重大事项。各级政府要高度重视创新共同体建设,结合各地的实际情况,制定具体的工作方案,扎实推进"一体两翼"协同创新政策的落实到位。实施创新发展监测和评估分析,从组织领导层面加强对"一体两翼"创新建设的协调和指导。

编制协同创新规划。明确规划制定主体,在京津冀协同发展领导小组下设立必要的办事机构,由京津冀协同发展领导小组负责"一体两翼"协同创新方面的战略规划编制、重大政策制定和重要项目布局。统一编制"一体两翼"协同创新共同体建设规划。以京津冀协同创新共同体总体规划为基础,联合中关村、北京城市副中心与雄安新区三地共同编制"一体两翼"协同创新共同体建设规划、各类产业发展规划、各专业领域发展规划等分项规划。联合"一体两翼"地区的相关部门,积极建设跨区域、跨部门的信息交流和宣传平台,有效整合各类信息渠道,及时发布各类信息动态;共同开展创新共同体规划的动态评估工作,加强对规划落实情况的跟踪反馈与评估分析,确保高质量完成规划中的各项任务。

建立利益共享机制。中央和中关村、北京城市副中心、雄安新区分担"一体两翼"协同创新共同体建设所需财政资金。建议三地联合设立创新成果创业投资引导基金,园区建设投资基金,产业协同创新基金,人才、税收与科技服务补贴资金,以及产业转移补贴资金等基金和资金,统一进行投入,重点支持各类试点示范项目。建议以三地联合组建专业管理机构的方式运营。中央可考虑适当增加对雄安新区的转移支付,定向用于京津冀"一体两翼"协同创新共同体建设的部分资金。建立京津冀区域产业转移、技术成果转化的税收分享机制。通过消除体制机制壁垒,解决研发总部与生产基地分离导致的税收问题(安树伟,2017)。政府规划的生产基地搬迁和技术成果产业化项目,产生的地方税收根据业绩协商分成,其中一部分可根据实际需要统筹使用,完成的主要经济指标根据业绩协商分成。

第五节 本 章 小 结

本章在充分考虑"一体两翼"现状与问题的基础上,提出京津冀"一体两翼"的创新定位与分工:以中关村为核心的中心城区,要充分发挥丰富的科技资源优势,在基础研究和战略高技术领域抢占全球科技制高点,建设具有全球影响力的原始创新策源地,并充分发挥创新溢出对北京城市副中心和雄安新区的带动作用,成为京津冀协同创新发展的"领头羊";北京城市副中心将更加侧重拓展首都科技创新功能,在北京市域内优化布局科技资源,支撑北京市建设具有国际影响力的全国科技创新中心;雄安新区则更加强调面向京津冀区域,承接北京市创新资源的转移,建设相对独立的科技创新城市,带动整个京津冀地区的创新发展。从具体路径来看,北京城市副中心应抓住建设北京市重要一翼的机会,吸引更多的创新资源在北京城市副中心集聚,形成北京市的科技创新次中心;雄安新区规划建设应与京津冀系统推进全面创新改革试验和北京市建设全国科技创新中心紧密结合起来,引导以中关村科技园区为代表的首都科技创新要素资源到雄安新区落地,促进科技成果在雄安新区孵化转化,打造协同创新重要平台。

在新的发展理念和新的时代机遇下,为了更好地促进区域创新共同体的建设,必须建立健全相关支撑体系和保障措施,打破制约人才、资金、信息、技术等创新要素流动的体制机制壁垒,促进三地创新链、产业链、资金链、政策链的深度融合。在北京城市副中心与雄安新区的建设过程中,无疑将通过体制机制创新突破地域和区划壁垒,不断推动创新资源的布局重塑、产业链条的融合延伸和科技成果的转化落地,最终实现创新引领区域发展。

我们有理由相信伴随着中关村国家自主创新示范区向纵深推进、北京城市副中心科技创新功能强化、雄安新区创新驱动发展引领区建设,京津冀"一体两翼"协同创新发展必将进入一个新的阶段,创新人才和创新投资必将向京津冀"一体两翼"中的"两翼"再集中。随着北京城市副中心和雄安新区一系列创新创业政策的落实和创新创业生态的培育,京津冀"一体两翼"也将成为双创的热点区域。未来,京津冀"一体两翼"应充分利用中关村创新资源富集优势、北京城市副中心区位和研发优势、雄安新区研发与转化优势,加速区域科技协同创新,一方面使北京市建设全国科技创新中心这一重大历史使命从主要依托"三城一区"(中关村科学城、怀柔科学城、未来科学城三城,创新型产业集群和"中国制造2025"创新引领示范区一区)向"三城两翼一区"(中关村科学城、怀柔科学城、未来科学城三城,北京城市副中心与雄安新区两翼,创新型产业集群和"中国制造2025"创新引领示范区一区)转变;另一方面也将促进京津冀"一体两翼"自身加快转变经济发展方式、提升整体实力与综合竞争力。

参 考 文 献

安树伟. 2017. 京津冀协同发展战略实施效果与展望[J]. 区域经济评论, (06): 48-54, 2.

白俊红, 蒋伏心. 2015. 协同创新、空间关联与区域创新绩效[J]. 经济研究, 50(07): 174-187.

陈红川. 2010. 高新技术产业竞争力评价实证研究[J]. 软科学, 24(08): 21-23, 29.

陈红霞, 李国平, 张丹. 2011. 京津冀区域空间格局及其优化整合分析[J]. 城市发展研究, 18(11): 74-79.

陈娱, 金凤君, 陆玉麒, 等. 2017. 京津冀地区陆路交通网络发展过程及可达性演变特征[J]. 地理学报, 72(12): 2252-2264.

杜彦良, 高阳, 孙宝臣. 2018. 关于京津冀交通一体化建设的几点思考[J]. 北京交通大学学报, 42(01): 1-6.

段文斌, 刘大勇, 皮亚彬. 2016. 现代服务业聚集的形成机制: 空间视角下的理论与经验分析[J]. 世界经济, 39(03): 144-165.

樊杰, 周侃, 陈东. 2016. 环渤海-京津冀-首都(圈)空间格局的合理组织[J]. 中国科学院院刊, 31(01): 70-79.

付晔. 2015. 高校科技创新平台体系的反思与重构[J]. 研究与发展管理, 27(01): 84-91.

盖文启. 2002. 论区域经济发展与区域创新环境[J]. 学术研究, (1): 60-63.

葛全胜, 董晓峰, 毛其智, 等. 2018. 雄安新区: 如何建成生态与创新之都[J]. 地理研究, 37(05): 849-869.

贺灵. 2013. 区域协同创新能力测评及增进机制研究[D]. 长沙: 中南大学博士学位论文.

胡曙虹, 黄丽, 范蓓蕾, 等. 2016. 中国高校创新产出的空间溢出效应与区域经济增长——基于省域数据的空间计量经济分析[J]. 地理科学, 36(12): 1767-1776.

贾姝敏. 2018. 京津冀交通一体化发展的现状与存在问题及对策[J]. 山西建筑, 44(01): 40-41.

金树东. 2017. 全力推进新形势下首都水生态文明建设[J]. 前线, (05): 86-88.

李国平. 2014. 京津冀地区科技创新一体化发展政策研究[J]. 经济与管理, 2014, 28(06): 13-18.

李国平. 2016a. 加快构建京津冀区域协同创新体系[J]. 区域经济评论, (02): 35-36.

李国平. 2016b. 京津冀区域发展报告 2016[M]. 北京: 科学出版社.

李国平. 2017. 京津冀产业协同发展的战略定位及空间格局[J]. 前线, (12): 92-95.

李国平, 杨柏林. 2002. 区域科技发展规划的理论与实践——面向新世纪的青岛科技发展规划[M]. 北京: 海洋出版社.

李国平, 孙铁山, 卢明华. 2003. 北京高科技产业集聚过程及其影响因素[J]. 地理学报, (06): 927-936.

李国平, 李岱松. 2008. 京津冀区域科技发展战略研究[M]. 北京: 中国经济出版社.

李国平, 王春杨. 2012. 我国省域创新产出的空间特征和时空演化——基于探索性空间数据分析的实证[J]. 地理研究, 31(01): 95-106.

李国平, 张杰斐. 2015. 京津冀制造业空间格局变化特征及其影响因素[J]. 南开学报(哲学社会科学版), (01): 90-96.

李国平, 宋昌耀. 2018. 雄安新区高质量发展的战略选择[J]. 改革, (04): 47-56.

李惠茹, 杨丽慧. 2016. 京津冀生态环境协同保护: 进展、效果与对策[J]. 河北大学学报(哲学社会科学版), 41(01): 66-71.

李习保. 2007. 区域创新环境对创新活动效率影响的实证研究[J]. 数量经济技术经济研究, 24(8): 13-24.

蔺丰奇, 吴卓然. 2017. 京津冀生态环境治理: 从"碎片化"到整体性[J]. 河北经贸大学学报, 38(03): 96-103.

刘彭芝, 周建华, 张建林. 2013. 整体构建大中小学创新人才培养新模式的研究与实践[J]. 教育研究, 34(01): 58-64.

刘志迎, 武琳. 2018. 众创空间: 理论溯源与研究视角[J]. 科学学研究, 36(03): 569-576.

陆大道. 2015. 京津冀城市群功能定位及协同发展[J]. 地理科学进展, 34(03): 265-270.

吕海萍, 池仁勇, 化祥雨. 2017. 创新资源协同空间联系与区域经济增长——基于中国省域数据的实证分析[J]. 地理科学, 37(11): 1649-1658.

毛汉英. 2017. 京津冀协同发展的机制创新与区域政策研究[J]. 地理科学进展, 36(01): 2-14.

庞世辉. 2015. 京津冀交通一体化发展现状与面临的主要问题[J]. 城市管理与科技, 17(06): 12-15.

苏文松, 方创琳. 2017. 京津冀城市群高科技园区协同发展动力机制与合作共建模式——以中关村科技园为例[J]. 地理科学进展, 36(06): 657-666.

孙久文, 姚鹏. 2015. 京津冀产业空间转移、地区专业化与协同发展——基于新经济地理学的分析框架[J]. 南开学报(哲学社会科学版), (01): 81-89.

孙明正, 余柳, 郭继孚, 等. 2016. 京津冀交通一体化发展问题与对策研究[J]. 城市交通, 14(03): 61-66.

孙瑜康, 李国平. 2017. 京津冀协同创新水平评价及提升对策研究[J]. 地理科学进展, 36(01): 78-86.

唐震, 汪洁, 王洪亮. 2015. EIT 产学研协同创新平台运行机制案例研究[J]. 科学学研究, 33(01): 154-160.

汪凡, 白永平, 周亮, 等. 2017. 中国高校科技创新能力时空格局及影响因素[J]. 经济地理, 37(12): 49-56.

王缉慈. 1999. 知识创新和区域创新环境[J]. 经济地理, 19(1): 11-15.

王缉慈, 王可. 1999. 区域创新环境和企业根植性: 兼论我国高新技术企业开发区的发展[J]. 地理研究, (04): 357-362.

王志宝, 孙铁山, 李国平. 2013. 区域协同创新研究进展与展望[J]. 软科学, 27(01): 1-4, 9.

吴菊珍, 谌艳芳. 2018. 高等教育资源配置对区域创新能力影响的实证研究[J]. 江西师范
　　大学学报(自然科学版), 42(03): 283-290.

武义青, 柳天恩. 2017. 雄安新区精准承接北京非首都功能疏解的思考[J]. 西部论坛, 27(05):
　　64-69.

武义青, 田学斌, 张云. 2017. 京津冀协同发展三年回顾与展望[J]. 经济与管理, 31(02):
　　1-7.

席强敏, 李国平. 2015. 京津冀生产性服务业空间分工特征及溢出效应[J]. 地理学报, 70(12):
　　1926-1938.

谢科范, 赵湜, 谌祉樾. 2001. 我国典型中心城市区域创新绩效评价[J]. 技术经济,
　　30(10): 22-26.

解学芳, 刘芹良. 2018. 创新 2.0 时代众创空间的生态模式——国内外比较及启示[J]. 科
　　学学研究, 36(04): 577-585.

邢红萍, 卫平. 2013. 中国战略性新兴产业企业技术创新行为模式研究——基于全国七省
　　市企业调查问卷[J]. 经济学家, (04): 56-65.

薛捷. 2015. 区域创新环境对科技型小微企业创新的影响——基于双元学习的中介作用[J].
　　科学学研究, 33(05): 782-791.

颜廷标. 2016. 基于中观视角的京津冀协同创新模式研究[J]. 河北学刊, 36(02): 149-154.

杨开忠. 2015. 京津冀大战略与首都未来构想——调整疏解北京城市功能的几个基本问题[J].
　　人民论坛·学术前沿, (02): 72-83, 95.

杨先花. 2016. 京津冀区域交通一体化战略思考[J]. 经济研究导刊, (32): 35-37.

杨志江. 2007. 区域创新绩效评价方法研究及其应用研究[D]. 桂林: 广西师范大学硕士学
　　位论文.

杨志荣. 2017. 基于多中心治理理论的京津冀协同发展机制研究[J]. 社会治理, (07):
　　64-69.

叶伟巍, 梅亮, 李文, 等. 2014. 协同创新的动态机制与激励政策——基于复杂系统理论
　　视角[J]. 管理世界, (06): 79-91.

易成栋. 2001. 区域创新环境研究[D]. 武汉: 华中师范大学硕士学位论文.

张国华, 秦迪. 2016. 交通·产业·空间规划协同创新研究[J]. 区域经济评论, (05): 69-73.

张可云. 2016. 北京非首都功能的本质与疏解方向[J]. 经济社会体制比较, (03): 23-25.

张清正, 李国平. 2015. 中国科技服务业集聚发展及影响因素研究[J]. 中国软科学, (07):
　　75-93.

张予, 刘某承, 白艳莹, 等. 2015. 京津冀生态合作的现状、问题与机制建设[J]. 资源科
　　学, 37(08): 1529-1535.

郑艳民, 张言彩, 韩勇. 2012. 区域创新投入、产出及创新环境的数量关系研究——基于
　　省级截面数据的实证分析[J]. 科技进步与对策, 29(15): 35-41.

祝尔娟, 鲁继通. 2016. 以协同创新促京津冀协同发展——在交通、产业、生态三大领域
　　率先突破[J]. 河北学刊, 36(02): 155-159.

Benhabib J, Spiegel M M. 1994. The role of human capital in economic development evidence
　　from aggregate cross-country data[J]. Journal of Monetary Economics, 34(2): 143-173.

Cooke P. 1992. Regional innovation systems: Competitive regulation in the new Europe[J]. Geoforum, 23(3): 365-382.

Cooke P, Heidenreich M, Braczyk H J. 1998. Regional innovation systems: The role of governances in a globalized world[J]. European Urban & Regional Studies, 6(2): 187-188.

Cooke P, Uranga M G, Etxebarria G. 1997. Regional innovation systems: Institutional and organisational dimensions[J]. Research Policy, 26(4-5): 475-491.

Huggins R, Thompson P. 2014. A Network-based view of regional growth[J]. Journal of Economic Geography, 14(3): 511-545.

Jaffe A B, Trajtenberg M, Henderson R. 1993. Geographic localization of knowledge spillovers as evidenced by patent citations[J]. The Quarterly Journal of Economics, 108(3): 577-598.

Jaffe A B, Trajtenberg M. 1999. International knowledge flows: Evidence from patent citations[J]. Economics of Innovation and New Technology, 8(1-2): 105-136.

Li X. 2009. China's regional innovation capacity in transition: An empirical approach[J]. Research Policy, 38(2): 338-357.

Maillat D. 1998. From industrial district to innovative milieu: Contribution to an analysis of territorialized productive organizations[J]. Geographische Zeitschrift, 86(1): 1-15.

Roper S, Jun D, James H. 2008. Modelling the innovation value chain[J]. Research Policy, 37(6-7): 961-977.

Todtling F. 1992. The uneven landscape of innovation poles local embeddedness and global networks[J]. WU Vienna University of Economics and Bussiness, 46: 1-26.

大 事 记

（2016 年 1 月～2018 年 12 月）

2016 年 1 月

2016 年 1 月 13 日，河北省十二届人大四次会议表决通过首个京津冀立法协同项目《河北省大气污染防治条例（草案）》。

2016 年 2 月

2016 年 2 月，《"十三五"时期京津冀国民经济和社会发展规划》印发实施，这是全国第一个跨省市的区域"十三五"规划。

2016 年 3 月

2016 年 3 月 2 日，北京市、天津市与保定市签订了三地社会工作协同发展框架协议，迈出京津冀社会工作一体化战略化合作第一步。

2016 年 3 月 24 日，习近平主持召开中共中央政治局常委会会议，听取北京市行政副中心和疏解北京非首都功能集中承载地有关情况的汇报并做重要讲话。

2016 年 3 月 29 日，京津冀知识产权发展联盟在北京经济技术开发区正式成立，旨在解决企业发展过程中遇到的知识产权相关问题和困难。

2016 年 3 月 30 日，北京市金融工作局组织召开了 2016 京津冀金融协同发展工作推进会。

2016 年 4 月

2016 年 4 月 1 日起，京津冀三地统一机动车"国 V"标准，京津冀三地所有进口、销售和注册登记的轻型汽油车、轻型柴油客车、重型柴油车（仅公交、环卫、邮政用途），须符合机动车排放"国 V"标准。

2016 年 4 月 29 日，京张高铁全线开工。

2016 年 4 月，北京市发展和改革委员会会同各相关单位研究制定了《北京市推进京津冀协同发展 2016 年重点项目》，共安排 45 项任务，涉及有序疏解非首都功能、交通一体化、生态环境联防联治、产业转移对接等重点领域。

2016 年 5 月

2016 年 5 月 4 日，国土资源部、国家发展和改革委员会联合印发《京津冀协同发展土地利用总体规划（2015～2020 年）》，作为京津冀协同发展土地利用的行动纲领。

2016 年 5 月 18 日，京津冀大数据产业发展高端会议在廊坊市召开，京津冀大数据联盟在会议上揭牌成立。

2016 年 5 月 27 日，中共中央政治局会议审议《关于规划建设北京城市副中心和研究设立河北雄安新区的有关情况的汇报》。

2016 年 6 月

2016 年 6 月 17 日，京津冀农业科技创新联盟在北京市成立，该联盟由京津冀地区农业科研机构、高等学校、涉农企业等 23 家单位组成，是国家农业科技创新联盟的重要组成部分。

2016 年 6 月 22 日，在天津市北辰区召开第三届京津冀六区市县协同发展研讨会，会议围绕"推进产城融合、促进新型城镇化建设"的主题展开。

2016 年 7 月

2016 年 7 月 15 日，京津冀协同发展联合创新中心主任工作会议在北京大学首都发展研究院召开。

2016 年 7 月 19 日，天津市东丽区举行"京津冀协同发展和科技创新重点项目"集中签约活动，88 家企业集体落户，其中北京、河北地区项目 47 个。总协议投资额约 89.5 亿元，投入运营后预计实现产值 126 亿元。

2016 年 7 月 20 日，京津冀旅游协同发展第六次工作会议通过了《京津冀旅游协同发展行动计划（2016-2018 年）》。京津冀三地十七个县（市、区）将携手开展试点示范工程，共建旅游协同发展示范区。

2016 年 7 月 29 日，京津冀三地民政部门在北京市签订《共同推动京津冀社会组织协同发展合作框架意向书》。

2016 年 8 月

2016 年 8 月 11 日，京津冀三省市协同发展领导小组办公室主任第二次联席会议在北京市召开。

2016 年 8 月 29 日，通州区召开北京城市副中心交通规划国际专家研讨会。

2016 年 8 月 31 日，京津冀三地外国专家局在北京市签署《外籍人才流动资质互认手续合作协议》，优化办事程序，减免办事材料，实现各类资质互认机制，方便京津冀三地外籍人才流动。

2016 年 10 月

2016 年 10 月 28 日，北京、天津、河北三省市质量技术监督部门在北京市召开了标准化助推京津冀协同发展研讨会。

2016 年 11 月

2016 年 11 月 3 日，京津冀三地政府有关部门在河北省廊坊市签署了京津冀休闲农业协同发展框架协议。

2016 年 11 月 15 日，2016 年京津冀协同发展正定论坛在石家庄市举行。

2016 年 11 月 18 日，北京市、天津市、河北省发展和改革委员会共同编制的《京津冀地区城际铁路网规划》获得批复。

2016 年 11 月 22 日，天津滨海-中关村科技园管理委员会正式揭牌，同日，天津滨海-中关村科技园入园项目暨北京企业投资滨海新区项目签约仪式在北塘举行，共有 45 个项目集中签约，总投资规模超过 350 亿元。

2016 年 12 月

2016 年 12 月 8 日，国家发改委和交通运输部发布《京津冀协同发展交通一体化规划》。

2016 年 12 月 24 日，由京津冀协同发展联合创新中心与北京大学政府管理学院联合主办的中国城市政策与管理暨京津冀协同发展新年论坛（2017）在北京大学召开。

2016 年 12 月 30 日，京津冀九市区文化行政部门主管领导在保定市召开联席会，就九市区文化合作进行了深入研究探讨，并达成《京津冀九市（区）文化发展联盟合作协议》。

2017 年 2 月

2017 年 2 月 7 日，北京市委市政府向北京城市副中心派驻工作专班现场会在通州区召开，市直 23 个部门的工作专班正式入驻通州区。

2017 年 2 月 17 日，环境保护部、国家发改委、财政部、国家能源局和北京市、天津市、河北省、山西省、山东省、河南省人民政府联合印发《京津冀及周边地区 2017 年大气污染防治工作方案》，多措并举强化冬季大气污染防治，全面降低区域污染排放负荷。

2017 年 2 月 21 日，北京市经济和信息化委员会联合天津市工业和信息化委员会、河北省工业和信息化厅在北京市开展京津冀产业协同发展招商推介专项活动，津冀 30 个开发区、北京市有疏解调整和在津冀投资需求的 200 余家企业现场对接，累计意向投资额 311.7 亿元。

2017 年 2 月，《京津冀公路立法协同工作办法》和《京津冀交通运输行政执法合作办法》出台。

2017 年 3 月

2017 年 3 月 23 日，由北京市通州区、天津市武清区、河北省廊坊市主办的通武廊旅游合作联盟成立大会在河北省廊坊市召开。

2017 年 4 月

2017 年 4 月 1 日，中共中央、国务院印发通知，决定设立河北雄安新区。这是以习近平同志为核心的党中央做出的一项重大的历史性战略选择，是继深圳市经济特区和上海市浦东新区之后又一具有全国意义的新区，是千年大计、国家大事。

2017 年 4 月 6 日，京津冀协同发展工作推进会议在北京市召开，中共中央政治局常委、国务院副总理张高丽主持会议并讲话。

2017 年 5 月

2017 年 5 月 11 日，在滨海新区和河北省唐山市、廊坊市、保定市的共同参与下，滨海新区中心支局京津冀协同发展外汇工作合作机制正式启动，将深入推进滨海新区和河北省三地外汇管理的协同发展。

2017 年 5 月 27 日，京津冀大学科技园联盟在河北省保定市成立，由清华大学国家大学科技园、天津大学国家大学科技园、保定国家大学科技园等 19 家国家级大学科技园组成。

2017 年 6 月

2017 年 6 月 9 日，京津冀政协主席联席会议第三次会议在天津市召开，会议围绕"京津冀水资源协同保护与利用"议题协商交流。

2017 年 6 月 21 日，中共河北雄安新区工作委员会、河北雄安新区管理委员会获批设立。

2017 年 7 月

2017 年 7 月，京津冀警方在北京市召开首次执法办案协作联席会议，会议审议通过了京津冀公安机关法制部门《关于建立执法办案协作联席会议机制的意见》和《京津冀跨区域办案协作框架协议》。

2017 年 7 月 18 日，中国雄安建设投资集团有限公司成立。

2017 年 8 月

2017 年 8 月 10 日，交通运输部海事局印发《关于深化津冀海事监管一体化的意见》，加快完善津冀沿海水域海事一体化监管机制。

2017 年 8 月 17 日，北京市人民政府和河北省人民政府共同签署《关于共同推进河北雄安新区规划建设战略合作协议》，北京市将在工作机制、科技创新、交通等八个领域全面支持雄安新区建设。

2017 年 8 月 28 日，京津冀文化产业协同发展中心启动仪式在北京市举办。

2017 年 8 月 28 日，环境保护部会同北京市、天津市、河北省、山西省、山东省、河南省人民政府发布《京津冀及周边地区 2017-2018 年秋冬季大气污染综合治理攻坚行动量化问责规定》。

2017 年 9 月

2017 年 9 月 23 日，2017 京津冀实体零售创新转型高峰论坛在河北省石家庄市举行。

2017 年 9 月 28 日，河北雄安新区管理委员会发布消息，首批 48 家企业获批在雄安新区入驻。

2017 年 9 月 29 日，《北京城市总体规划（2016 年-2035 年）》正式发布，这是中华人民共和国成立以来，北京第七次编制总规。突破行政界线、跳出北京看北京、谋划区域协同发展，是北京新总规的重要创新点。规划要求深入推进京津冀协同发展，建设以首都为核心的世界级城市群。

2017 年 10 月

2017 年 10 月，京津冀道路客运联网售票一体化服务（试运行）推介会在北京市举行，京津冀三地已基本完成本省（市）道路客运联网售票系统建设，并实现与部级平台的联网运行。

2017 年 10 月 18 日，习近平在十九大报告中指出，以疏解北京非首都功能为"牛鼻子"推动京津冀协同发展，高起点规划、高标准建设雄安新区。

2017 年 11 月

2017 年 11 月 8 日，在第五届全国民企贸易投资洽谈会生态城分论坛上，京津冀协同发展企业联盟宣告正式成立。

2017 年 11 月 24 日，京津冀科研院所联盟在河北省保定市成立。联盟由北京市科学技术研究院、清华大学公共管理学院、天津市科技协作促进会、河北省科学院四家单位共同发起。

2017 年 12 月

2017 年 12 月 7 日，通州区人大常委会召开第九次会议，会议表决通过了《北京市通州区总体规划（2016-2035）》和《北京城市副中心控制性详细规划（街区层面）》的决议（草案）。

2017 年 12 月 28 日，北京市、天津市、河北省开始联动实施部分国家外国人 144 小时过境免办签证政策。

2017 年 12 月 30 日，京津冀交通一卡通互联互通基本实现，凡持有标有"交通联合"标识的京津冀互通卡，均可在北京市地面公交（除定制商务公交）、轨道交通线路及京津冀区域内接入省级平台城市的指定线路刷卡乘车。

2018 年 1 月

2018 年 1 月 2 日，京津冀协同发展工作推进会议讨论审议河北雄安新区规划框架等有关文件。

2018 年 1 月 3 日，河北省委召开常委会扩大会议，原则通过《关于推进雄安新区规划建设的实施意见》。

2018 年 1 月 19 日，京津冀创投峰会暨百家创投进河北高峰论坛在河北省石家庄市举办，三地创投协会合作发起的京津冀创业投资联盟正式揭牌。

2018 年 1 月 27 日，河北省委书记王东峰在河北两会期间强调，深入推进京津冀协同发展和雄安新区规划建设。

2018 年 2 月

2018 年 2 月 3 日,中国再生资源产业技术创新战略联盟、工业和信息化部赛迪研究院牵头,在北京市发起成立了京津冀蓄电池环保产业联盟,并发布《共同构筑京津冀废蓄电池绿色循环利用产业链倡议书》。

2018 年 2 月 22 日,中共中央政治局常委会召开会议,听取河北雄安新区规划编制情况的汇报。中共中央总书记习近平主持会议并发表重要讲话。

2018 年 2 月 25 日,国务院副总理张高丽在京津冀协同发展工作推进会议上强调,深化完善规划,加快改革开放,保持历史耐心,把河北雄安新区建成高质量发展的全国样板。

2018 年 3 月

2018 年 3 月 4 日,学雷锋志愿服务主题推动日活动在北京国际会议中心举办,活动现场宣布成立京津冀志愿服务联盟。

2018 年 4 月

2018 年 4 月 14 日,中共中央国务院批复中共河北省委、河北省人民政府、国家发改委《关于报请审批〈河北雄安新区规划纲要〉的请示》。

2018 年 5 月

2018 年 5 月 14 日,国务院副总理韩正到河北雄安新区调研,强调"要以习近平新时代中国特色社会主义思想为指引,深入贯彻落实党的十九大精神,坚持世界眼光、国际标准、中国特色、高点定位,着眼打造北京非首都功能疏解集中承载地,创造'雄安质量',高标准高质量规划建设雄安新区。"

2018 年 5 月 28 日,国务院副总理韩正在北京市通州区调研北京城市副中心规划建设工作,强调建设北京城市副中心是"疏解北京非首都功能、推动京津冀协同发展的重大战略举措,是千年大计、国家大事",要求"按照世界眼光、国际标准、中国特色、高点定位的要求,高起点、高标准、高水平规划建设管理北京城市副中心"。

2018 年 6 月

2018 年 6 月 1 日,国务院副总理、京津冀协同发展领导小组组长韩正在北京市主持召开京津冀协同发展领导小组会议。

2018 年 6 月 1 日，包括《高速公路服务区服务规范》、《高速公路收费站服务规范》和《京津冀高速公路智能管理与服务系统技术规范》在内的首批京津冀交通运输区域标准开始实施。

2018 年 6 月 21 日，《北京城市副中心控制性详细规划（街区层面）》草案公布。

2018 年 7 月

2018 年 7 月 26 日，由人民日报社主办的 2018 京津冀协同发展论坛在北京市召开，各界专家一道回顾历程、交流经验、开阔思路、描绘愿景，为推动京津冀协同发展贡献智慧和力量。

2018 年 7 月 30 日，北京市发展和改革委员会发布《北京市推进京津冀协同发展 2018-2020 年行动计划》，提出到 2020 年，再退出 1000 家左右一般制造业企业，实现"散乱污"企业"动态清零"。

2018 年 8 月

2018 年 8 月 22 日，河北省工业和信息化厅联合工业和信息化部产业政策司、北京市经济和信息化委员会、天津市工业和信息化委员会，在雄安新区共同举办 2018 京津冀产业转移系列对接活动，旨在深入推进京津冀协同发展，推动区域产业转移合作，实现区域间产业、技术、人才、资本有序合理流动，加快区域产业转型升级。

2018 年 8 月底，河北雄安新区启动区城市设计方案征集进入创作设计阶段。总面积为 38 平方公里的启动区是雄安新区率先启动建设的地区，城市设计方案征集是启动区控制性详细规划编制的重要支撑。

2018 年 9 月

2018 年 9 月 6～7 日，中国国际贸易促进委员会京津冀三地分会在廊坊市联合举办 2018 京津冀国际投资贸易洽谈会，以进一步推进京津冀贸易投资协同发展合作机制取得实效。

2018 年 9 月 26 日，北京市人民政府公布《北京市新增产业的禁止和限制目录（2018 年版）》，该目录是北京市委市政府深入贯彻落实京津冀协同发展规划纲要制定实施的、全国首个以治理"大城市病"为目标的产业指导目录。此版目录首次将北京城市副中心单列，对农林牧渔业、制造业、批发业等行业提出了禁限管理措施。

2018 年 9 月 30 日，生态环境部发布《京津冀及周边地区 2018-2019 年秋冬季大气污染综合治理攻坚行动方案》，拟淘汰 48 台共 294 万千瓦燃煤机组，以改善京津冀空气环境。

2018 年 10 月

2018 年 10 月 15 日，北京市与天津市签署进一步加强京津战略合作框架协议。双方将抓住疏解北京非首都功能这个"牛鼻子"，坚持目标导向和问题导向，围绕十大合作重点，推动两地创新资源、空间资源和政策资源互补共享，提升合作层次和质量。

2018 年 11 月

2018 年 11 月 18 日，中共中央、国务院发布《关于建立更加有效的区域协调发展新机制的意见》。明确要求以疏解北京非首都功能为"牛鼻子"推动京津冀协同发展，调整区域经济结构和空间结构，推动河北雄安新区和北京城市副中心建设，探索超大城市、特大城市等人口经济密集地区有序疏解功能、有效治理"大城市病"的优化开发模式。

2018 年 11 月 23 日，京津冀三地科技部门为深化协同创新合作，签署了《关于共同推进京津冀协同创新共同体建设合作协议（2018-2020 年）》，为下一步推动京津冀协同创新做好顶层谋划工作。

2018 年 12 月

2018 年 12 月，北京市市级党政机关正式陆续搬迁入驻北京城市副中心，迈出了落实京津冀协同发展战略，带动中心城区人口和功能疏解转移的重要一步，同时标志通州区已正式成为北京市的行政中心。